Hell's ANGELS
A Strange and Terrible Saga

ヘルズ・エンジェルズ
地獄の天使たち
異様で恐ろしいサガ

目次

ヘルズ・エンジェルズ
——地獄の天使たち
異様で恐ろしいサガ

わたしは自分の国のはるか遠方の地にいる
わたしは強いが、体力もなく知力もない
すべてを得ようとしているが、敗者でありつづける
夜明けにお休みと言い
身体を横たえると、下へ下へと落ちていくひどい恐怖感にさいなまれる

——フランソワ・ヴィヨン

若者よ、バイクを転がせ

1

カリフォルニア、労働者の日がある週末……海上から忍び寄って来た霧が街路にまだ立ちこめている早朝、チェーンを身に着け、サングラスをかけ、脂にまみれたリーバイスのジーンズをはいたアウトローのモーターサイクリストらがバイクに乗って外へと転がり出て来た。サンフランシスコ、ハリウッド、バードー、イーストオークランドの湿ったガレージから、終夜営業の食堂から、見捨てられた一夜限りの宿泊所から。目差す行先はビッグ・サーの北にあるモンテレー半島……派手に新聞の見出しを彩る厄介者のヘルズ・エンジェルズが解き放たれ、また暴れまくろうとしている。早朝のフリーウェイをすさまじい爆音を響かせて、サドルにまたがり背をかがめ、誰も笑顔を見せず、高速で突っ走る。混み合った車の群がりを突き抜け、センターラインをはずしながらも時速九〇マイルのあぶない爆走をする……まるで炎のように熱い肛門を持つ鉄製の馬の怪物に乗ったジンギスカンのようだ、エンジェルズは。ビールの缶にできた小穴のような狭い道を通って全速力で飛ばす。娘の股の上に登り、小銭も求めず何も与えず、スクエア（まっとうな社会生活を営む体制側の人びと。ヒッピーなどがこう呼ぶ）にはすばらしいものがあると教え、スクエアが味わったことのない快感を与えるのだ……ああ、自分らのほうが正しいと思っているエンジェルズは、たむろしてことをなすのが好きなのだ……リトル・ジーザス、ザ・ギンプ、チョコレート・ジョージ、バザード、ゾロ、ハムボーン、クリアカット、タイニー、テリー・ザ・トランプ、フレンチー、モールディ・マービン、マザー・マイルズ、ダーティ・

エド、チャック・ザ・ダック、ファット・フレディ、フィルシー・フィル、チャージャー・チャーリー・ザ・チャイルド・モレスター、クレージー・クロス、パフ、マグー、アニマルそして少なくともあと一〇〇名以上はいる……彼らは自分独自の行動、つまりパフォーマンスを行なおうと緊張している。長髪を風になびかせたり、顎ひげや、バンダナをはためかしている。イヤリング、脇の下のポケット、チェーンによる殴打、ナチスのかぎ十字章、余計な部品をこそげ落としたハーレーダビッドソンがクロム合金めっきをきらめかして一号線を下って行く。不快な雷鳴のような轟音を響かせて苛立ち、グループを形成して通りすぎる……。

彼らはヘルズ・エンジェルズと名乗る。襲撃する騎兵隊さながらにバイクに乗ってきては強姦し、略奪する――いかに警察の力を駆使しても犯罪性を帯びた自分らのモーターサイクル友愛集団を解散させることはできないと豪語している。

――『トルゥー、マンズマガジン』
（一九六五年八月）

あいつら一人ひとりは悪党じゃないんだ。ひとつだけ言わせてもらえれば、公民権運動をやっているデモ行進者より扱いやすいんだ。刑務所内でもめごとが起こったら、デモをする連中のほうがもっとたちが悪い。

——看守、サンフランシスコ刑務所

けだものそのものだってやつも何人かいる。どんな社会に入っても、けだものさ。一〇〇年前に生まれるべきだった無法者のタイプで、ガンファイターになってたんだろうな。

——バニー・ジャービス、ヘルズ・エンジェルズの某支部のメンバーで、のちに『サンフランシスコ・クロニクル』の警察担当記者になった

おいらはワンパーセントの人間なんだぜ、おい、社会に適応していなくても何とも思っていないワンパーセントに属しているんだ。だから、医者の請求書や交通違反のことなんかでごちゃごちゃいわないでくれ——つまり、あんたらは女とバイク、バンジョーなんかを手に入れ、やりたいことをやればいいんだよ。おいらは一〇〇回ぐらいの乱闘でブーツと拳で生きのびてきたんだぜ。おいらはバイクを乗りこなす立派なアウトローなんだ。

——あるエンジェルズの一人が永久保存用の録音のため語った

……カリフォルニア州全土からアウトローたちがバイクにまたがって、一〇一号線沿いのサンバ

ーナーディーノとロサンゼルスの北にあるモンテレーに群をなして転がり込んでくる。モンテレーは五〇号線沿いのサクラメントの南、一七号線沿いのオークランドやヘイワード、リッチモンド、コースト・ハイウェイ沿いのサンフランシスコから南にある。中核をなすアウトローのエリートたちはヘルズ・エンジェルズで、袖なしジャケットの後ろに翼を生やした死神の顔面をあしらい、〝改造したホッグ〟（大型のバイクのこと）に彼らの〝ママ〟（エンジェルズの誰とでも寝る女）を乗せている。彼らは粗野で下劣な傲慢さを漂わせて走るので、キリスト教の全歴史で最も堕落したという悪名を確保している。

　サンフランシスコからは別個のグループを組んでジプシー・ジョーカーズがやって来た。カリフォルニアでナンバーツーのアウトローで、メンバーは三〇数名。他に支部がないジョーカーズはマスコミにもてはやされたがっていたが、またベイエリアのゴモラから来たプレジデンツ、ロード・ラッツ、ナイトライダーズ、クエスチョン・マークスのようなグループを未だに見下していた。ロサンゼルスの広大な窪地の南に向かって五〇〇マイルのところにあるソドムは、アウトローの階層社会ではナンバースリーのサタンズ・スレーブスの縄張りである。スレーブスはオーダーメイドのバイクのスペシャリストで、若者の体をむさぼり、けばけばしいヘッドバンドをつけ、ロボトミー手術を施されたような目を持つ若いブロンド女らをかわいがる。スレーブスはロサンゼルスのいわば誇りだった。彼らの女らは、冷酷に股ぐらを殴る愚か者らの革ジャンの後ろにしがみつき、エンジェルズとの例年のパーティーを目差して北へ向かっていた。エンジェルズは〝ロサンゼルスの一味〟に親しみを感じながらも、下に見ていた……スレーブスはこんなこと気にしなかった。南にあるグループをけなさなければ罰を受けなかったからだ。南にあるグループとはコフィン・チーターズ、アイアン・ホースメン、ギャロッピング・グースズ、コマンチェロス、ストレイ・サタンズで、そして人間がくだした下痢ともいうべきホームレスまがいの連中がいて、あまりにも不浄なので、北や南のアウトローのグループは、余計なチェーンやビール瓶で戦ってくる連中と決定的な不和が生じるかもしれない場合を除いて、相手にしなかった。

何度も何度も述べていることだが、この現在の窮境から逃げ出す方法はない。目を大きく開ければ、われわれを取り囲んでいる恐怖にただちに襲われるだろう。……われわれは商売道具を捨て、仕事をやめ、義務を否定し、税金を払わず、法律に従うなどしてはならない。完全に覚醒した男女は今あらゆる時に期待されているクレージーなことをやってみたらどうだろうか?

——ヘンリー・ミラー『性の世界』(ヘンリー・ミラーの友人たちのためにJ・N・Hが刊行した一〇〇〇部の本、一九四一年)

人はおれたちから離れていなければならないんだ。邪魔したら、誰でもぶちのめす。

——ヘルズ・エンジェルズの一人が警察に語る

一九六四年の労働者の日の朝、つまりモンテレーへ走行する日の朝、テリー・ザ・トランプが目を覚ますと全裸になっていて、体中が痛かった。あるオークランドの酒場で昨夜ライバルのイーストベイにあるバイクグループ、九名のディアブロズの連中にさんざん体を踏みつけられ、チェーンで殴られたのである。テリーは言った。「やつらのメンバーの一人をまっ先に殴ったが、やつらそれが面白くなかったんだよ。おれはエンジェルズを二人連れていて、そいつらおれより少し前に出てったんだ。そいつらが出てった途端、ディアブロズのやつらが酒場の外で飛びかかってきたんだ。おれをめちゃくちゃにしやがったから、おれたち夜の半分かけてやつらを探しまわったよ」

　探しまわったが無駄だった。テリーはちょうど夜明け前にサンリアンドロにあるスクラッグズの小さな家へ戻った。その家にはスクラッグズの妻と二人の子供が住んでいた。スクラッグズは三七歳の元プロボクサーで、かつてボボ・オルソンと戦ったことがあり、妻と子供が二人いる当時最も年輩のライダーだった。テリーがその年の夏サクラメントからベイエリアに職探しに来たおり、スクラッグズがテリーにベッドと食事を提供した。二人の妻の仲は良く、子供たちもたがいにうまくなじんだ。テリーは近くのゼネラル・モーターズの工場で組立てラインの仕事を見つけたが、アメリカ労働市場では柔軟性を働かせれば使ってもらえる証ではあった。テリーはジョー・パルーカ（連載マンガの主人公のチャンピオン・ボクサー。一九二八年に登場した）とさまよえるユダヤ人（刑場へ引かれるキリストを嘲り、キリストの再臨まで流泊する運命になったユダヤ人）を足して二で割ったような容貌の持ち主で一目見ただけで、とうてい雇ってもらえそうではなかったけれども。

　テリーの身長は六フィート二インチ、体重は二一〇ポンドで腕は太くがっしりし、顎はひげだらけで、黒い毛髪は長く、肩まで伸びている。人事担当者の心を和らげるようには計算されていない、乱暴でわけのわからないしゃべり方をする。その上、二七年間信じられないほど犯行を重ねて来た。けちな窃盗やら暴力行為、強姦、ドラッグの密売、人前でのクンニリングスまでのよからぬ犯罪歴が数多くあった。こうしたすべての犯罪に対しては重罪は科せられず、公的には有罪だが、エネルギーがありあまった市民が泥酔して、人間的な弱さに駆られて犯した犯罪以上の枠を出なかったというわけだ。

「ああ、だけど、おれの前科の記録はいいかげんなんだよ」テリーは言い張る。「おれへの告訴はほとんどインチキなんだ。犯罪者だなんて思ったことないんだ。犯罪は犯してなんかいないんだよ。おれはそんなに欲張りじゃないんだ。おれのやったことはみな平常心からだ。やらなきゃいけなかったんだ」それから少したってまた言い張った。「でも、おれが犯罪者でなくても、図にはのってたな。すぐにもお巡りのやつらがおれがやらかしたことをあばく。そうなったら、このテリー様とは長い間お別れだな。そろそろそんな時期かな。東洋か、たぶんニューヨークか、オーストラリアへ行く。おれは昔、俳優労働組合のカード持ってたんだ。ハリウッドにも住んだことあったな。おれみたいなろくでなしでも、どこへ行ってもうまくやっていくことができる」

別の土曜日だったら、テリーは午後の二時か三時まで眠りこけてから十何人かの相棒を連れて外出し、ディアブロズらを見つけ出し、鞭で叩いてゼリー状にしてしまったかもしれない。しかし、労働者の日の大走行はヘルズ・エンジェルズのカレンダーでは最大のイベントなのだ。それは年に一度のアウトロー部族の集まりで、三日間にわたり大量に飲酒するため、ほとんどいつも狂乱して度しがたい行動を起こし、スクエアたちに強烈なショックを与えて終わる。どんなエンジェルズも、刑務所にいる者か障害者以外、いかなる理由があろうと参加する。労働者の日の大走行はニューイヤーズ・イヴに対するアウトローなりの対応なのだ。大走行中はワインのジャグを分かち合って飲み、ダチ公らと殴り合い、そして手当たりしだいに乱交し、徹底的に狂気に耽る。天候により、また前の週どのくらい多くの長距離電話をかけたかによってだが、二〇〇名から一〇〇〇名におよぶアウトローが現われ、その半数は到着するまでにすでに酔っぱらっている。

その日の朝九時になるまでにテリーとスクラッグズの両者は準備万端ととのえていた。ディアブロズへの復讐はあとまわしだった。今日は大走行の日だ。テリーはたばこに火をつけ、体に残っているみみずばれの痕跡を調べてからリーバイスのジーパンとごつくて黒いブーツをはき、下着は着ず、ワインと脂の滲んだ赤いスエットシャツを着た。スクラッグズがビールを飲んでいる間、彼の妻はインスタントコーヒー用の湯を沸かしていた。子供たちは前日の晩親類に預けておいた。外は陽が照り、暑かった。湾の向こうのサンフランシスコは晴れ上がるのが遅い霧にまだ包まれていた。バイクは注油され、磨き上げられている。あとはそこいらに置かれているかもしれない金銭やマリファナをかき集めたり、寝袋をバイクに取り付けたり、あの悪名高い〝カラーズ〟を身に着けるだけだった。

きわめて重要なカラーズ……これはいわばヘルズ・エンジェルズのユニフォームで、決定的なアイデンティティの証になっているが……これについてカリフォルニア州の検事総長は「ヘルズ・エンジェルズのモーターサイクルクラブ」という不明瞭だが、よく引用されている公文書の中でかなり正確に記述している。

〝カラーズ〟と呼ばれている、ヘルズ・エンジェルズの紋章は有翼のどくろで、このどくろはヘルメットをかぶっている。これをパッチに刺しゅうしている。この紋章の翼の下に〝MC〟、その上に〝ヘルズ・エンジェルズ〟と記されたヘッドバンドがある。そして、この紋章の下に都市名や地域名を略語で示す別のパッチもある。こうしたパッチは普通は袖なしのデニムのジャケットの背に縫い込まれている。これに加えエンジェルズのメンバーはそれぞれ様々なタイプのナチスドイツ空軍の紋章と鉄十字勲章の複製を身に着けている。多くのアクセサリーがひげに効果をもたらす。頭髪は概して長く、ぼさぼさである。耳たぶにピアスをひとつだけ突き通している者もいる。往々にして車輪駆動用のチェーンを磨き、これをジーンズのベルトとして着用する者もいる。これをはずせば、使いやすい棍棒として利用できる。

エンジェルズはアメリカ製の特に頑丈なモーターサイクル（ハーレーダビッドソン）を好んでいるようである。グループのメンバーはおのおの〝適正〟だと指定されたニックネームを通常使っていて、それが名簿に記載される。グループによってはメンバーになるにあたってタトゥーを彫り、その費用が入会料だということになっている。たぶんヘルズ・エンジェルズだと確認できるもっとも一般的で共通した基準は本人の不潔で汚れた身なりである。捜査官がいつも報告しているのだが、エンジェルズと女性の仲間は風呂につかる必要があるということだ。指紋は身元を確認するきわめて有効な手段である。なぜならば、ヘルズ・エンジェルズのメンバーの内かなり多くに犯罪歴があるから……。〝いかがわしい〟他のモーターサイクルグループと同様エンジェルズのメンバーの何割かは〝ワンパーセンターズ〟と呼ばれているエリートのグループに属している。このグループは月に一度カリフォルニアの様々な場所で会っている。地元のヘルズ・エンジェルズは大体週に一度会う……〝ワンパーセンターズ〟のパッチを着用するメンバーシップとオーソリティを帯びる必要条件は当時知られていない……メンバーによっては一三と記された別のパッチを着けている。アルファベットの一三番目の文字Mはマリファナを意味し、その常用者であることを示していると報告を受けている。

この簡略化された記述は、不快で犯罪性を帯びた自堕落なワンパーセンターについてのいい加減さを除いて、実質的には正しい。他のほとんどのアウトローもそうだが、このパッチを着用しているエンジェルズにとっては一つの意味しかない。つまり彼らはアメリカン・モーターサイクル連合会（ＡＭＡ）が拒否しているライダーのワンパーセントに入っていることに誇りを抱いているのだ。ＡＭＡはモーターサイクルとスクーター部門であり、急速に成長しているスポーツの圧力団体である。ＡＭＡは尊敬に値するイメージを確立しようと懸命になっているのにエンジェルズはそれを徹底的にぶち壊していた。ＡＭＡの理事長が述べている。「あいつらは馬やラバ、サーフボード、自転車、スケートボードなどに乗っていても救いがたいのに、残念ながらモーターサイクルを選んでしまった」

ＡＭＡはまともなモーターサイクリストの代弁者だと言い張っているが、五万名かそこいらの会員は一九六五年アメリカで登録されている一五〇万台のうちの五パーセント以下である。多数のアウトローがなぜか数えられていなかったと、ある業界誌が注目していた。

テリーとスクラッグズは一〇時頃家を出て、のんびりと二マイル走ってオークランドのダウンタウンを通り抜ける間、他のモーターサイクリストらや街頭の歩行者の視線を意識してエンジン音を低くして停止信号や制限速度を守った。が、地元エンジェルズの副支部長トミーの家から半ブロックのところで急に速度を上げた。その家のあたりで仲間たちが待機している。トミーの住まいは、イーストオークランドの劣化しつつある静かな住宅街にあった。近隣はかつては白かった小さな木造家屋がくっつき合うようにして建ち並び、狭い敷地の一部や貧弱な玄関前の芝生は『オークランド・トリビューン』紙を配達した幾世代にもわたる少年たちによってすり切れ、見る影もなかった。今、この休日の朝、トミーの隣人たちは玄関先のポーチかリビングルームの窓辺に姿を現わし、恐ろしいショーが始まるのを見ようとしていた。一一時になると約三〇名のヘルズ・エンジェルズがやって来て、狭い通路の半分をふさぎ、怒鳴り声をあげ、ビールを飲み、ひげをブラシで緑色に染め、エンジンをふかし、コスチュームを調整し、たがいに交歓し一体感を得ようとしていたが、ついに行動を起こした。女たちはタイトなスラックスをはき、ネッカチーフ、袖なしのブラウスか、セーターをまとい、ブーツをはき、黒のサングラスをかけ、乳房をこんもりと持ち上げるブラジャーをつけ、派手な口紅を塗り、一個所に固まって落ち着いた様子で突っ立っていた。あまりにも短い歳月で辛い経験を味わったがために心が荒れて苛立ちをつのらせた、少しばかり愚かな人間が浮かべるような用心深い表情だった。エンジェルズと同じように女たちは主に二〇歳代。明らかにティーンエージャーも何名かいて、二、三名はアウトドアで健康な週末を期待している年かさの売春婦だった。

五〇〇名から推定五五〇名におよぶヘルズ・エンジェルズのどんな集会でも誰がショーを取り仕切るのかははっきり決まっている。それは最高指導者であるラルフ・〝ソニー〟・バージャーである。彼はイーストオークランド出身で身長六フィート、体重一七〇ポンドの倉庫番だった。どんなパフォーマンスが始まった時でも、かなり冷静になってタフガイぶりを発揮し、頭の回転が速くなる。彼は次々に熱狂者、哲学者、錯乱者、狡猾な妥協者になり、仲裁人になる。オークランドのエンジェルズは彼をラルフと呼び、他のみなはソニーと呼ぶ。パーティーが乱痴気騒ぎになってもプレズやパパ、ダディといった名前の者にも対処する。彼の言葉は疑問視されず、けんか沙汰になった場合、多くの者は二分間で彼の言葉を受け入れる。しかし、絶対にけんか沙汰には陥らない。アウトサイダーとの紛争時以外声を荒らげない。並みのエンジェルズ間にいかなる対立者たちが現われても、正規の金曜の夜の集会で穏やかに処分されるか、どこかへ行って消えてもらい、他のいかなるエンジェルズとふたたび交差しないよう生活のパターンを変える。

　トミーの家での集会で少しばかり統一がとれていないとすれば、それはバージャーがサンタリタ更生センターにマリファナ所持罪で収監されていたからである。たとえトミーがそれなりに穏やかだが不満げなやり方でショーをかなりうまく取り仕切っても、バージャーが収監されているので他の者たちはパフォーマンスを最低限に抑えていた。トミーは二六歳でバージャーより一つ若く、色白で、いつもきれいにひげを剃り、妻と二人の子供を持ち、建設作業員として週に一八〇ドル稼いでいた。彼はボスの代行を務めているにすぎないことを知っていたが、またオークランドのエンジェルズが労働者の日の大走行でタフで強力な出現を印象づけねばならないことも知っていた。精神的指導者になることをあきらめて、サザンカリフォルニア、サンバーナーディーノ支部（あるいはバードー支部）――いわばエンジェルズの創始者たちのところへ戻ることになろう。彼ら創始者は一九五〇年にエンジェルズ設立を企て、一五年近くの間、新たな支部設立認可状をすべて付与した。だが、カリフォルニアの南のほうでは警察の圧力が増したので、多くのエンジェルズがサンフランシスコのベイエリアに避難することになった。一九六五年までにはオークランドはエンジェルズ世界の首都になろうとしていた。

　耳をつんざくエンジン音を響かせて目的地へ出発するに先立って、ディアブロズについて何度も話し合いが行なわれた。どんな種類の狂気が、どんな異常なドラッグがディアブロズを駆り立て、たった一人のエンジェルズを襲うような決定的な間違いを犯すようになったのか。ところが、これはいつも行なう論争で復讐は延期され[*1]バイクがフリーウェイに入り、モンテレーまで二時間すんなり走行するうちに忘れ去られた。昼になるまでに猛暑に見舞われ、ライダーの多くはシャツをはぎ取り、黒いベストを開いた。すると、カラーズがまるでマントであるかのように彼らの後ろにはためき、新たに現われた車の運転手たちがよかれあしかれ裸の胸を目にする。南に向かう車線は労働者の日の週末を過ごそうとする納税者たちの車で混雑し、エンジェルズの一団が疾走してくると突然、恐怖がみなぎるようだった……でっかい車輪のバイクに乗ったこのけだものの一団はどこか公的な場所へ行って爆音を轟かせ、髪をなびかせ、強姦本能をふんぷんとまきちらした……多くのマイカー運転手は警告もせずにこの傲慢なサソリ連中を踏み潰す誘惑にかられたのではないのか。

オークランドの南を一時間走ったあとサンノゼでこの一団は、二名のハイウェイパトロール隊員にストップさせられ、その結果一七号線と一〇一号線が合流するジャンクションで四五分間の交通渋滞を惹き起こしてしまった。停車して、見物する者もいる。一〇マイルから一五マイルの速度で走る車もあった。交通渋滞がひどくなるにつれベーパーロック（ブレーキオイルの中に気泡が入ってブレーキが利かなくなる）が発生し、車から水蒸気が噴出し、マイナーな衝突事故が発生した。

「ポリ公のやつらは、やたらに交通違反のキップを切りやがった」テリーは言った。「シートが低すぎるとか、ハンドルが高すぎるとか、ミラーが付いてないとか同乗者用の取手が付いてないと言ってた。いつものことだが、むかし逮捕されただろう、召喚されたことあるか、とか思いつく限りのことを言いやがった。しかしだ、交通渋滞はますますひどくなるし、おれたちは人にはじろじろ見られるし、そしてついにパトロール隊の隊長とやらがやって来て、『もめごとを起こすつもりだったな』とか口にして、おれたちを叱ってたよ。大いに笑ったぜ。それから、また、おれたちはご出発ってわけだった」

ここ（モンテレー）では歓迎してくれたぜ。他のほとんどの場所では追い出されたよ。

――エンジェルズが町から追い出されてほどなくしてバードのフレンチーが記者に語った

サンノゼからモンテレーへの出口ランプにつづく一〇一号線はサンタクルズ山脈の麓の肥沃で優雅な農業地帯のたたずまいを見せてくれている。二車線をそれぞれ二台列行して走っているヘルズ・エンジェルズは、コヨーテやギルロイのような小さな町の中ではいかにも場違いといった感じを与えていた。住民たちが酒場や衣服店などから飛び出てきて、あの大都会の伝説化されたフン族を見入っていた。地元の警官らはエンジェルズがトラブルを起こさず無事に通り過ぎてほしいと思って交差点で心配げな態度で待機していた。まるでベトコンゲリラの大隊が現われ、緊密な隊形を組んで大通りの真ん中を速足で進み、血みどろな決戦に向かおうとしているのを見ているようだった。うすら汚い連中が移動している限りは、町の誰も気にしていなかった。

エンジェルズは路上でのトラブルを避けようとしている。休日を含む週末の初日、瑣末な犯罪で逮捕されただけで、三日間拘置所に入れられ、集会に参加できず最終的に裁判になろうものなら最大限の罰金刑に処せられる。彼らはこういうことを知っている。つまり最初の告訴――だいたいは交通違反や風紀紊乱行為だが――に加えて逮捕に抵抗すれば、髪を刈られ三〇日間の拘留ということになり、別途にまた一五〇ドルそこいらの罰金刑を受けることになるだろう。多くの悲痛な経験を積んでいるので今やエンジェルズは、シカゴから来た旅回りのセールスマンがアラバマに仕掛けられている既知の自動速度取り締り装置に近づいていくのと同じ方法で小さな町に乗り込んでいく。結局、目的地へ到着することが重要で、その途上で田舎警官と衝突してはならないのだ。

今回の行先はニックスという大きな酒場だ。それはモンテレーのダウンタウンにあるカナリーロウ近くのデルモントと呼ばれているメインストリートの騒々しい場所にあった。「おれたちは町の中心をまっすぐ通り抜けたよ」テリーは回想する。「車の流れとやらをすべてをくぐり抜けたんだ。連中はほとんどニックスがどこにあるか知ってたが、おれは知らなかった。またム所入りしてたからだ。おれたちは三時頃までには到着できなかったよ。出発が遅かった連中を、一〇一号線沿いのガソリンスタンドで待たなきゃいけなかった。そこへ着く頃にはおよそ四〇台から五〇台のバイクがあったかな。バードーのやつらのはもう約七五台あったな。一晩中次々とやって来たよ。明くる日までにはアメリカのいたるところから三〇〇台ぐらい来たんだ」

この集会の目的は決まっていて、元エンジェルズの遺体をノースカロライナの母親のところへ送る資金を集めることだった。サンバーナーディーノ支部の支部長だったケネス・〝カントリー〟・ビーマーーは、数日前サンディエゴ近くのハクンバという砂漠の小村でトラックと衝突して亡くなったのである。カントリーはアウトローの最良の伝統にのっとって死んだのだ。ホームレス、一文無しでもあったゆえ、バックパックとピカピカの大型のハーレーのほか何も持っていなかった。誰にでもわかっていたが、せいぜいできることといえば彼の遺品を遺族かカロライナの実家らしきところへ送ることしかなかった。「そういうことにしたんだよ」テリーは言った。

この仲間の最近の死去は、一九六四年の集会に、警察でさえ嘲ることができないような厳粛さを与えた。倒れた仲間の葬儀のおり母親に献金を贈り、制服を着用して行列儀式を行なった。これがエンジェルズのショーに現実感をもたらした。このショーに敬意を払うことで、モンテレー警察は武装休戦という形でエンジェルズを受け入れたことを世間に知らせることになった。

ここ何年間で初めてアウトローらは市民からの歓待といったものに直面させられた。ところが、これが最後だった。というのは、明るい太平洋岸の土曜日、陽が昇ると例の悪名がとどろいたモンテレーの強姦事件が、二四時間もたたないうちにアメリカ中のマスコミに大きく取り上げられることになったからである。ヘルズ・エンジェルズの存在はたちまちのうちに知られ、アメリカ中で怖がられるだろう。彼らの血にまみれた狂暴さや無暴な飲酒、精液にまみれたイメージが『ニューヨーク・タイムズ』、『ニューズウィーク』、『ザ・ネーション』、『タイム』、『トルゥー』、『エスクワイア』、『サタディ・イヴニング・ポスト』の読者たちに刻みつけられるだろう。六か月以内にアメリカ全土の小さな町はヘルズ・エンジェルズの〝侵入〟の噂をちょっとでも耳にすると、武装するだろう。三つの主要なテレビ局はカメラを持って彼らを探し求め、そしてアメリカ上院では元タップダンサーのジョージ・マーフィーによって非難されるだろう。不気味に思えるようだが、コスチュームをまとったならず者の一団があの日の朝集まったとき、芸能界の人たちがよく口にする〝ビッグな成功〟をおさめようとしていた。このモンスターの一団の成功のほとんどは、ある奇妙なレイプマニアのおかげだと皮肉ることもできよう。このレイプマニアは嘲笑いながらマスターベーションする大鴉さながらに、アメリカのジャーナリストらの肩に止まっていたのである。ほどほどの強姦をしたのなら、編集者や記者の目を惹きつけられはしない。「今、おれたちはジャーナリズムを舞い上がらせちまったぜ」エンジェルズの一人が言っていた。新聞によると、卑劣な麻薬常用者の少なくとも二〇名が一四歳と一五歳の女の子を、彼女らの脅えきったデート相手から引き離して砂丘へ連れ込み〝繰り返し襲った〟と。

繰り返し……襲った
一四歳と一五歳を……
悪臭漂う毛むくじゃらの悪党たち

女の子のかつてのデート相手に呼び出された副保安官は言った。「わたしが岸辺へ行くと、男女のモーターサイクリストたちに囲まれた、でっかい焚火が見えたんです。するとですね、めそめそ泣いて半狂乱になった女の子が暗闇からふらふら出て来て、助けを求めたんです。一人は真裸で、もう一人はセーターを引き裂かれたままの姿で」

何たることだ、大衆を怒らせ血を煮えたぎらせ、親類に若い女がいるすべての男の脳を泡立たせるのは必定のイメージではないか。二人の無邪気な少女のアメリカ国民が砂丘に連れ込まれ、アラブの売春婦のようにやりまくられ、壊されたのだ。デート相手の一人は警察にこう語ったという。「ぼくたち二人は女の子たちを助けようとしたけど、着ているものをむしり取られたあと突然起こった殴り合いの最中で、彼女たちのもとへ行けなかったんです。砂丘で月の青い光に照らされて、横目を使って見ている人たちに囲まれて……何度も何度も女の子は犯されていたんです」

明くる日の朝、テリー・ザ・トランプは、強制強姦のかどで検挙された四名のエンジェルズのうちの一人だった。この罪は一年から五〇年の刑期に相当する。マザー・マイルズとモールディ・マービン、クレージー・クロス同様そんな犯罪については全然関係なく知らないと言った。だが、数時間後、容疑者各人に低額の一一〇〇ドルの保釈金を払い込むよう決められ、サリナスにあるモンテレー郡拘置所に収監された。作家のスタインベックが書いたサリナスはレタス栽培が盛んな峡谷の平野部で、この地の所有者は主として賢明なヒルビリーという山の民だった。彼らは悪い状況にならないうちにアパラチアを逃げ出し、サリナスに移り住んだ第二世代で、今やメキシコ人季節労働者の労務管理を、あまり賢明ではない他の山の民にゆだねて賃銀を支払っていた。メキシコ人季節労働者は生まれつきかがみ込んで仕事をするのに適していて、あちこちに出没するマーフィー上院議員はこう説明している。「あの人たちは地面を這いずりまわる体格になっているんだ、生まれつき。立っているより背をかがめるほうが簡単なんだ」

マーフィー上院議員はまたエンジェルズのことを〝動物の中で最も下等な種族〟だと呼んでいたので、たぶんこう推測できる。つまり、エンジェルズはペニスを、水深を測る棒だと思い、あちこち移動しているとき出くわす這いつくばったどんな女をも、あそこの深さを測る気分で容赦なく強姦するような体の作りだったのではないかと。この推測は真実から遠くかけ離れてはいないが、カリフォルニアの足の軽い元ダンサーの上院議員には、こう人に信じ込ませるのとは違った別の理由があったのかもしれない。

エンジェルズが酒場のニックスに土曜日に集まったとき彼らが強姦という手段によってビートルズやボブ・ディラン並みのスケールで大々的にブレークすることなど誰も知らなかった。夕暮れどき、オレンジ色の太陽が一マイルほど先の太平洋の中に早ばやと沈む頃、その夜のメインイベントの計画はまったく立てられていなかった。主だった登場人物――あるいは強姦の被害者――はこの酒場の騒がしい人混みの中ではほとんど関心を惹きつけなかった。この酒場から暗くなりかかった街頭へと溢れ出て行く者もいた。
テリーの言によると、例の女の子たちとデート相手は、エンジェルズが登場するシーン全体のほんの一部分だと気づいていたという。「おれがあのカップルらを覚えている理由は、白人の妊娠した女の子が黒いやつと何をしようとしていたのか不思議だと思っていたからだ。だけど、そんなことは彼女の勝手だし、とにかくおれはメスを傷つけてはいなかった。あのときおれは自分の女といっしょにいたんだ──今はそいつとは別れているが、その時はけっこう適当につき合っていたし、そいつがそばにいる間、他の女を口説くなんてさせてくれやしない。その上、おれがここ一、二年お目にかかっていない女友だちと会っているとき、よそ者に関心を払う時間なんかありゃしない」
強姦被害者が最初姿を現わした際の外見についてテリーと他のエンジェルズが同意した唯一の点は以下のようなものだ。「あの女の子らは一四、五歳には見えなかったぜ。どう見ても二〇歳ぐらいだった」(あとになって警察は女の子らの年齢を確認したが、報道機関に強姦被害者をアクセスさせないというカリフォルニア権威筋の方針に従って、名前を含め他の情報をすべて外へ出させなかった)
「女の子らがきれいかそうでないかはおれには言えないな」テリーは話をつづけた。「覚えていないだけなんだよ。確実に言えることはニックスではもめごとは起こさなかった。ポリの連中がいたけど、それは他の客をおれたちに近づけないようにするためだったんだ。おれたちはどこへ行ってもそうなんだよ。交通渋滞になり、地元の悪ガキがうろつき、女の子が刺激を求め、ニックスの客がパーティーを楽しんだりしててね。ポリ公がそこにいるだけでよかったんだ。どこだって地元の若いのがいて、おれたちがどのくらいタフか知りたがっていたな。ポリがいなければ、とどのつまり誰かを痛めつけるはめにならざるをえなかったがね。バイクを走らせているときはもめごとなんか求めてはいないんだよ。やりたいことは楽しんでリラックスしたいだけ」しかし、こうも言われていた。すなわちヘルズ・エンジェルズは娯楽とか気晴らしについて型破りな考え方をしていたと。エンジェルズは〝動物の中で最も下等な種族〟だとすれば、ピンポンやシャッフルボードやホイストようなレベルの少し高い遊戯を行なうために酔っぱらって一団となって集まってくるとは、マーフィー上院議員は思ってはいない。エンジェルズのピクニックはエンターテインメントの荒っぽい突飛な形であると長い間知られていた。朝の二時にエンジェルズが焚火を囲んだパーティーに姿を見せた若い女らはひどく興奮していた、とアウトローたちは推測した。彼女らがニックスより岸辺に行ったときのほうが注目の的になったのは当然である。

新聞記事のほとんどでないがしろにされた一つの面は、強姦されたときの状況についてジャーナリストが深く追及していなかったことである。数百名の酔っぱらったモーターサイクリストの悪党がいる真夜中の岸辺にどうして若い女がいたのか。彼女らは酒場のニックスから連れ出されていたのか。もしそうなら、まず第一に一四、五歳の彼女らが何をしていたのか、カリフォルニアで最も悪名高いならず者たちで壁のところまですし詰めになった酒場を、一晩中なぜうろつき回っていたのか。それともどこかの道路――おそらく停止信号のあたり――で捕えられ、ハーレーのガソリンタンクの上へ放り投げられ、傍観者が恐怖におののき、口をあんぐり開けて見ている間、悲鳴をあげている彼女らは夜闇の中へと連れ去られたのだろうか。

警察の戦略家はエンジェルズを孤立させようと考え、町から離れたキャンプサイト、すなわちモンテレー湾とオード要塞の間にある空漠とした砂丘に設けられた陸軍基礎訓練場を、エンジェルズのために確保していた。その理由は当を得ていた。市民に危害を加えるけだもの連中を、自分勝手に飲んで狂える場所へ遠ざけることだったからだ。もし彼らが手に負えなくなれば、道路を隔てたところにいる新兵たちがラッパの音でベッドから引きはがされ、銃剣を渡される。警察はエンジェルズが不安に駆られ町へ戻ろうとした場合に備えて警備要員を高速道路に配置したが、キャンプサイトを完全に立ち入り禁止にすることはできないし、地元の無邪気な若者を操る用意はしていなかった。若者ときたら好奇心と、警察の教育マニュアルに言及されていないもっと隠微な理由で、エンジェルズのパフォーマンスに惹きつけられるかもしれない。

強姦の被害者は「モーターサイクリストを見たいから岸辺へ行った」と述べた。ニックスで数時間過ごしたあとでさえ、好奇心旺盛だったのだ。その夜の酒場はかなり混雑していたので、ほとんどのアウトローたちはそこのトイレへ苦労して入るよりも、駐車場で済ますほうを好んだ。

「あの女どもは歌なんて口ずさもうなんて気分じゃなかったんだよ」テリーが言った。「アルコールか何かにどっぷりはまっていて、足がふらついていたんじゃないかな。しかしね、エンジェルズの連中がいっぱいいすぎた。とにかく女どもはしびれてしまってたんだ。次々に男が砂丘にやって来て、『やあ、プッシーちゃん』とか言うんだ。女どもはそう言われるのが気にいらなかったんじゃないかな。黒いやつはどこかへ行っちまってた。二度と見なかったよ。どうなったのかよくわからなかった。わかってたのは砂丘にどんな仲間とも寝る〝ママ〟っていうのがいたってことだけだよ。おれとおれの連れの女はかなり早くからぶっ倒れてしまったんだ。おれはへとへとになり、セックスできなかったよ」

家庭内で読む新聞にエンジェルズの意見を載せるのは適切でないと私は思っていたが、六か月後フレンチーはサンフランシスコの酒場でビリヤードしているとき、ふと思い出した。「一方の女は白人で妊娠していて、もう一方の女は黒人だったよ。五人の黒人の男といっしょにいたな。あいつらはあの土曜の夜三時間ばかりニックスにいて、ライダーたちと酒を飲んだり、しゃべったりしてた。二人の女はおれたちとつるんで岸辺へ行ったんだ――五人の黒いボーイフレンドもね。みんな焚火を囲んで突っ立ってワインを飲み、相棒の何人かは女どもとしゃべり――当然口説いた――そして、すぐに誰かが女の子二人に酔いたいかと訊いたんだ。二人とも大麻を吸いたいかって。吸いたいと言ったよ。二人は何人かのエンジェルズといっしょに砂丘に向かって歩いて行ったんだ。黒いほうの女は二、三人のエンジェルズとともに消えちまいやがった。彼女は消えたがった。ところが、妊娠していた女は興奮していて、いちばん近くにいた四人か五人の男を自分の腕の中へ引きずり込んだんだ。アレをしたあと、この女もする気をなくしていたな。そんなとき、二人の女のボーイフレンドの一人がすっかり脅えて怖くなり、ポリ公のところへ行っちまったんだ――それだけの話だ」

「次の日の朝なんだが」テリーは言った。「誰か――誰だか忘れたけど――といっしょにバイクに乗り、高速道路のドライブインに入り、朝食をとったんだ。ビーチへ戻ると、道路が封鎖されていて、あの女のやつらポリ公の車に座り、みんなを見ていたな。どういう事態になっていたのかおれわからなかったんだ。が、そのとき、『おまえもやったんだな』とポリ公が言い、おれに手錠をかけやがった。あのくそったれ女らはにやにや笑って、それから、えらそうにげらげら笑っていた……『ハハ、あのうちの一人と』とポリ公のやつ言いやがった。そこでおれは強姦した罪で拘置所行きさ」

「拘置所へ着くと、おれは言ったんだ。『調べてみてくれ。医者に会いたい。ここ二日間セックスしてなかったぞ』と。でも、警察は同意してくれなかった。マービンとマイルズ、クレージー・クロスがすでにいて、ひでえことに巻き込まれちまって保釈金はたったの一一〇〇ドルだとついに言われちまった。ろくに捜査していないな、とおれたちはわかったんだ」

一方、マリーナビーチでは他のエンジェルズが一斉検挙され、車に放り込まれ、高速道路一五六号線の北を通って郡境のほうへと連れていかれた。ラガーズは警棒で肩を殴られ、出て行っていいと告げられた。脇道は州警察隊によって封鎖され、ヘルメットをかぶった副保安官――その多くは近隣の郡から来た――たちはエンジェルズに非難の声を浴びせた。神経をすりへらしたならず者らはエンジンをふかして低速で走り、目にしたものすべてをののしっていた。あたりは耳をつんざくばかりの音が鳴り響いている。こんな光景が多数の州外から来た晩夏の観光客たちにいかなる影響を与えるのか、想像するのは容易ではなかろう。観光客たちは自分の車を道路の片側に寄せ、バイクの行進を通した。陸軍基地が近くにあるため彼ら観光客たちは戦車隊か、少なくとも驚くべき軍事作戦にかかわる何かのために道を開けているのだときっと思うはずだ。しかし、見えるのはならず者の一団が、病に冒された羊の群れよろしく路上を走らされている姿だった。カリフォルニア商工会議所にとってはまさに悪夢だったろう。

国道一〇一号線の郡境で『サンフランシスコ・クロニクル』の記者はトミーと、タイニーという名のエンジェルズと話を交わした。タイニーの身長は六フィート六インチ、体重は二四〇ポンド。毛髪をきつく編んで肩までたらしたアウトローだ。タイニーはのちにバークリーのベトナム反戦デモ隊を襲ったことで全国的に有名になった。

「おれたちは普通の男なんだ」トミーは言った。「ほとんどは働いている。半数は結婚し、数人は家を持ってる。おれたちがバイクに乗るのが好きだという理由だけで、ポリ公のやつらはおれたちに対してどこへ行こうが嫌がらせをする。あの強姦の告発なんか捏造だよ。道理に合わないんだ。何もかもが恣意的なんだ」

「おれたちの保証人が二時間たたずに捕まった仲間らを出してくれる」とタイニー。「なぜおれたちを放っといてくれないんだ。ただみんなで集まって楽しみたいだけなのに——あのフリーメーソンや他のクラブのように」

しかし、報道機関がすでに押し寄せ、八段の記事の見出しに、**ヘルズ・エンジェルズのギャングが強姦**と記した。秘密結社のフリーメーソンが、カサノバが壁をよじ登って窓から入ったことで悪名を与えられた一八世紀以来、この種の事件は世間一般に大々的に公表されなかった。おそらくエンジェルズはいつの日かフリーメーソンの例にならってブルジョア化し、老衰するだろう。だが、その頃になるまでに他のグループが傍若無人な見出しを掲げられて書かれるだろう。ホバークラフトに乗ってあばれるギャングか、穏やかな友愛団体は未来が押しつけてくるかもしれない事態に備えて今にも武装するだろう。

キワニスインターナショナル（デトロイトで一九一五年に結成された地域奉仕団体）の傾向とは何か。その団体には新たな闘争性がそなわり、その団体のイメージをドラスティックに変えることのできる酵素があるという噂がオークランドに流れている。こうして時が過ぎ去る中で、今から一〇年から二〇年後のある日曜日の朝を容易にこう予見できよう。ポケットにヘルズ・エンジェルズの徽章を付けた黒のブレザーを着用した中年男たちのグループが、抵当に入っている建物のリビングルームをゆっくりと歩き、こんな見出しに向かって悲しげにこうつぶやくのを。**キワニスのギャングが強姦、身柄確保四名、他は逃**

七、首謀者目下手配中。

そして、ある衝撃に見舞われたアメリカの都市で警察署長は——一九六四年モンテレーの警察署長がヘルズ・エンジェルズについて言ったように——こう言うだろう。「やつらはあんな環境を作り出したので、やつらは戻ってきても歓迎されないだろう」

*1　一か月以内にディアブロズは解散した。彼らは連続的に殴打され、チェーンで叩かれそうな恐怖に襲われたからである。エンジェルズは彼らを一人ひとり狩り立て、破滅に追いやった。「こういうことはめったに起こらないんだ」テリーがのちほど説明した。「他の集団はおれたちともめごとは普通起こさない。そんなことになったら、やつらはそれでおしまいだ」

脅威の成り立ち、一九六五年

2

毎日ニュースを報道する機関は、現代社会の邪悪な本源である。時はますますはっきりとこの事実を暴露するのに役立つだろう。詭弁を弄した言い方だが、新聞が堕落する余地は無限にある。新聞社が読者を選ぶと、読者はいつもますます低レベルになる。ついに、新聞は国家も政府も管理できない人間の屑を興奮させる。

――セーレン・キルケゴール
『最後の歳月』日誌一八五三－五五年

エンジェルズについて一番良いことはたがいに嘘をつかないことだ。もちろん、これは外部の者についてはあてはまらない。おれたちは毒をもって毒を制すといった手段を用いて戦うんだ。あんたらが出会う人たちはほとんど何についても本当のことは言わないんだ。

――ゾロ、ヘルズ・エンジェルズの中で唯一人しかいないブラジル人

それは真実を隠すためのストーリーの一部である。

──アーサー・シュレジンガー・Jr.
彼はなぜ〝ベイ・オブ・ピッグス進攻（キューバ南西岸の湾。一九六一年四月米国に支援された反革命軍が侵攻に失敗）〟についてまやかしの説明をして報道陣を攻撃したかを語った

編集者や警察官もそうだが、政治家も常軌を逸した暴力を書いた記事にかなり熱心に取り組む。モンテレー郡の上院議員フレッド・ファーも例外ではなかった。彼はカーメル・ペブルビーチの有力者であり、ならず者、特に彼の選挙区に侵入してくるギャングの強姦者と敵対した。モンテレーの新聞の見出しになった事件への反応は敏速で派手だった。ファーはヘルズ・エンジェルズと、社会的地位がないだけに他の〝いかがわしい人物〟だとくくられた種族を、早急に捜査するよう要請した。大型バイク、長距離走行、乱闘という切り離された世界では、新たに認められた社会層という理由で、ヘルズ・エンジェルズはビッグな存在になった。結局のところナンバーワンになったのである──二〇世紀初頭のアメリカの凶悪な犯罪者ジョン・デリンジャー（シカゴでFBIによって射殺された凶悪犯）のように。

カリフォルニア州の検事総長トーマス・C・リンチは就任したばかりだったが、いち早くある程度の調査に乗り出した。一〇〇名以上の保安官、地方検事、警察署長にアンケート用紙を配り、ヘルズ・エンジェルズと他の〝いかがわしい人物〟に関する情報を求めた。また彼らに対し、いかなる法的措置をとったらいいのか提案を求めた。

六か月後、すべての応答が一五ページの報告書にまとめられた。ミッキー・スピレインの小説のシナプシスがもたらすような最悪の悪夢のようだという。しかし、解決策は曖昧だった。州として

は悪党たちの情報を一本化し、さらに厳しい告発を行ない、できれば、いつでもエンジェルズなどを監視下に置くことにしたのである。

注意深い読者なら、たとえエンジェルズが怪物らしく見えようが、警察ができることはあまりなかったという印象を持っただろう。それに実際リンチ氏は政治的な理由であまり強硬な手段がとれないことを知っていた。

この報告書は生彩を放って興味深いが、偏見が多く加わり、警告ばかり発している――いわば全国紙にネタを提供しているようなものだったのである。ここに書かれているのは数多くの狂気じみた行動、無意味な破壊、底抜け騒ぎ、けんか、性倒錯、無害な被害者の異様な羅列だった。新聞の記事に載ったことが注意深く書類上の警察用語で書き換えられ、無能な警察担当記者の軽信性を責める個所もあった。この報告書は新聞業界と雑誌業界でかなり欲しがられていたので、検事総長室は再版を発注せざるをえなくなった。ヘルズ・エンジェルズさえ一部持っていた。彼らの一人が盗んだものを私は持っている。この報告書の核心部分は〝ならず者の活動〟というタイトルのセクションだった。ほぼ一〇年間に渡るアウトローたちに関する簡潔な記述である。

一九六四年四月二日、ヘルズ・エンジェルズの八名から成る一団がオークランドの女性宅を襲い、愛人男性を拳銃で脅して屋外へ追い出して、三名の子供たちの面前で女性を強姦した。同じ日の朝だいぶたってからヘルズ・エンジェルズの女性の相棒は、もし被害者が警察に協力したら、カミソリで顔を切ると脅した……。

一九六二年六月二日の早朝、ヘルズ・エンジェルズが三名、サクラメントの北にある小さなバーで一九歳の女性を捕まえ、二名が彼女をバーの床に押え込んでいる間三人目が服を脱がせ、一名がクンニリングスをしたと報告されている。被害者は月経期間中で生理用ナプキンがはずされ、その三人目が陰部をなめたという……。

一九六四年十月二五日の早朝、ヘルズ・エンジェルズ九名と女性の相棒二名が、ガーデナーのバーから客たちが暴れているとの通報が警察に届いたあと、逮捕された。警察からの報告によると何者かがこの一団の一人にマグカップに入ったビールをかけたあと、彼らは〝物を壊して大暴れした〟。バーはめちゃくちゃな状態になり、玉突き台はビールと小便でびしょ濡れになっていた……。

リンチ報告書はこうした一八件の暴力行為をほぼ時系列別に記録し、あとの数百件は明確に記述せずぼかしている。カリフォルニア中の新聞は、警察の圧力によって問題に決着をつけるという検事総長の明言とともに、ヘルズ・エンジェルズにスポットライトを浴びせた。カリフォルニアの新聞や雑誌の編集者のほとんどはエンジェルズを一日かそこいらはなばなしく取り上げたけれども、すぐに引っ込めてしまった。かつて大きなニュースになったエンジェルズだが、リンチ報告書――古い警察のファイルに基づいて書かれていた――の中では、新たなものや驚愕をもたらすものはあまり含まれていなかった。

エンジェルズはふたたび忘れ去られたようだが、ロサンゼルス在住の『ニューヨーク・タイムズ』の通信員によって報道の流れが変わった。その通信員はリンチ報告書に関して長くてどぎつい記事を送信した。それが二段にわたる見出しがついた三月一六日付の『ニューヨーク・タイムズ』に載った。それがストーリーに必要な起動力になった。激動が始まったのである。『タイム』誌がエンジェルズに〝ザ・ワイルダー・ワンズ〟というタイトルを与えた。マスコミの騒ぎが治まるまでにアメリカの報道メディアは読者をつかむ仕掛けを手に入れた。それはセックスであり、暴力であり、犯罪であり、狂気であり、堕落である――すべてが一つのパッケージに入っている。以下に引用するのは、一年半前のポーターヴィルにおける労働者の日に催された大走行についての一九六五年の『ニューズウィーク』の記事である。

ポーターヴィルというサザンカリフォルニアの小さな眠っているような町に二〇〇名ほどの黒いジャケットを着たモーターサイクリストが、すさまじい音を立てて群がり集まって来た。淫猥な言葉をわめき、猛り狂って酒場を襲った。車を止めさせ、ドアを開け、乗っていた女たちに触ろうとしていた。ブーツをはいた彼らのガールフレンドの何名かは道のど真ん中で寝転び、もの思わしげに腰を上げ下げしていた。ある酒場で五、六名ほどが六五歳の老人を殴打し、ウエイトレスを誘拐した。近くの都市から来た七一名の警官とハイウェイパトロール隊員や警察犬、水ホースが投入された後になって彼らはやっとハーレーダビッドソンに飛び乗って、けたたましく町を出て行った。

『ニューズウィーク』と『タイム』の両誌はポーターヴィルへの一九六三年の〝侵入〟と、一九四七年のカリフォルニア州ホリスターでの似通った事件をベースにして比較した。つまり、現実に起こったこの事件と映画『ザ・ワイルド・ワン』(主演はマーロン・ブランド。邦題は『乱暴者』)をである。『タイム』はこの映画を「ブラック・レベルズと呼ばれている極悪で尊大なバイク族についてのいかがわしい生活の一断面だ」と評した。しかし、『ザ・ワイルド・ワン』はすぐ忘れ去られ、『タイム』が言うには、「登場人物がオーバーアクションぎみに描かれ、暴力行為は平板すぎて、観客の軽信性を捕えることができていなかった」と評した。

二輪馬車に乗って襲ってくるフン族さながらの暴走族がカリフォルニアの町に押し寄せ、恐怖を煽るなんてことを誰が信じるだろうか。『タイム』は信じていなかった。最初にそうした事件が起こった少なくとも一九四七年には。例の映画が上映された一九五三年にも。だが、アメリカで最初のいわゆるバイク暴動が別の町で起こったであろう一〇年後さえ。だが、アメリカで最初のいわゆるバイク暴動以後一八年たった一九六五年三月二六日、『タイム』がついに暴走族の件に取り組んでみると、編集者たちは驚いた。フン族は現実にいたのだ！　一八年間どこかに身を隠し、カリフォルニアの検事総長が彼らを報道機関に紹介するまでバイクを磨き、チェーンの鞭に油を塗っていたのだ。『タイム』のウエストコーストの取材記者はすぐさまこの空恐ろしいニュースをルース（ヘンリー・R・ルース。同誌の創立者。一九六七年没）の牙城に送った。すると、すぐさまこのニュースはミーハー的効果を狙った過剰なほどセンセーショナルな、国内に関する二つのまやかしのコラムに化けた。「先週『ザ・ワイルド・ワン』が戻って来た――しかも、現実となって！」

「リンチはヘルズ・エンジェルズに関する証拠を山のように積み上げた」と『タイム』に書かれている。「……このグループはその不気味な名前に恥じない破廉恥な行為以上のことをやらかした……リンチの調査に点火したのは強姦事件だった。昨年の秋二人の一〇代の娘が無理矢理デートの相手から引き離され、数人のエンジェルズに強姦された」これははなはだしい侮辱だった。というのは、テリーやマービン、マザー・マイルズ、クレージー・クロスへの告訴は逮捕後一か月以内に取り下げられたからである。記事を面白くしようとするあまりに『タイム』の編集者たちはリンチ報告書のある部分をとばして読んでしまったようだ。そこには明らかに「さらに調べてみると、強姦が行なわれたのか、被害者による証言に正当性があるのかどうかという疑問が持ち上がった。一九六四年九月二五日付の書簡の中でモンテレー郡の地方検事はモンテレー・カーメル地方裁判所の法廷で告訴を却下するよう要請した。この要請は大陪審の同意を得ている」と書かれている。この報告書には郡の地方検事補のこんな意見は引用されていなかった。「医師は娘を二人診察しましたが、強制強姦罪の告訴を維持するだけの証拠は出なかったんです」と検事補は述べていた。「その上、一人は証言を拒み、もう一人は嘘発見器にかけましたが、証言は信用できないことが判明しました」しかし、いいかげんな記事で、『タイム』にはよく調べる余裕がなかったのであろう。その代わりにかん高い調子でぐだぐだと書き継がれていた。あろうことか、いつわりの統計のリストが付されている。

ロサンゼルスの東五〇マイルのところにある鉄鋼の町フォンタナで一九五〇年にそのクラブは発足し、メンバー数はカリフォルニアで約四五〇名。そのクラブの日誌によると、性的倒錯と麻薬常習癖から単純な暴行、窃盗、重罪による八七四度の逮捕や三〇〇件の有罪判決を仲間うちで自慢しあっている。非行で一六八二度逮捕され、一〇二三度有罪犯決を受け、うち八五名が刑務所と更生施設で刑期を務めていたことがある。

このクラブにとってどんな行為もあまり堕落したものではない。例えば、入会の儀式として新しいメンバーは成人女性か少女(〝シープ〟と呼ばれる)を連れてくるよう要求される。彼女は各メンバーとすすんで性交する。しかし、このクラブが好んで行なうことはすべての町に恐怖心を植え付けることである……。

『ニューズウィーク』に同時に現われたのと同じポーターヴィル侵入のストーリーを『タイム』は書いた。このストーリーはさらにつづいていた。

パフォーマンスを行なっていないとき、エンジェルズはメンバーの子供か、出入りしている未婚の女といっしょにしばしば町のはずれにある老朽化した家を借り、女、麻薬、モーターサイクルを思うがまま交換する。エンジェルズは麻薬で誘発され恍惚状態になった合間をぬってモーターサイクルを略奪しに行く。盗んだマシーンを積み込む特別なスペースを持つパネルトラックさえ所有している。その後、彼らはあさましい態度をさらし、新しいどん底を求めて走り去る。

偉大な社会にはエンジェルズのような者が惹き起こすこうした事件を受け入れる余地がないのは明らかである。『タイム』は今にも彼らの活動にストップをかけねばと強調していた。そういった悪党どもは体制側の頑強で機敏な手先に懲らしめてもらわねばならないのだ。記事は勝利感を漂わせて書き終えている。

……地域の法の執行機関には、ヘルズ・エンジェルズや、これと似たような集団個々のメンバーに関するファイルが渡されている。彼らがどこに現われようと、追跡しうる統合情報機構が設立された。「わが州の誠実な住民の生命と平和と安全を脅かすことは彼らには許されていない」と彼リンチは述べた。この言葉に対し何千名ものカリフォルニア人は身震いして、アーメンと唱えた。

確かにその週カリフォルニアでは身震いした者もいたが、それは感謝の気持ちに根ざしたものではなかった。ヘルズ・エンジェルズは自分らについて書かれたごみ屑に対してひねくれた笑いで応えて身震いした。他のアウトローはエンジェルズの突然の名声をうらやましく思って身震いした。カリフォルニア中の警官は、エンジェルズと他のモーターサイクリストとの世間を騒がせている次のけんか沙汰を予想して、苛立ちながらも歓喜して身震いした。『タイム』には読者が三〇四二九〇二名いると知って身震いした者もいた。[*1]

『タイム』のエンジェルズに関する見方で重要なことは、真実への間接的なアプローチではなく、彼らが世間に与えるインパクトだった。一九六五年の三月初旬、エンジェルズは実質的には存在していないことになっていた。人数はカリフォルニアでざっと八五名だった。警察の日常的な嫌がらせのためオークランド以外のどんな場所でもカラーズを身に着けることさえできなかった。サンフランシスコ支部のメンバーは一時期七五名いたが、一名が追放され、ただの一一名に減少していた。バードー(フォンタナを含む)の支部は船といっしょに沈もうと決意した。一握りの不屈なメンバーがいるだけだった。サクラメントには血の復讐を誓う男が二人いた。一人は保安官のジョン・マイザリー、もう一人はパトロール隊員のレオナード・チャトイアン。この二人のためエンジェルズは生活が立ちいかなくなり、オークランドへ大移動しようかと考えていた……警察が圧力をかけてきたのである。

「ちきしょう、ポリ公のやつらエルアドベへ突然襲いかかってきて、ショットガンで脅しをかけ、おれたちをカウンターに向けて一列に並べやがった」ソニー・バージャーが回想していた。「おれたちがシナーズ・クラブで飲み始めたのも裏にドアがあり、窓からも逃げられるからだったんだ。サツが圧力をかけてきてやがった。無傷ではすまなかったんだ」

すぐれた記者は正しい取材の仕方を選べば、この記者は猫でもアラブ人でもちゃんと理解することができる記事が書ける。選び方が問題で、間違ったのを選べば、引っ掻かれるか、裏をかかれる。

——A・J・リーブリング

リンチ報告書が出た時期カリフォルニア州当局は、実を言えば一五年間最もたちの悪い共謀罪に対処していた――ヘルズ・エンジェルズの犯罪行為についてシングルスペースでタイプした五ページ分を割り当てていた――一二、三名から一〇〇名ほどのアウトローが含まれていたが――この報告書は一六名逮捕し、二名が有罪だったと述べている。これをどう考えたらいいのか。また、別のページでは四六三名がヘルズ・エンジェルズだと確認され、一五一名が重罪の有罪判決を受けたと報告している。これは納税者に法の執行機関を信頼させるに足る統計である……。この統計が印刷に付されるとき四六三名のエンジェルズが実在していたら、さらに教訓的なものになっていただろう。残念ながら一〇〇名以下しかいなかったのである。一九六〇年以来現実に活動していたメンバーの数は二〇〇名を越えることはなく、三分の一は名前だけのヘルズ・エンジェルズで、旧メンバーは結婚して中年になり、〝カラーズ〟を身に着けるのも労働者の日の大走行のような大きなイベントのときだけで、年に一、二回だけだった。

リンチ報告書は例年のイベントのいくつかに言及していたが、まったくのところ客観的な記述ではなかった。それにははっきりした理由があって、警官が現に行なわれている犯罪行為を目撃することはめったになかったからだ。何が起こっていたかを知らせてくれる者を頼るしかなかった。

ポーターヴィル襲撃の『ニューズウィーク』のバージョンはリンチ報告書からほとんど一語一句変えずに書かれていた。この事件についての他のバージョンは一九六三年九月五日、『ポーターヴィル・ファーム・トリビューン』紙に現われた。数時間内で書かれた以下の文章はビル・ロジャーズという名前のトリビューンの記者（同市の市長でもあった）の目撃情報である。ちなみに見出しは「やつらは来た、見た、やつらは征服しなかった」である。

ポーターヴィル警察は土曜日の朝までに週末の間にカリフォルニアのモーターサイクル族がポーターヴィルを襲ってくるのを知った。

……午後遅くまでにライダーたちがメインオリーブに集まり始め、イーグル・クラブを飲酒の拠点にしていた。二、三名のライダーがマリー公園にいた。目にしたライダーは誰も隊列からはみ出してはいない。

夕暮れになると、おびただしい数のライダーが到着し、メインオリーブに集結した。電話が鳴りっぱなしになり、この市がこの状況に対しどう処置するのか知りたがった。州兵を呼べとか、全員を逮捕させよとか、市民に保安官補を務めさせよとか、斧の柄とショットガンで武装させよなどと、促された。

午後六時三〇分頃われわれはメインストリートをチェックした。もうショーが始まっている。女と子供を含めたモーターサイクル族おそらく二〇〇名が荒れ狂っていた。街頭へ群がり出て、車の運転手や通行人に嫌がらせをしている。一〇〇台かそれ以上のモーターサイクルがメインオリーブの東側に駐輪されていた。

われわれは署へ戻った。トリジアンとサールが事態の収拾に当たっていた。ポラゾがこれに加わった。まだ暴行はなかったし、逮捕する理由も見当たらない。状況が進展するまで待機するしかない。マリー公園の閉鎖が決まった。

午後八時頃モーターサイクルの一団が東へ向かっているとの無線が入った。町の外へ出たままの可能性があったが、数分後に市の境界に位置するドイル・コロニーのナイトクラブでけんかと事故があり、救急車の出動が要請されたという報告が届いた。また、モーターサイクル族が町に戻って来たとも報告された。

この時点でモーターサイクルのグループを強制的に追い出す決定が下された……。

一晩中市警察の電話交換台は殺到してくる電話で混乱をきたした。名前をはっきりと告げる電話もあったけれども、多くは匿名で自分は市民だと告げ、警察を侮辱しながらも保護を求めていた。

メインストリートの交通はひどい混雑状態で、バンパーとバンパーがくっつくほどである。メインオリーブでは一五〇〇名の人びとが突っ立ち、何が起こるのか見ようとしていた。現時点でたぶん三〇〇名強のモーターサイクル族が街路で酒を飲み、車を渋滞させ、ビンを割り、冒瀆の言葉を吐き散らし、彼らが考えているショーを繰り広げている。

ひどい交通渋滞と大量の見物人のために警察の動きは阻止されていた。われわれは拡声器をそなえた警察の車に乗り、ポーターヴィルの住民にこの地区から立ち去るよう求めたが、結果的には誰も動かず、その他の人びとも何が起こっているのか見物しようとしたり、モーターサイクル族は成功した、メインストリートの一街区を占領したと思った。

ガーデンから、オリーブ、オークから向こうにつづくメインストリートに面した街区は封鎖されていた。ハイウェイパトロール隊が南に、市警察が北に配備されている。車がこのエリアからは一掃された。モーターサイクル族はこれは自分らの仕業だ、警察はメインストリートを自分らにゆずってくれたと思っていたようだった。九時三〇分頃までに相互救援を行なう警官の一隊が市警察署内に集められた。トリジアンがこれからの行動計画について簡潔に述べた——つまり、車に乗ってメインストリートの南へ行くこと、最後の半ブロックは歩いて行かなければならないこと、モーターサイクルを南へ向かわせることだった。誰も北へ向かわせてはいけない。ハイウェイパトロール隊はメインオリーブの南側に残る。口汚くののしられても相手にしないこと。いずれ彼らは外へ出て行くか拘置所へ行くかである。

市の消防車がペニーストアのところに配備された。警棒とショットガンを手にした警官たちが動いた。サイレンは鳴らさず、赤いライトが光っている。モーターサイクル族は街路の真ん中に集まってひと塊になり、何名かは寝転んでいる。トリジアンがハンドマイクを使ってしゃべり、警官たちを指揮していた。「町を出て行く時間が五分ある。出ていけ」彼らから挑戦的態度が消えた。モーターサイクルが走り始めた。多少抵抗したが、五、六名が逮捕された。消防隊員が街路を濡らし、アウトローたちにホースを向けた。ライダーの一人が北へ行こうとしたが、ホースの水でモーターサイクルから吹き飛ばされた。

ライダーの多くは南へと走りつづけた。スポーツセンターで止まる者がいた。警官隊がマリー公園から暴走族を一掃するため派遣され、ナイトスポットが捜査された。

三つの主だったグループのリーダーが警察本部に連行され、尋問を受けた。一方、他のライダーはスポーツセンターに拘束された。逮捕されたメンバーが釈放されなければ、自分らで奪い返しに行くという脅しがヘルズ・エンジェルズから届いた。

彼らを捕える唯一の方法は寛大に扱うことだとトリジアンは言う。が、拘置所破りが試みられたら、ライオットガン（暴動鎮圧用散弾銃）を持った警官が待ちかまえている。

午前二時三〇分頃、ライダーの何名かがポーターヴィルに戻って来たが、トリジアンがメインストリートの橋の上で侵入をストップさせた。彼は連中にあと戻りし出て行け、さもないと逮捕し、モーターサイクルを押収し、六台ずつチェーンで結んで捨てると告げた。

夜が明ける頃、数名のライダーがまだ残っていたが、暴行を繰り返し、何でもかんでもぶち壊すとすごんだが、これは通用しなかった。


何でもかんでもすべてのものを正しい名前で呼ぶ者は、街の通りを歩けば、共通の敵として殴り倒されるだろう。

——ハリファックス卿

警察がエンジェルズを大げさなドラマ仕立てでどぎつく報告した実例としてノーザンカリフォルニアにある人口三五〇〇名の製材業が盛んな町ウイリッツへ、エンジェルズが押し寄せた時の一九六四年七月の記録がある。公的な見解はこれを参考にしている。サンフランシスコ在住の専業主婦ミセス・テリー・ホイットライト（夫はウイリッツ出身）の手紙である。公的な見解とこの手紙は矛盾していないが、見解の相違は、エンジェルズにまつわる事実を語る者いかんに負っていると思われる。

ミセス・ホイットライトは一九六五年三月二九日付の手紙でこう綴っていた。

ハンター様

私が初めてヘルズ・エンジェルズの姿を見たのは、カリフォルニア州ウイリッツで七月四日に催された独立記念日の祭典のときでした。ウイリッツはサンフランシスコの北およそ一〇〇マイルのところにある非常に小さな町です。毎年七月四日になりますと、フロンティア・デー祭が催されます。カーニバル、パレード、ダンスなどが。私たちがそこへ行きますと、ウイリッツのメインストリートの街並みにヘルズ・エンジェルズがずらりと立ち並び、かなり人気のあるバーを出入りしていました。私たち（ロリー、バービー、テリー、私）が通りを歩いていますと、黒革のジャケット、ブーツ、うす汚れた黒いTシャツ姿の男がロリーの手をつかんで話しかけてきました。名前を聞いたりして。その間その男はずっとやさしく、おとなしくしていました。午後二時半ぐらいでした。その晩遅い時間に、この町にいる間私たちが滞在することになっている年寄りの女性の家を訪れました。この女性にはラリー・ジョードンという名の甥がおります。二七歳か二八歳ぐらいのウィラキー・インディアンです。彼はフィル・ジョードンの弟でした。フィルはニューヨーク・ニッカボッカーズとデトロイトのピストンズでプレイしたことがあるプロのバスケット選手でした。ラリー・ジョードンに話を戻しますけど、その晩七時半頃、女の子が玄関ドアにやって来て、呼び声をあげていました。「アイリーン、アイリーン、助けて」と。私がドアへ行くと、ラリーがいて首の横と額から血がどくどくと流れていました。彼の伯母のアイリーンは気が動転していたので、私がラリーをバスルームへ連れて行き、血を拭いとってあげました。ヘルズ・エンジェルズのカミソリの刃かナイフで深傷を負ったのです。なぜ六、七人のエンジェルズに襲われたのか皆目わかりませんでしたが、ラリーは誰よりもしっかりしていると思われるようなタイプの人間ですが、他人とは距離を置き、トラブルを起こしたりせず、でもトラブルを避けたりもしません。どう説明していいか難しいのですが、彼がどういう人間かわかってほしいとは思っています。インディアンがどんな存在かわかっていただければ、事情が理解できるかもしれませんね。

テリーが戻って来ました（彼はどこかの店へ行っていたのです）。ラリーと話して説明した後、テリーはラリーを車に乗せて病院へ連れて行きました。もちろん、みんな少し酔っていました。みんないっしょになってエンジェルズを町から追い払いたいと思っていたのですが、そうしませんでした。

フリッツ・バッチーという名前の私たちの知り合いが彼らに殴られました。彼は銃を取りに家に戻りましたが、地元の警察によってその夜、留置場に放り込まれたのです。

結局のところ、あまり被害はなかったのですが、不安な雰囲気が町じゅうを覆い、次に何が起こるのか誰もわからず、七月四日の祝祭日いつものように本当にリラックスして楽しんだ者はいなかったのです。

カリフォルニアの検事総長はこう報告したのである。

ロデオにあるヘルズ・エンジェルズの行きつけのバーで以前働いたことのあるバーテンダーの誘いにのって、一九六五年七月四日オークランドのヘルズ・エンジェルズはウイリッツへ〝走行〟した。三〇名の先発グループは前日にウイリッツに入り、四日目の午後までに一二〇名のモーターサイクリストとその女の仲間たちが当他のバーに集まった。オークランドのエンジェルズに加え、サンフランシスコの〝モーフォ〟クラブとともにバレイフォとリッチモンドのエンジェルズがいた。彼らと地元住民との断続的な闘争はビール瓶とバイクのチェーンで作った腰のベルト、缶切りを武器にして始まった。いわゆる守衛官として指名されたメンバーの何名かはアルコール類は飲まずに味方を見守っていた。警官が呼ばれて現われると、守衛官たちは割れたボトルを拾い集め、床に残ったどんな血痕にもビールを注いだ。そしてメンバーをバーから出し入れさせて警官の尋問を難しくさせた。

ある市民が思い切ってショットガンを持ち出し、エンジェルズが集まっていたバーに戻ったとき、彼は逮捕された。カリフォルニアのハイウェイパトロール隊とメンドチノ郡の保安官事務所からの協力が得られた。このエンジェルズのグループは外へ出て、市の境界線外へ行くよう署長から指図された。境界線外へ出てから、エンジェルズ同士間でけんか沙汰が生じたが、地元市民はこれに巻き込まれなかった。

リンチ報告書に基づいた『ニューズウィーク』のポーターヴィル事件の記述は詳部が不明瞭だったけれども、町に群がって暴れまくるヘルズ・エンジェルズのイメージをかなりくっきりと浮かび上がらせてくれる。だが、前述の手紙には警察の生彩のある報告書の持つ活気と緊張感が欠けている。主だった事実については論じる余地はないが、大袈裟な強調と文脈との差は大都市の新聞の見出しと埋め草記事ほどの違いがある。エンジェルズは現実に〝町を乗っ取った〟のか――これがゆえに彼らは非難されたが――それとも彼らは単に酔っぱらって暴れてメインストリートや何軒かのバーの機能を妨げ、様々な地元市民の感受性を損なったのだろうか。

もっと広い文脈で考えてみると、果たしてエンジェルズはどれほどの脅威となっていたのだろうか。彼らはカリフォルニアの、アイダホの、アリゾナの、ミシガンの、ニューヨークの、インディアナの、コロラドの、ニューハンプシャーの、メリーランドの、フロリダの、ネバダの、カナダの、その他の土地の人びとの生命や身体を脅かしていたのだろうか。彼らが襲来してくるという噂は大衆を興奮させたのだろうか。

＊1　一九六四年一二月号の『タイム』の発行部数。

3

神は公明正大だと思い起こすと、私はこの国のために畏れおののいて体が震える。

——トーマス・ジェファーソン

リンチ検事総長自身がはじき出す数字にしたがい、カリフォルニア全体の犯罪状況から判断すると、ヘルズ・エンジェルズはけちな泥棒集団のように見える。警察はエンジェルズは四六三名いると言う。ロサンゼルスに二〇五名、サンフランシスコとオークランドのエリアに二三三名。あとはカリフォルニア州のあちこちに散在していると。悲しいことにこれは現実から遠く隔たっているため、こうした統計は受け入れがたい。怪しい数字のパッケージを開いてみると、エンジェルズは一〇二三件の犯罪行為——主として車の窃盗と住居侵入、暴力行為——を行なった。そのうちの一五一件に有罪判決があった。これはかなり以前に引退したエンジェルズのメンバーを含めた長年の有罪判決数である。

一九六三年のカリフォルニア全体の犯罪件数は殺人が一一一六件、加重暴行一二四四八件、性犯罪が六二五七件、住宅侵入が二四五三二件。一九六一年の三八三九件の交通事故死については、一九六二年ではこれがアップして四一二一件に達した。一九六四年の麻薬関係で逮捕された件数は未青年者のマリファナ喫煙罪を含め、前年と比べ一〇一パーセントかそれ以上に増大した。一九六五年の『サンフランシスコ・エグザミナー』のあまり目立たない記事ではこう書かれていた。「一五歳から一九歳までのティーンエージャーの性病にかかる率は過去四年間で二倍以上になった」と。毎年の飛躍的な人口増加を考慮してさえ、あらゆる犯罪で未青年者の検挙率は年を追うごとに一〇パーセントそこいら上昇していた。一九六五年の後半、民主党のエドマンド〝パック〟ブラウン知事はますます増える犯罪の脅威に〝超然としている態度〟をとっていたゆえ州議会で共和党から非難された。彼の七年間における在任中の犯罪率は七〇パーセントを超えていたのである。

こうした背景下で、もしバイクに乗るならず者たち（警察によると全部で九〇一名いるという）が二四時間以内に絞首刑になったにしても、平均的カリフォルニア人の身の安全と心の平和になんらの効果ももたらさないだろう。

〝ヘルズ・エンジェルズ・サガ〟が一つのことを明らかに証明しているとすれば、それはニューヨークの報道機関が持つ恐るべきパワーである。ヘルズ・エンジェルズは『タイム』、『ニューズウィーク』、『ニューヨーク・タイムズ』によって実質的に創り出されたのだ。『ニューヨーク・タイムズ』はアメリカのジャーナリズム界の重量級のチャンピオンである。十中八九新聞は名声に従って生きのびている。編集者は無謬性を主張しないが、ときには過ちを犯す。こうした過ちをリストアップするのは無意味であり、その上、大げさでセンセーショナルな記事の目的は一つの新聞や雑誌に攻勢をしかけるのではなく——記事の有する潜在的な大影響を読者に及ぼすことである。つまり、その記事の根本的な構図は『タイム』や『ニューズウィーク』によってばかりではなく、名声をほしいままにしている『ニューヨーク・タイムズ』によって裏打ちされ、広く伝えられる。『ニューヨーク・タイムズ』はリンチ報告書を額面どおり受け入れ、それをかなり凝縮した形で単に再版したにすぎない。見出しは「カリフォルニアは悪党のサイクリストを抑制する処置を」である。この記事の大部分は率直に書かれているが、冒頭の一節はまったくのフィクションである。「ある僻地の酒場にモーターサイクリストのならず者の一団が侵入し、女性客を強姦した。彼らは去りぎわに武器を振り回し、このことを人にしゃべったら仕返しするぞと傍観者にすごんだ。警察当局は犯人を検挙し起訴するのはおろか、話し好きな目撃者を見つけ出すのも難しかった」

この事件は現実にはけっして起こらなかった。この事件を凝縮してまとめ上げた通信員により、一種のジャーナリスティックなモンタージュとして創り出されたのだ。だが、『ニューヨーク・タイムズ』は愚か者によって書かれたり、編集されたわけではない。二か月以上新聞社で働いた者なら、読者へのインパクトを失わずに技術的な安全装置が乱暴きわまりない記事に仕込まれていることを知っている。記者や編集者が心がけているのは、基本的には法的な責任をとらずに記事を公表する技術である。「と言われている」という言葉はこの技術の鍵になっている。他の鍵は「誰それが言った」、「と主張した」、「と報じられている」、「によれば」等である。段落が一四ある『ニューヨーク・タイムズ』の短い新聞記事で、はっきりと断言していないことを示す修飾語句が九つ含まれていた。二つの重要な語句が『ニューヨーク・タイムズ』のハリウッド版と関わりがあった。「この前の労働者の日、モンテレーの海岸で五名から一〇名におよぶヘルズ・エンジェルズによって一四歳と一五歳の少女が集団強姦されたと言われている」（点は筆者による）リンチ報告書の一ページ目によると――モンテレーではこの件は長い間告訴が取り下げられていたことは報告されていなかったし、暗示されてもいなかった。その結果として怠惰な、感情に偏ったジャーナリズムを生んだのである。この事件がアメリカの新聞のほとんどに載っていたなら、ことなかれ主義で波紋も起こさないようなお雇いライターの仕事になっていただろう……しかし、『ニューヨーク・タイムズ』は間違ったことを書いても超有力紙なので、事実上ヒステリカルで政治的意図が秘められた事件についての記事に関する信頼性が損われなかった。

『タイム』と『ニューズウィーク』がこの事件については微塵も触れなかったにしても、ニューヨークに本拠を置くマスメディアなら、とにもかくにも飛びついただろう。社会の癌がアメリカの指導的な立場についている新聞によって暴露されたのである。一週間後、いわば『タイム』＝『ニューズウィーク』の二連式銃が火を噴き、エンジェルズを攻撃するに至った。マスコミの狂宴がつづいた。長い眠りについていたエンジェルズは六か月で一八年間語りつがれる価値がありそうなさらされ者になった。彼らは当然興奮した。

モンテレーで強姦事件を起こすまで彼らは二流の泥棒といった感じでカリフォルニアの警官か二三〇〇〇人のバイクファンにしか知られてなかった。まあ一応彼らは州で最大にして、悪名高い、バイクに乗ったギャングだ。アウトローの間で彼らが首位であることには異議はなく――それをとやかく言う者はいなかった。

モンテレーの強姦事件の結果、ロサンゼルスやサンフランシスコを含むカリフォルニアのすべての日刊紙の第一面をヘルズ・エンジェルズが飾った。こうした日刊紙は『タイム』と『ニューズウィーク』の調査員によって調べられ、切り抜かれた。記事のいくつかによると、被害者の少女らは二人のデートの相手――彼らは少女らを救うためトラのようになって戦ったらしいが――といっしょに海岸でウインナーソーセージを炙っていたという。そんなときおよそ四〇〇人のヘルズ・エンジェルズの先発隊がキャンプファイアを取り囲み、一人がこう言った。「心配すんなよ、坊や、女の子をその気にさせてやるからな」と（また、ある記事によれば、「ひげもじゃの男が唇を女の子に押し当てると、女の子は金切り声をあげて抵抗した。その男ともう一人の男が少女の体を持ち上げ、泣いているのをかまわず暗闇に向かって放り投げた。大気をつんざく悲鳴のあとに低くてどら声の悪態が続いた……」）。

ヘルズ・エンジェルズがティーンエージャーを強姦。

四〇〇〇名のモーターサイクリストがモンテレーへ侵入。

一九六四年の労働者の日以後起こった一八件の暴行事件のうちたった二件しかリンチ報告では引用されてなかった。二件ともバーでのけんか沙汰だった。前述の記事はモンテレーの強姦事件があった明くる日、どの報道機関でも利用可能だった。六か月も後になって、検事総長のリンチは記者会見を行ない、白い包みに入った報告書をハゲタカのような記者一人ひとりに手渡した。そのときまで誰もあまり関心を持たなかったか暇がなかったのだ。一九六四年の秋マスメディアは総選挙に有能な記者を投入していた。まさに異例だった。当時あらゆる種類の社会問題がどう変わるのか不安定な時期で、誰かが国家の激しく動く脈動を見守らねばならなかった。

ゴールドウォーター上院議員でさえヘルズ・エンジェルズの問題をきちんと把握していなかった。〝街頭の犯罪〟は彼にとって大統領選に勝利をもたらす格好のテーマだった。何百万人もがパンクスの集団に脅されている、都会のスラム街にある家々の間近の街路をうろついていると警告すれば、民主党員は何と言うだろうか。これは人種差別主義者が生み出した屑だと言うだろうか。ゴールドウォーターはまた警告をするだろう。もし軍隊のように群がった邪悪な、クスリ漬けの白人のやくざ者の数が増えれば、ゴールドウォーターは何と言うだろうか。彼らはカリフォルニアが本拠だが、アメリカ中に増殖している。そして人間より速く動く天体が彼らを追跡できても……彼らは恐ろしいマシーンを使って素早く移動できるので、いつでも、ほとんどどこへでも現われ、地域社会を略奪し、破壊するのだろうか。

カリフォルニアでネズミのように繁殖しつづけている不潔なフン族のような連中が東へと広がっています。ハーレーダビッドソンの爆音を聞いて下さい。まるで雷鳴のような音が遠方から聞こえてきます。それから微風に混じった乾いた血、精液、人の脂の臭いが漂ってきます……音はさらに大きくなり、血走らせた目を飛び出させ、彼らは西の地平線上に姿を現わします。唇に泡を吹き出し、外国のジャングルから密輸入した根っこのようなものを噛んでいます……彼らはあなたたちの愛する女性をレイプし、酒屋を略奪し、村の広場のベンチに座ったあなたがたの市長を侮辱します……。

問題があった。〝街頭の犯罪〟については漠然としすぎていたのである。ゴールドウォーターにとって必要なのは誰にとっても避けることができない自動車を利用する犯罪、つまり〝高速道路上の犯罪〟のような最新のコンセプトだった。民主党が彼に挑戦した最初の場合、彼ならば邪悪きわまりないヘルズ・エンジェルズの写真を取り出し、モンテレーの強姦についての記事などを読みあげることができただろう。「……彼らは少女が泣いているのをかまわず暗闇へ向かって放り投げた……」、「……かろうじて意識があったバーテンダーは、エンジェルズが彼の肋骨の上に彫られたタトゥーを足で蹴っている最中、カウンターのほうに這っていった……」

残念なことに二人の大統領候補者はモンテレーの事件のことを取り上げなかった。他にも取り上げる者はいなかった。エンジェルズは早々に人びとの視界から消えてしまったからである。一九六四年の九月から翌年の三月までロサンゼルスとベイエリアでエンジェルズは警察と静かな小競り合いをつづけていたけれども、これは報道されなかった。が、モンテレーの事件が大々的にマスメディアから公表されたためエンジェルズはカリフォルニアで悪名が轟き渡り、もはやこのグループのメンバーになっても全然楽しくなかった。ヘルズ・エンジェルズのジャケットを着る者にとって危険な事態が想定された。事態はもっと悪くなる可能性があった——オークランド[*1]を除いて——逮捕されると懲罰は高くついた。警察などからの圧力が頂点に達した際、サンフランシスコの元エンジェルズが私に語った。「もし自分が明日、勤務先をクビになって、またエンジェルズといっしょに走りまわったら、拘置所を出入りして一か月以内に運転免許証を失うことになるでしょうね。借金して保証人のところへ行っても、ポリ公にいじめられ、この地を立ち去ることになりますね」当時私はこの男をどうしようもない倒錯者だと見抜いていた。この頃私は大型のバイクを買い、サンフランシスコとイーストベイエリアを走り始めた。このバイクは格好いい業務用のBSAで、アウトローのハーレーとは美的な面で似てはいなかった。私の主たる路上の衣服はエンジェルズが着るのを嫌がりそうな羊飼い用のジャケットだった。バイクを買ってから三か月間たつかたたないうちに私は三度逮捕され、カリフォルニアの運転免許証を失効しかねないほどの交通違反を重ねていた——この免許証をあと幾日持てるかと思っていたのだが、それは多額な保釈金を払わないようにするのに熱狂的に固執したためだった。そして私は、あなたの正義、主張はなくなったと言いつづける裁判官や廷吏、警官、弁護士と果てしない関わりを持っていたようだった。バイクを買う前、私は四つの州を除くすべての州で一二年間自動車を走らせ、たった二度しか交通違反で捕えられなかった。いずれも速度違反を摘発する装置の仕掛ける罠に引っかかったのである。一度目はケンタッキー州のパイクヴィル、二度目はオマハ近くのどこか。三週間という期間で犯した交通違反のせいで免許証を突然失効させる事態に直面して、少しばかりショックだった。

警察の圧力は明らかにかなりひどいので、尊敬に値するおとなしいモーターサイクリストでさえ不当な警察の嫌がらせには文句を言っていた。警察は公的にはそんなことしていないと否定しているが、その年のクリスマスの直前、サンフランシスコのある警官が記者にこう言った。「おれたちはあの連中を捕えるつもりだ。戦争なんだ」

「どういうことなんですか?」と記者。

「わかってるだろう。ヘルズ・エンジェルズだよ、あのバイク野郎どもだ」

「バイクに乗っている者全員ですか?」

「罪のないやつらだって罪を犯したやつらといっしょに苦しまなきゃな」

「あの記事を書き終えたんですが」記者は想起する。「わたしはそれを裁判所の外でたまたま出会った警官に見せたんですが、その警官は笑って別の警官を呼んだんです。『これを見てくれ――あいつらはまた無益な抵抗して傷つきやがった』と言うんです」

一九六四年‐六五年のエンジェルズ弾圧期間中の冬の間、メディアの唯一意義あるブレイクは『サンフランシスコ・クロニクル』のひやかし半分の連載記事だった。これはサンフランシスコ支部の新しいクラブハウスでのエンジェルズのパーティーに基づいた記事だった。そのクラブハウスは連載が始まると、すぐさま警察の手入れをくらい閉鎖された。一方、逃亡者らが潮のようになって押し寄せて来たオークランドのエンジェルズは肥大化した。バードーやヘイワード、サクラメントからのエンジェルズが数少ない残存した聖域へと入り込んだ。一二月になるまでにバージャーの支部のメンバーが膨れ上がり、敵をしきりにほしがったゆえ橋を渡り、サンフランシスコのエンジェルズを襲い始めた。サンフランシスコではメンバーが一一名まで縮小され、カラーズまで手放してしまい、ヘルズ・エンジェルズの伝統を汚したとバージャーは思っていた。それに応じて彼はサンフランシスコの支部は消えたと宣告し、連中のジャケットを集めてくるよう仲間の部下を送り込んだ。サンフランシスコのエンジェルズはジャケットを渡すのを拒んだが、オークランドからの狂暴な襲撃にすっかり気力を失っていた。「玉突き台に座って落ち着いてビールを飲んでいると、突然ドアがぱっと開いてやつらがチェーンを手にして入って来たんだ」とサンフランシスコのエンジェルズの一人が言う。

「おれたち、ついに仕返してやったぜ。やつらのバイクに火をつけたんだ。それ見てほしかったな。道の真ん中で燃やしたんだぞ。それからやつらの溜り場へ行き、徹底的に叩きのめしたんだ。おい、おれたち本物のけんかをやらかしたんだぞ」

それは一二月のことだった。さらに静かな二か月がつづいた……すると、検事総長リンチの報告書が現われた。ウエストコーストからイーストコーストまでの全国的規模で行なわれたヘルズ・エンジェルズの破廉恥行為に関する報告書だったのである。ここから多くの新たな可能性が生まれた。シーン全体がまたたく間に変わったのだ。ある日は硬貨をかき集めようとしたろくでなしの一団だったのが、二四時間後に記者、カメラマン、フリーのライター、大金を口にするあらゆる種類の芸能界の大物と取引するようになった。一九六五年の中頃までにはいかにもアメリカ的なブギーマン（子供を脅したりする鬼）としての地位が確立された。

何百もの通信社から配信を受けている新聞や六つの雑誌に現われたほかに、エンジェルズはテレビのカメラマンのためにポーズをとり、聴取者が参加するラジオ番組で質問に答えていた。彼らはメディアで意見を開陳したり、様々な集会に登場したり、ハリウッド関係者や雑誌の編集者と交渉したりした。また神秘主義者や詩人に捜し出され、過激派の学生に励まされ、自由主義者や知識人が催すパーティーに招かれた。全体的にきわめて異様な事態になったのである。これは、カラーズをまだ身に着けていた一握りのエンジェルズに深い影響を与えた。彼らはプリマドンナ・コンプレックス（虚栄心や自尊心が創り出す異常心理）を募らせ、写真やインタビューの返礼として現金を要求した（これが国税局を困惑させた）。『ニューヨーク・タイムズ』はこうした進展にひどい打撃を受けた。一九六五年七月二日同紙のロサンゼルス通信員は言うのだった。「ヘルズ・エンジェルズの〝PRマン〟だと名乗る男がニュースメディアにアプローチしてきて、今週末の乱闘事件の写真を購入しないかとオファーしてきたんです。その金額は五〇〇ドルから一〇〇〇ドルに及ぶんです。男はまた、メンバーとのインタビューをアレンジするから、写真が撮れたらメンバー一人ずつに一〇〇ドル以上くれと言ってました。そのPRマンはみんなが集まるサンバーナーディーノの酒場へ〝みかじめ料〟を払わずに行くのは〝危険だ〟と言ってました。ある雑誌はこの週末、カメラマンを彼らと同行させる許可を得るのに一〇〇〇ドル払いましたよ」

この報告は真実と非常識、そしてこの時までに『ニューヨーク・タイムズ』のロサンゼルス通信員がエンジェルズに関連するすべてに嫌悪感を抱いているという事実が入り混じっていた。彼の判断力はすぐれていた。このグループにまず献金しないで記事をものにしたら、殴ると脅されてもいた。どんなジャーナリストでも義務を果たそうとしているときに現金を支払うのを嫌がるものだ。そして、正常な反応――あるいは少なくとも不可思議な反応――はブルドッグみたいになってスクープにしがみつき緊迫感を注入し、どんなに費用がかかろうがそれを書き上げようとする敏速な決意だったのである。

『ニューヨーク・タイムズ』の反応はもっと微妙だった。エンジェルズを重要視するのをやめようとし、彼らが消えるのを望んでいた。はっきり言うと、正反対のことが起こったのである。このストーリーはすでに雪ダルマ式に大きくなっていた。『ニューヨーク・タイムズ』が創り出そうと試みたモンスターたちが広報宣伝担当者とともに戻って来て、たえずつきまとった。サンバーナーディーノでさえステータスのない一握りのやくざ者が、たった一度の週末でもいいからつき合いたいと願うすべてのジャーナリストへも一〇〇〇ドル要求した。ほとんどのエンジェルズはおかしな話だと思っていたが、そのゲーム段階になると、自分らのパフォーマンスに対し正当な金額を要求する者も何名かいた……〝ある雑誌〟が一〇〇〇ドル（『ニューヨーク・タイムズ』によれば）か一二〇〇ドルを支払うと言ってきたとき彼らの信念は正当化された。この献金の問題はひじょうにきわどい。それというのは、たとえ編集者がそうした金を支払うことを認めても、金を求めるライターやカメラマンならば、自分のストーリーを買わざるをえなくなる者としてレッテルを貼られるのを避けるため、できるだけのことをしたからだ。当初エンジェルズは金のことについてざっくばらんに語っていたが、後になってこれを否定した。これが公になると、税金上のトラブルが発生するというソニー・バージャーの言葉が伝わってきたからだった。しかしながら、けっして公表されなかったが、『ライフ』専属のカメラマンがエンジェルズと長時間過ごし写真を撮ったことは事実である。

　他のならず者から身を守ってくれる守護費、つまりみかじめ料の要求に関して面白い付随的な情報がある。様々な一時的で熱狂的な風潮を利用することにより、年に一〇万ドル以上を稼いだ男からエンジェルズはアイデアを得たという。男は『ニューヨーク・タイムズ』とかかわったPRマンだった。この男とエンジェルズとの関係はドラッグレースの関連でバードーから始まったが、本当は男はエンジェルズの広報宣伝係を務めたのではなく、雇われていないのにメディアに電話などをかけてうるさくつきまとうのが趣味のペテン師だった（一九六五年の夏までに男はヘルズ・エンジェルズ・ファンクラブのTシャツを作って売っていたが、エンジェルズがそれを目にしたら、体から剝がして燃やしてしまうと宣告するまで相当売れた）。

　とどのつまり、その男はエンジェルズに会いたがった誰に対しても大金を要求することによってバードーのエンジェルズのスタンスを台無しにしたのである。（〝ある雑誌〟を除いて）誰も金を支払わないので、また彼のはったりを無視したので、半年間しか代理人として通用しなかった。バードーのエンジェルズはあまにも早く〝絶頂をきわめよう〟とするディック・ニクソンの古典的な間違いを犯してしまったのである。モンテレーの強姦事件と以後二度にわたる地元での乱闘がメディアを賑わせたために情容赦ない警察の圧力をもたらし、頑強にカラーズを身に着けようとした者はいやおうなくアウトローとしてより逃亡者のような行動をせざるをえなくなった。したがってバードーのエンジェルズの名声は衰えた。一九六五年の八月の中頃までに――一方、オークランドのパフォーマンスは盛んでブームを呼んでいた――『ロサンゼルス・タイムズ』がバードーの状況を検討していた。サンフェルナンド・バレーのパワーは徐々に弱まり、警察は圧力をかけてこの地の各グループを屈服させていた。記事の冒頭で「サンフェルナンド・バレーにはアウトローのモーターサイクリストがいるが、地下に潜っていると警察は告げている。彼らは低姿勢で、ほとんど大騒ぎを起こさない」

「もし二人でも首をもたげ、街頭に現われようものなら」と巡査部長は語った。「やつらの姿を目にした最初のパトカーがやつらを止めて尋問する。やましいものが見つからなくても、交通違反の罰金未払いのかどで逮捕状を突きつけてやる。それだけで、やつらを通りから追い出せる。あわてるだろうな。[*2]」「われわれはリッジ・ルートのゴーマンに検問所を設置していて、ノーザンカリフォルニア――そこではやつらはもっと活動しているが――から来たやつらがロサンゼルスへ行こうとする時にストップさせるようにしている。パシフィック・コーストの高速道路沿いに、特にマリブ近くにも検問所があるんだよ」

「やつらはかなり移動性があって、あちこちのグループに属している二五〇〇名（原文のママ）いるエンジェルズの名前のリストがあるけど、住所をキープするにはおよばないんだ。やつらはいつも動いている。住所を変え、名前も変えるんだ。髪の毛の色さえ変える」

バードー支部の縄張りであるフォンタナ中核地域の公共の場所ではエンジェルズは騒ぎは起こさず、あまり多くの者は検挙されなかった。「四、五人いっしょにいても、どうってことないが、全員あるいは一二、三人以上いるとなると、ぶちのめしてやる」とラリー・ウォレス警部は言っていた。

ウォレス警部は個室のオフィスに、自分にとってエンジェルズはどんな意味を持っていたのかを思い起こさせる記念品をしまっている。それはあるエンジェルズの溜り場から没収した、厚さ二インチ、幅四インチの木の枠で作った額にはめられた、モディリアーニが描いた女の複製画だった。女は首が長く、眠たげで小さなとりすました唇をしていた。女の頭の上方にかぎ十字勲章が殴り書きされ、そして〝助けて〟という文字が髪にからまっている。そして、ナチスのかぎ十字章のスタンプが押されているダビデの星が首に掛かっている。女の喉の奥に銃弾の穴があり、頭の後ろから出た銃弾が描かれていた。あちこちにエンジェルズの格言らしきものが散らばっていた。

ドープは永遠なり
永遠に酔いどれ

誠実な警察官よ
……おれの健康が危なくなっているのをおまえは知っているなら
おれはけっして治らない

バードーのエンジェルズは生き残ったが、一九五〇年代の後期と一九六〇年代前期のステータスは取り戻せなかった。かつての悪名が人を呼び寄せはしたけれども、こずるい宣伝担当者以外に世間に提供できるものはほとんどなかった。バードーの支部長オットーはどこへ行っても事態が掌握できなかったのである。サル・ミネオはある映画にエンジェルズが出演すれば約三〇〇〇ドルもらえると話していたが、定足数が集まらなかった。刑務所入りしていた者やら、やめた者がいたからだし、優秀な連中はノースオークランド――いわゆる〝神の国〟――の北へ行っていたからだった。

そこではソニー・バージャーが支配していて、エンジェルズが衰退していたという話は出ていなかった。が、オットーは一旗挙げたくなった。まだ彼を支えてくれる忠実な仲間がいて何とかうまくやっていた。つまり、『サタディ・イヴニング・ポスト』から来たライターのために正装したヘルズ・エンジェルズの姿を見せたのである。

一九六五年一一月に発行された同誌に記事が載った。批判の色が濃かったにしても、書かれた文章の質より量に彼らは大いに感動した。彼らにおよぼした全面的な影響は大きかった。なにしろ、カラー写真で、しかもイギリスの王女マーガレットとともに表紙を飾っていたからだ。もう征服すべき世界のない本当の超有名人になったのである。が、彼らには一つだけ悩みがあった。それは金持ちになれないことだった（「自分たちをさんざん利用して大騒動を起こしたが、おれたちは一セントももらえないんだよ」とバージャーは『ポスト』誌の記者にこぼした）。なるほどオークランドのエンジェルズはロサンゼルスのエンジェルズのメディアへの売り込みとは切り離されていたが、『ポスト』誌へ売った写真の代価として五〇〇ドル近く得ていた。オークランドのエンジェルズを、搾取されていたマイノリティだと見るのは難しい。

われらは勇敢な英雄の一団だ
われらは組織化されて十年たつ
われらはこの町をずっと知っている
われらはバワリーの精鋭部隊だ……
われらは古き良き家畜だ

丸石と長いガス管も持っている
ブルックリンの護衛兵らが
手のうちを見せさえすれば
あいつらを負かせる
地面が約四〇〇ヤード平らなら
悪魔のように走れる
女の子らは、かわいい子らは
恋に無我夢中
バワリー精鋭部隊のスタイルを見て
そのヘアオイルの匂いを嗅ぐ

——〝バワリー精鋭部隊〟
ジョン・アリソン作詞・作曲[*3]

私のエンジェルズとの交際は約一年つづいたが、完全に終わったわけではなかった。何名かとは親しくなり、またほとんどの者とはいっしょにいてもリラックスできた。しかし、最初は——何度も人から警告されたため——ともに酒を飲むときは気を使った。ある日の午後、デポーホテルという名のみすぼらしい飲み屋のカウンターで六名のサンフランシスコのエンジェルズと会った。デポーホテルはサンフランシスコの南部工業地帯のウォーターフロントにあり、そしてその周辺にハンガーズ・ポイントというスラム街があった。私がコンタクトした相手はフレンチー[*4]で、アウトローの中でも一番背が低く、滑稽な男だった。フレンチーはデポーホテルの劣化した建物からつづくエバンズ・アベニューの向こうにある、ボックスショップという名称を持つ車のトランスミッション修理工場のオーナーの一人だった。二九歳のフレンチーは腕の立つ車の整備工で、海軍の元潜水艦乗組員。身長は五フィート五インチ、体重は一三五ポンドだが、他のエンジェルズが言うには恐れを知らず、誰とでもけんかする。彼の妻はしなやかな体つきの物静かなブロンド女で、趣味はけんか騒ぎやワイルドなパーティーよりフォークミュージック。彼はギターやバンジョーやティプレ（ギターのような南米の民俗楽器）を弾く。

　ボックスショップには車が溢れていたが、その全部が全部修理代を払う客のものではなかった。フレンチーと他のエンジェルズ三、四名で工場を経営し、だいたい一日に四時間から一二時間仕事する。だが、ときおりバイク旅行に出かけるか、長時間のパーティーに加わるか、ヨットに乗って沿岸地帯を巡る。

　私は電話でフレンチーと話し、翌日デポーホテルで会った。フレンチーはオーキー・レイとクレージーロック、ピンポンという名の若い中国人といっしょに玉突きをしていた。私は酒場へ入るとすぐ、ここの客が好みそうな平等主義ふうな雰囲気に敬意を表して、パームビーチのスポーツコートを脱いだ。

　フレンチーは私が不愉快な気持ちになるほど長いこと私を無視していたが、うなずいてかすかに笑顔を見せ、玉突き台のポケットの一つに向け玉を突いた。私はビールをオーダーして金を払い、みなの様子をうかがった。平々凡々とした雰囲気だった。ピンポンがほとんど話していた。ピンポンがどういうたちの人間か私には不可解だった。彼はエンジェルズのカラーズを身に着けていないが、ベテランのような話し方をした（あとになって聞かされたのだが、彼は人と交わりたいという強迫観念の持ち主で、時間の大部分をボックスショップとデポーホテルで過ごしていたという。バイクは持っておらず、その埋め合わせとしてスナブノーズ型のマグナム三五七のリボルバーを尻のポケットに突っ込んでいた）。エンジェルズはそれには無関心だった。すでに中国人のメンバーが一名いて、ハーレーダビッドソン社の機械工だが、口数が少なく信頼できるタイプで、アウトローたちをいらつかせるピンポンとは似ても似つかなかった。ピンポンは自分を印象づけようと心に決め、しきりに一人前の人間だとみなに思わせたがっていたので、みなうんざりしていた。

玉突きゲームが終わると、フレンチーはカウンターに向かって座り、私が何を知りたいのか尋ねた。私たちは一時間以上話をしたが、彼の話し方のスタイルのせいで私は苛立った。彼はときどき口を閉ざし、質問を途中ではぐらかし、悲しげに少し笑って私を見つめた。話し相手にはわかっているなと確信しているジョークをとばしたが、外の空気が入ってこない部屋の煙のように悪意が立ちこめ重苦しい雰囲気だった。しばらくの間、悪意のすべてが私に向けられているなと推測した——私が初めて姿を現わしたときもそうだったが、私に集中した悪意が素早く消える。が、威嚇の気配が残っていた。それはヘルズ・エンジェルズが吸ったり吐いたりする空気の一部なのである……彼らの世界には悪意が充満しすぎているゆえ、それに気づきさえしない。彼らは見知らぬ者のほとんどに故意に辛く当たるが、親しく接しようとするときでさえ、見知らぬ者は嫌な反応だと感じる。彼らが非常に面白いと思っている話をしゃべって外部の者を楽しませようとしていたのを、私は見たことがある——が、かえって聞き手に恐怖と不安を生じさせたのだ。聞き手のユーモア感覚には違った種類のフィルターが付いていたのである。

アウトローによっては、このコミュニケーション・ギャップを理解しているが、ほとんどの者は〝正常な人間〟が自分らを恐ろしがっているのを耳にすると困惑し、侮辱されたと思い込む。また彼らは自分らが新聞や雑誌で不潔で汚いと書かれているのを読むと怒るが、脱臭剤を万引する代わりに、さらに努めて汚染度を強くする。少人数の者は体臭を強化させる。妻やガールフレンドを持つエンジェルズは半失業者のホームレスとほぼ同じ回数バスにつかるが、衣服を故意に何度も汚す。[*5]こうしたたぐいの過度の誇張は彼らの生き方のバックボーンなのである。彼らが噴出させている強烈な悪臭は、体臭というよりむしろ不潔なユニフォームに付着させた古い油脂の臭いなのだ。エンジェルズの新人はことごとく新品のリーバイスのジーンズと、これに似合ったジャケットといういで立ちで入会式に臨む。ジャケットの袖は切り取られ、背には無垢の徽章が付いている。エンジェルズの支部によっては儀式の形態は異なるが、主な特徴は新人の新しいユニフォームをたえず汚すことである。儀式の最中にバケツ一杯分の糞尿が集められ、厳粛な洗礼ということで新人の頭の上からそれが注がれる。あるいは新人が衣服を脱ぎ、真裸で立っている間その衣服に糞尿を浴びせ、他の者がそれを足でそれを踏みつける。

そんな衣服がその新人独自のいわば〝オリジナル〟で、腐るまで着用される。リーバイスのジーンズは油の中に浸されてから日に当てて乾かされるか、または夜間バイクの下に置かれ、クランクケースからしたたる油を吸収させる。このジーンズがぼろぼろになって役に立たなくなると、他の新しいリーバイスの上にかぶせてはく。ジャケットの多くはカラーズがかろうじて見えるほどの汚れ方だが、文字通りちぎれるまで捨てられない。オリジナルな状態がステータスを示す証拠となるのだ。一年か二年かけてカラーズは熟成し、本当にグレードを上げたと思うようになる。

デポーホテルでフレンチーといっしょにいたエンジェルズは、私がどんな臭跡をたどって彼らの所在を突き止めたのか知りたがっていた。その夜遅く、週に一度の集会で数人がカラーズの下に高価なウールのシャツとスキージャケットを着ているのに私は気づいた。午前二時に酒場が閉まると、アウトローが五人、夜通しの飲み会に加わるため私のアパートにやって来た。翌日そのうちの一人が忌わしい害虫のキャリアー、つまり歩くシラミの養殖場だとわかった。ヒトジラミや他の害虫を見つけようとして私はリビングルームを注意深く調べたが、見つからなかった。この男まだ孵化中の害虫のタマゴを落としていったかもしれないと思いつつ、約一〇日間いらいらして待ったけれども、害虫は現われなかった。その夜はさんざんボブ・ディランのミュージックをプレイした。以後長い間ディランの声を耳にするたびに害虫のことが脳裏に浮かんだ。

それは一九六五年の初春のことだった。前年の夏の中頃までにアウトローのシーンに入りびたりすぎてエンジェルズをリサーチしているのか、彼らに徐々に取り込まれているのかどうかあやふやな気持ちになっていた。彼らの行きつけの酒場や住まいで週に二、三日過ごし、いっしょに走ったりパーティーに加わったりした。初めこそ彼らを私自身の世界から遠ざけていたが、数か月たつうちに私の友人らはエンジェルズが日夜どんな時間でも私のアパートにいることに慣れてしまっていた。エンジェルズの出入りが近所に断続的な警報を伝える原因になり、ときどき歩道に人だかりができた。このことを聞きつけた中国人の大家は、私がどんな仕事をしているのか密偵を送り込んで来た。ある日の朝、家賃の収集人をシャットアウトするためテリー・ザ・トランプに呼鈴に応えさせたが、隣家の女性が呼び寄せたパトカーが来たので、彼は呼鈴に応えられなかった。この女性は、エンジェルが彼女の車寄せからバイクを出しているときはかなり丁重な態度だったが、明くる日

〝あの男の子たち〟は私の友だちかと尋ねた。そうだと答えると、四日後大家から立ち退きを迫る書面を受け取った。エンジェルズの強姦の前兆が資産価値を脅かす危険があったのである。この街区は浄化されねばならなかったというわけだ。私が引っ越したあとかなり時間が経つまで浄化されなかったが、彼女は心底から怖がっていたことを知った。ときおりエンジェルズの一群が私のアパートを出入りするのを彼女はながめていたが、いったんその姿を目の当たりにし、マシーンの恐ろしい音を聞くたびに神経がおかしくなった。窓の下で鳴るマシーンが夜昼となく彼女を脅かしたのだ。そして、アウトローの改造バイクがときおり轟かす爆音は、半ブロック先の歯科医院にある小型バイクのかん高い音とはまったく違っているという事実が彼女の脳裏をよぎらなかった。午後彼女は玄関の階段に立ち、ガーデンホースを使って歩道に水をまき、近くの医療センターから丘を下って来たホンダのバイクをにらみつけていた。ときどき道路全体がヘルズ・エンジェルズのせいで活気づいたようだった。納税者の不動産業者にはこれが耐えきれなかった。騒がしい音楽ほど悪意がこもっていなかったにせよ。バイクが歩道を走ったり、ときどき裏窓から銃弾が放たれたりした。悪事の大半は、エンジェルズがあたりにいない夜に限って行なわれていた。例えば、私が非常に尊敬していた客の一人で、ニューヨークから来た広告会社の重役が、酒を飲んで長い夜を過ごしたあと空腹になり、近くのアパートの部屋に置かれた冷蔵庫からハムを盗んだ。また別の客は私のマットレスに火をつけてめらめら燃やしたので、二人でそれを裏窓から外へ放り投げなければいけなかった。またある客は高性能のファルコン製のエアーホーンを持ち出し、街頭で暴れてそれを鳴らした。このエアーホーンは通常、遭難信号用に船に備え付けられるものだった。近隣住民が少なくとも二〇の窓から私の客に向かって非難の声をあげた。パジャマを着た男が戸口から突進して来て、長くて白い棒を振り上げて殴りかかって来たが、かろうじて怪我を避けた。

　そしてある夜、地元の検事が自分の車に乗って歩道を横切り、私のアパートの入口の通路にある棚を越え、クラクションの上に身をかがめバンパーでドアを押し倒そうとした。またある詩人は通りがかったバスの車輪の下にごみ屑入れの缶を投げ、たちの悪い事故が起こったような音を響かせた。階上にいた隣人は言った。「フォルクスワーゲンのエンジン音のような音がして、その音で私はベッドを飛び降りましたが、窓の外を見ると、見えたのはバスだけでしたよ。車が真正面からバスにぶつかって、バスの下に潜り込んでしまったと思いましてね。物を引きずるようなすごい音がして人が押し潰されたと思ったんです」

　あの頃の最悪な出来事の一つたりとも苦情が寄せられることはなかった。それは武器の威力を証明する、善意のこもった一種の実験だった。それはある日曜日の午前三時三〇分に起こった。理由ははっきりわからないが、私は一二口径のショットガンの引き金を五回引いて裏窓を吹き飛ばし、数瞬後に四四マグダムを六回発砲させた。重く響く発射音や酔いどれた笑い声、ガラスが割れた音がしたという。しかし、隣人たちの反応は完全な沈黙だった。風による奇妙なエアーポケットが銃声などの音をすべて吸収し海へ運んでくれたとしばらくの間思っていたが、私がアパートを立ち退いたあと、そうではないと知った。銃声はすべてゴシップの種になっていたのだ。ある賃借人の話によると、大家はいろんな噂を耳にしてわかっていたのである。つまり、私の部屋の中はばか騒ぎ、けんか、火災、発砲のためボロボロになっていたという噂を。大家はバイクが玄関ドアをくぐり抜けて出入りしていた話も聞いていたのだ。

　だからといって、こうした出来事があっても逮捕されることはなかったにしても、近所の噂によると、こうした出来事はすべて私とかかわったヘルズ・エンジェルズの仕業だと思われていた。なぜ警察がほとんど呼ばれなかったのかという理由は、エンジェルズに仕返しのお礼参りをされたくなかったからだろう。

私が引っ越す寸前に、大家の北京語を話す親類たちが損害賠償の請求書を作成する目的でアパートにやって来た。彼らは困惑していたようだけど、あまり部屋が荒らされていないので、ほっとした様子だった。エンジェルの姿は見当たらず、バイクが一台ぽつんと歩道に置かれていた。彼らは立ち去るおり立ち止まってそれを見つめ、ぺらぺら早口で北京語をしゃべっていた。未払いの家賃の代わりに私のバイクが没収されるのではないかと少しばかり心配したが、英語が話せる中国人が「すばらしいバイクですね」と言って誉めているのだ、と説明してくれた。

大家自身は、自分の不動産にヘルズ・エンジェルズが害をおよぼす脅威的な存在だったとは漠然としかわかっていなかった。アパートの住民からの苦情がすべて中国語に翻訳されたにしても、こんな苦情は大家にとっては理解できなかったのではないかと私は思う。英語を使うマスメディアによってエンジェルズのことが伝えられても、大家はなぜ私の隣人たちが動揺をきたしたのか理解できないだろう。家賃を払えなくなったとき私を追い出すために大家が私に差し向けた人たちは、見ず知らずの者のモーターサイクリストのことについてはあまりわかっていなかったのだ。あの日の朝彼らは私が飼っていた、まだ小犬のドーベルマンを怖がっていたが、呼鈴を鳴らしテリー・ザ・トランプと対面したときは驚きすぎてまばたきもしなかった。

テリーは夜通し起きていて、覚醒剤やらワインを飲んでグロッキー気味だった。その日は湿気の多い寒い日で、私のアパートへくる途中、彼は救世軍の店に立ち寄り、三九セントでボロボロの毛皮のコートを買った。マレーネ・ディートリッヒが一九二〇年代に着ていたような代物だった。不揃いな縁どりが彼の膝のあたりではためき袖はもつれた毛髪のようで、このエンジェルズのヴェストから体の外へ生え出ていたようだった。このコートで体を包むと体重が三〇〇ポンドくらいあるように見え、ブーツをはき、盲人がかけるような丸くて黒いレンズがはまったサングラスをかけたひげだらけの彼の姿は、発狂した原始人さながらだった。

呼鈴に応えてテリーを玄関に出せば、家賃の問題を最終的に解決できそうだと私は考えていた。彼が廊下をどしんどしんと歩いている間、みなはビールをまた飲み始め、脅え声と逃げ去る足音を聞こうと待ちかまえていた。しかしながら聞こえて来たのは、もぐもぐしゃべりあっている声だけで、数秒後テリーはリビングに戻って来てこう言った。「おい、あいつたち堂々としてたぞ。おれがどうってことないアメリカ人に見えたんだ。年輩の女が二人、おれに向かってにやにや笑い、英語を話した小男は礼儀正しいもんだから、おれはぞっとしたぞ。あんたは今いない、いつ戻ってくるかわからないと言っておいたが、あいつらは待っているとほざいた」

われわれが街頭で騒ぎが起こっているのを聞いていた時、テリーはリビングにはおよそ三〇秒しかいなかった。警官たちがバイクを処理するためかけつけて来たのである。テリーはあわてて外へ出た。まだつづいている街頭での言い争いがおよそ二〇数名の野次馬を惹きつけていたが、中国人たちはそれには無関心だった。彼らは金銭のことで来たのであって、警官と、モンゴルから地球をまっすぐ掘って現われたような何者かの間のわけのわからない言い争いのせいで追い出されるわけにはいかなかったのである。

立ち止まってこんな言い争いを聞いていた大部分の人たちは、テリーの背中にあったエンジェルズの徽章が見えたので、多くの様々な問題のレベルからこの光景を観察できた――それにしても問題は、車道をふさいだかどでテリーとモールディ・マービン（外へ出て行かなかった）にそれぞれ一五ドルの罰金刑を科すのか、それとも交通違反に目をつぶりバイクを一〇フィート先の丘へ移動させ、合法的な駐車スペースへ置かせるかどうかだった。

警官たちは明らかにこの事態全体を楽しんでいた。駐輪についてのいつもの苦情は（善良な人だかりの前で）事態を、ヘルズ・エンジェルズの中で最も悪名の高いメンバーの一人と警官とのドラマチックな対立へと導いた。二人で計三〇ドルの罰金のキップを切られることは彼らにとって最悪だが、重大な決定をするには二〇分必要だった。ついに、このドラマの当初からイニシアティブをとっていた警官は不意に違反キップをポケットの中に入れ、疲れたそぶりで軽蔑の念をこめてテリーに背を向けることでけりをつけた。その警官はすぱっと言い放った。「わかった。わかった。そいつを邪魔にならないようにどけてくれないか。レッカー車で二台とも移動させておけばよかった。しかし……」若い警官だったが、すばらしい役者ぶりだった。セントメアリー寺院の鐘に唾を吐いて罪に問われた将軍の一人を告発するのをビング・クロスビーが拒否してアンボイ・デュークスに恥をかかせたところを見ているようだった。

＊1　エンジェルズがオークランドで受ける圧力とその他の地域で受ける圧力には根本的な相違があった。オークランドでは圧

力は政治的なものではなく、また政治的に決定されたものでもなく、腕相撲のように個人的なものだった。バージャーと彼の仲間は警官とうまくやっていた。たいていの場合、若干の違いはあるものの両者は同じ頻度で活動する。警官とエンジェルズはこれを否定している。精神的に両立できると暗に言われても、それは無理だった。それは共産主義者の中傷として非難されるだろう。エンジェルズの行きつけの酒場で友好的な警察の取調べを見た誰にとっても、事実はどうなっているかわかるだろう。両者は激しくののしりあったあと、取り消しやすい休戦をうるさく取沙汰する。たがいに衝突した背後で短い間追跡したり、ぶつかったりしてもめったに新聞には載らない。両者とも同じゲームを行ない、通常同じゲームで動いている。

＊2　この戦略はカリフォルニア州の他の地域や、エンジェルズと関係のない状況下ですぐに警察に普及した。群集を管理するのに特に有効な手段である。一九六六年の中頃までにバークリーのデモ行進者を処理するのに標準的な手順になっている。警察はアトランダムに人を捕え、運転歴を無線通信で調べる。数瞬後に司令本部から返答が出る。勾留された当人が違反金を支払っていなかったり、出廷通告を受けていたなら、「道路から引き離される」——この言葉は「拘置所に入れる」という警察の婉曲語句である。

＊3　著作権はホリス・ミュージック社。ニューヨーク。転載許可あり。

＊4　サンフランシスコのフレンチーで、バードーのフレンチーではない。

＊5　エンジェルズのオールドレディは体臭には反対している。「夫ったら一度もシャワーを浴びないで二か月間過ごしたのよ」リッチモンドの女は思い出す。「夫は与えられた名声に従って生きるとどうなるか見たかったのよ……副鼻腔炎をわたしは患ったの。とにかく臭いをちゃんと嗅げなかったんだけど、ついに気分が悪くなって言ったわ。『もう一つのマットレスを引っ張り出して——あんたがシャワーを浴びるまでいっしょに寝てあげないからね』と」

4

彼らはワイルド・ビル・ヒコック（一九世紀後半に活躍した米国の保安官、ガンマン。一八三七－七六）たちなんだ、ビリー・ザ・キッドなんだよ。おれたちが持っている最後のアメリカのヒーローだよ。

――エド〝ビッグ・ダディ〟ロス

あのパンクスを捕えろ。

――『ニューズウィーク』（一九六五年三月）

すべてのアウトローが著名人になって喜ぶとは限らなかった。『クロニクル』の連載が終わって以後、サンフランシスコのエンジェルズは疲れ果て苛立ち、新聞記者を、災厄を捜すパイロット・フィッシュ（ブリモドキ。サメを餌のある所へ導くと言われるところから名付けられた）と見なしていた。オークランド湾岸地帯の向こう側での反応はさらに様々だった。オークランドを含むイーストベイのアウトローは報道機関に七年間無視されたのち警戒心より好奇心を持つようになった――ただし、新たに現われたアウトロー、特にバードーからやって来た者らはそうではなかった。オークランドに来たのは、マスメディアの注目を浴びるためではなく、避難するためだった。したがってマスメディア専属のカメラマンは不必要だった。

数名は窃盗、暴行、扶養義務不履行で告発され、サザンカリフォルニアで指名手配されていた。たまたま写真を撮られたり、駐車場でうかつにも大声で名前を呼ばれようものなら、一連のイベントに狩り出されかねず、その結果拘置所にぶち込まれるかもしれない。例えばオークランドで写真を撮られ、インタビューで名前が取り上げられたりしたら通信社に知られ、翌日の朝サンバーナーディーノで猟犬がふたたび足跡を発見するのは時間の問題だった。

また知名度が高くなると、雇用問題に悪影響を与える。一九六四年の末にアウトローの三分の二が働いていたが、一年後約三分の一に減った。テリーは『トルゥー』誌に自分についての記事が出[*1]たあと二、三日後にゼネラル・モーターズの組立ラインの仕事をすぐやめるよう言い渡され、クビになった。「どこかへ移ってくれと言われたんだ」テリーは肩をすくめて言った。「理由は教えてくれなかったが、いっしょに働いていた連中の言葉によると、職工長はあの記事に震えあがって、おれがクスリをやっているところを見たことがあるかと、あるやつに訊いたんだよ。例のくだらない強姦のこともね。ユニオン（職種別組合）では戦ってくれると言ってたけど、どうでもいいんだ――パンを食う方法はほかにもあるんだ」

バイクマニアのアウトローは労働市場ではあまり求められてはいない。いくつかの例外はあるが、自分を売り込めるほどの技術力のある者でさえ失業保険金を受け取るほうを好む……そうすることで深夜遅く床に就けるし、多くの時間をバイクに使えるし、必要に迫られればアルバイトで現金を手に入れることができる。強盗をやらかす者、車やバイクを盗む者、心のおもむくままにポン引きになる者もいる。女房や愛人を働かせて食べさせてもらう者も大勢いた。彼女らは秘書やウエイトレス、ナイトクラブのダンサーとしてけっこう稼いでいる。若いアウトローの何名かはまだ親と同居しているが、それを口にすることはなく、どうしようもなくなると家に帰ってぐっすり眠って酔いを覚ましたり、冷蔵庫から食べ物をくすねたり、貯金箱になっているクッキーのジャーから小銭を盗んだりする。通常働いているエンジェルズはパートタイマーとして仕事をし、職場を転々とする。ある週はごっそり稼ぎ、次の週は何もしない。

彼らは港湾労働者、倉庫番、トラック運転手、機械工、事務員になったり、すぐに賃銀を支払ってもらえ、忠誠心を誓う必要のない職場で気ままに働く。おそらく一〇分の一が安定した職業に就き、給料を手にする。オークランドのスキップはゼネラル・モーターズの組立ラインの最終検査員で週に二〇〇ドル稼ぎ、マイホームを持ち、道楽半分に株にも手を出す。オークランド支部の守護者であり、スターになっているタイニーは地元のテレビ通販会社の〝信用調査員〟だ。彼はキャデラックを持ち、ローンの返済が遅れている債務者を追い込んで週に一五〇ドルを得ている。[*2]「このビジネスにはぐうたらな債務者がいっぱいいるんだ」彼は語る。「いつもはまず連中に電話をかける。金を払うと確認するまでビジネスライクにことを進める。それから『おい、この野郎、金を持ってここへくるんだ。二四時間やるからな』と脅すんだ。そうすると、そいつはすっかり怖じ気づいてしまい、すぐ金を払う。そうしないと、おれは車に乗ってそいつの家へ行って誰かが出てくるまでドアを蹴とばすんだ。ときたま生意気なやつが出て来て、言い逃れしやがる……そんなときは二人ばかり一時的に雇って二、三ドルやって協力してもらう。それからやつのところへ行く。いつもそれが役に立つ。そいつを踏みつけて殺さなくてすむからだ」

安定した収入を得ているエンジェルズもいるが、そのほとんどはやがて機械にとって代わられるような仕事に散発的に就く。髪を肩まで伸ばし、金のイヤリングをはめている限り、熟練を要する仕事を得るのは難しい。そうした仕事を得るには、やけっぱちになっているか寛大な雇い主がいなければならない。国中で知られているバイクを乗りまわす〝犯罪者集団〟のメンバーに志願するとハンディキャップがついてまわる。これを克服するには、ほんのわずかなエンジェルズしか持っていない特殊な才能に頼るしかない。たいていの者は技術力がなく無教養で、多彩な犯罪歴やバイクに関する細かな知識こそあるものの、社会的にも経済的にも認められた資格や実績を持っていない。[*3]

エンジェルズの姿勢には今まで創られたことのない世界に受け入れてほしいという憧憬以上の気持ちがある。エンジェルズになった本当の動機は、自分がどういう事態に陥っていたのかを本能的に確信していたからである。彼らは自分が人生ゲームから逃げているのを知っている。正当な切符を持ち、最小限の努力で競争社会をくぐり抜け、高い地位に昇ろうとする学生の反抗者と違い、ならず者のモーターサイクリストは、上昇志向のまったくない悪意のこもった醒めた目で将来をながめている。専門家や技術者が、途方もなく複雑になった社会機構にますます適合する世界の中にあって、ヘルズ・エンジェルズは言うまでもなく敗者であり、そのことが彼らを苛立たせていた。しかし、彼らは総体的な運命におとなしく屈服する代わりに、全ての時間を社会への復讐に捧げていた。彼らは何かを勝ち取るのを期待しない反面、失うものは何もなかった。

著名人になったために不利益な点があった。それは職が得られないことだった。また、金がないと名声が得られないことを発見して失望した。報道雑誌のおかげで著名人になってすぐ、彼らは「金持ちになろう」と語り合った。まもなく抹殺されるという恐怖心が、新聞や雑誌を売るために自分らが「利用された」ことに対する憤りに道をゆずった。どうすれば金が入ってくるのか、自分らはそれに値する人間なのかどうか彼らには確信が持てなかった……だが、収入と支出のバランスが彼らにとってよい方向に傾こうとしていると確信した。あるエンジェルズが『ワシントン・ポスト』の表紙を飾ると、この感情は頂点に達した。以後二、三週間、金についてだけしかエンジェルズに話しかけることができなかった。彼らはあらゆる種類の取引を行ない、数多くのオファーを巧みにさばいて判断しなければならなくなった……短期に稼げる現金の束を懸命につかみに行くか、それとも冷静さを保って出演料のスケジュール作りをして金を永久に分配するかどうかが問題だった。

取引が少なくなるまで、彼らは貧乏くじを引いていたということに誰も気づかなかった。依然として著名人のままだったために時代の風潮を迅速に見抜けなかったのである。ともあれある日、電話がぴたっと鳴らなくなった。ゲームは終わったのである。それでも彼らは金について話していたけれども、無駄話になった。現金が出まわっていたが、彼らは現金をつかまえることはできなかった。彼らに必要なのは腕のいい代理人か金に狂った情報屋だったが、いずれもゲットできなかった。サル・ミネオをけしかけて彼の映画作りの協力金三〇〇〇ドルを求める者はいなかった。それからまた、映画を撮ると話していたマーヴ・グリフィンのプロデューサーを口車にのせて、二〇〇〇ドルを騙し取る者もいなかった（私がかかわったかどうか覚えてはいないが、彼らがほしがっていた二〇〇〇ドルを私がチャラにしてしまったことでまだ私を非難していたが、悲しいことに本当のところマーヴのスタッフはどうしても金を出そうとはしなかった……たぶんレス・クレーンがヘルズ・エンジェルズの生きざまを撮る計画を立てていたのを知っていたのだろう）。アウトローを暴れさせて金を儲けようと企む人たちもいた。エンジェルズと知り合いのサンフランシスコのあるジャーナリストが、テレビ局のスタッフから連絡があり、今度エンジェルズがある町を襲うときカメラマンと同行したいと言っていると告げた。このスタッフが選んだ町を恐怖に陥れるには一人につき一〇〇ドルくれと言われたので、この取引は失敗した。そうなったのはテレビ産業界が社会福祉に対し憂慮していたからだった。

あなたは公的な出版物を
否定するつもりか?
——アングロサクソンのモットー

まったくどこの誰とも知れない非典型的なエンジェルズのメンバー一人を取り上げて『ポスト』は大々的に書いていたけれども、エンジェルズはこの暴露記事を非常に誇らしく思っていた。六六七万名の読者[*4]に戦慄的なイメージを提示する機会が与えられると、『ポスト』はスキップ・フォン・ブーゲニングを選んだ。スキップは元ロックンロールのミュージシャン、今はマーケットの従業員で、理想的なジョヴ・コープス（職業訓練センター員）ではないかとみなに思い込ませるような態度で話した。スキップは善良な若者だが、『ポスト』が典型的なヘルズ・エンジェルズとして偽ってそのイメージを大衆に押しつける様子は、マーロン・ブランドの代わりにサル・ミネオに主役を務めさせている『ザ・ワイルド・ワン』をふたたび撮影しているようだった。スキップが『ポスト』にははなばなしく登場したあと六か月以内に彼は〝カラーズ〟をはぎ取られ、グループから追い出された。「やつはエンジェルズになれるようなタマじゃない。ただの目立ちたがり屋だ」誰かがそう言った。
　エンジェルズが新聞やテレビでますます派手に扱われるようになるにつれ、彼らの反応はさらに曖昧になった。初め彼らについて書かれたものはほとんどがリンチ報告書から採られていたのだが、責任があってしかるべきジャーナリストが、かなりずさんで偏見に満ちた記事を書いていたので、エンジェルズは腹を立てていた。記者や編集者を人間の屑と呼び、どうしようもないほど堕落しているやつらで、どんな状況下でも話しかける価値がないと言っていた。好意的でない記事が憎悪を生み出したが、エンジェルズはインタビューや写真撮影を楽しんだ。怒りの沈黙といった態度をとらず、彼らは誤解を正すため新たにインタビューに臨むことで仕返しした。

一度だけ彼らは、ニュースメディアにかかわりがあったすべてに対して心底から敵意を抱いた。『タイム』と『ニューズウィーク』に自分らの記事が載ったすぐあとだった。私は『タイム』の記事を当時サンフランシスコ・ヒルトンで夜間の守衛を務めていたクレージー・ロックに見せようとしたときのことを覚えている。ロックは切り抜きにちらと目をやり、わきにどけた。「そんなもの読んだら腹が立つ。さっぱりわけがわからなん。たわごとだ」サンフランシスコのエンジェルズに会ったときは掟としてチェーンの鞭で私を叩こうとした。『ニューズウィーク』がしでかしたことで私の体に火をつける話が出た。バイクに関する私の記事が『ネーション』に現われる段になって初めて、私が彼らを欺いていなかったことを信じた。

その年の後期になってエンジェルズが政治的デビュー――バークリーでの反戦のデモ行進と衝突したのだが――を果たしたあと、彼らは新聞などの切り抜きを見ても嘲り笑わなくなった。記事の全体的な性格が変わりつつあった。特にハーストの『サンフランシスコ・エグザミナー』とウィリアム・ノーランドの『オークランド・トリビューン』でそれが目立った。エンジェルズを冷笑するのをもっぱらにしていた『サンフランシスコ・クロニクル』の中で、故ルシアス・ビービは日曜のコラム欄でバークリーでのデモ行進を皮肉り、「ヘルズ・エンジェルズはイーストベイのシーンで欠けていた現実性のこもった意識を自覚していたようだ」と述べて、適合性のある筆致で記事を書き終えていた。

この時点で、エンジェルズが報道機関を欺いていたのか、報道機関がエンジェルズを欺いていたのか、どちらとも言えなかった。公平な観察者と新聞のファンは、両者が休戦状態に入っているのは、かなり奇妙だと思っていた。いつもエンジェルズに対し恐怖と嫌悪感を抱いていた『サンフランシスコ・エグザミナー』は、突然彼らを誤解された愛国主義者として提示した。『エグザミナー』は最近難しい時期を迎えていたが、イギリスのかつての国王ジョージ三世がまだアルゼンチンで生きていると怖れている人たちの間では影響力を残していた。『トリビューン』も同種の新聞だけれども、『エグザミナー』を特徴づけるような一方的に偏向した面はなかった。例えばハーストが創り上げたジャーナリズム帝国はゴールドウォーター上院議員を見捨てた一方、『トリビューン』は従来の路線を堅持していた。ノーランド氏はたまたまゴールドウォーターの成功したカリフォルニアの選挙キャンペーンを取り仕切っていた関係で、一一月には――あまり同調者はいなかったが――いかなる立場に立っていたかははっきりしていた。『トリビューン』はこの業界では人類学者が言う〝復帰突然変異〟の古典的な事例だと見られていた。[*5]

ルシアス・ビービは比類のない人物で、草原地帯に有刺鉄線を張り巡らせろという主張をして以来、意義のあるどんな論争でも重要なファクターとして活躍しなかった……ところが、彼はときどき長ったらしい昔ながらの弁説を執筆し、なぜか『クロニクル』は一九六六年彼が死去したあともそれを掲載しつづけた。私がこの新聞を読んでいた三年間、ヘルズ・エンジェルズの何名かが真面目な顔つきで少し誇らしげにビービのコラムを私に見せつけるまで、ビービを真剣に受けとめる者に出会ったことはなかった。私がせせら笑うと、彼らは不機嫌になった。ビービは好意を持たれ、テキサス・レンジャーに譬えられていた。彼らが読み慣れていた新聞とは違い、ビービは彼らの現状を打破してくれたのである。ルシアス・ビービは騒々しい無駄話をするようなやつだと私が説明しかけたところで、彼らはうなずきはしなかったろう。一人が言った。「おれたちのことについて誉めてくれたのはこれが初めてだ。あんたビービは嫌なやつだと言おうとしたな……あんたがおれたちについて書いたどんな文章よりすぐれてるぞ」

これは本当のことなので気がとがめた。私としてはタイニーをバット・マスターソン（米西部の保安官。のちスポーツ記者。一八五六ー一九二一）に譬え、テリーをビリー・ザ・キッドに譬え、ソニーをバッファロー・ビル（米国の西部開拓者、興行主、ウイリアム・コデイーのあだ名）に譬えようとは夢にも思わなかった。ビッグ・ダディがこのような譬えを口にしたあとでさえその関連性がわからなかった。そこへビービがやって来て、ヘルズ・エンジェルズはテキサス・レンジャーとつながっていると述べると、彼らはただちにこれを認めた。

エンジェルについてほかにどう言われようと、その慎み深さについては誰も非難しなかった。この新たなニュースは長い間罵倒されてきた彼らのエゴにとって純然たる憂さ晴らしになった。エンジェルズの突然の名声は、疑いながらも感じていたことを彼らに認識させ始めた。エンジェルズは希少で魅力的な人間なのだ（「おい、起きろ、おれたちはテキサス・レンジャーだぞ」）。それは長い間待った認識の変化が与えた衝撃だった。タイミングのよしあしはわからなかったけれど、彼らはこの結果に概して満足した。と同時に、報道機関に対する彼らの旧来の見方に修正を加えることになった。記者がみな愛想のいい嘘つきとは限らなかった——真実を書くガッツと、鋭い理解力を持つ例外的人物があちこちにいたのである。

＊1　一九六五年八月。

＊2　一九六五年の末頃までに、頻繁に出廷したためタイニーの収入が少なくなった。一九六六年六月、強制強姦罪の裁判のため休暇をとらざるをえなくなった。

＊3　一九六六年の中頃までにベトナム戦争が数名のエンジェルズに金銭をもたらした。オークランドのアーミーターミナル（軍の物流機関）で物資配送のため重労働者が必要になり、エンジェルズであるのにかかわらず雇用された。

＊4　『ポスト』の営業部によれば、一九六五年度末の発行部数。

＊5　『エグザミナー』と違って黒字に転じる。同紙は一九六五年ついに敗北を認めて『クロニクル』と合併するよりむしろ、サンフランシスコでは唯一の朝刊紙になり、夕刊紙を発行した。

5

男は黒いデニムのズボン
バイク用のブーツをはいてる
背に鷲が縫い込まれた黒革のジャケット
男はチューンナップされたバイクを持ち
銃弾のように突き進む
あのばかは高速道路一〇一号線の恐怖だ

——一九五〇年代後期の
ジュークボックスのヒット曲

カリフォルニアの気候はバイクにとっては申し分ない。サーフボード、オープンカー、プールで、無為に時を過ごす者にとっても。ほとんどのバイクマニアは人に害を与えず無事に週末を迎えるタイプの人間で、スキーヤーやスキンダイバーと同じように危険ではない。しかし、第二次世界大戦が終末を迎えて以来、ウエストコーストはバイクに乗った乱暴な若者連中に汚染されてきた。一〇名から三〇名のグループを作って高速道路を疾走し、喉がかわけばどこでもバイクを止める。渋滞に出会うとビールをがぶ飲みし、騒動を起こす。一九六五年、地獄の吸物を飲み下して勢いづいたかのようなマスメディアによって突如彼らは有名になり、真新しい社会現象として見られたのである。ところが、並みのヘルズ・エンジェルズの中でこう主張する者たちがいた。アウトローが活躍するシーンは一九五〇年代の中頃になると盛りを過ぎ、古顔の面々はやがて結婚し、ローンで家を買うようになってどこへともなく消えて行ったと。

　すべてのシーンが生まれたのは、元アメリカ兵のほとんどがきちんとした人生のパターン――大学へ入り、結婚し、就職し、子供を持つ――に戻りたいと願った一九四〇年代後半だった。彼らはみな安定志向を持つ穏和な部外者だったのである。しかし、みながみなそうとは思っていなかった。アポマトックス（バージニア州の町。一八六五年四月九日、この町で南軍のリー将軍が北軍のグラント将軍に降伏した一連の戦闘があった）以後西へ流れて行った浮浪者がいたように、何千人もの退役軍人が一九四五年にはいた。戦前の人生のパターンへ戻るといった考えを、きれいさっぱり拒否したのである。秩序についてではなく、自分のことをじっといろいろ考える時間を求めた。その時間には苛立ちのこもった下降感に、戦争に加わったために生じた不快な罪悪感がともなっていた。宿命論の範囲外にある濃縮された時間感覚も。彼らは多くの行動、パフォーマンスを欲した。それを探す方法の一つは大型のバイク……ほとんどすべてはハーレーダビッドソンとインディアン[*1]が提供した、強力なアメリカ産の鋼鉄の建造物だった。

　二〇数台の余分な装備を除去したハーレーが、ギラギラと車体をきらめかせて、エルアドベという店名の酒場の駐車場にぎっしり詰まっていた。エンジェルズが大声で叫び、笑い、ビールをがぶ飲みしていたが――人だかりの端に立って脅えている様子の一〇歳代の二人の少年には目もくれない。ついに少年の一人が、ガットという名の痩せているひげづらのアウトローに話しかけた。「ぼくたち、あんなバイク好きだよ。すっごくかっこいいもん」すると、ガッツはちらとその少年とバイクに目をやって言った。「嬉しいな。ここのバイクは、みんなおれたちのものなんだ」

——一九六五年九月

一九六〇年代のヘルズ・エンジェルズは自分らが生まれ出た母体や、精神的な影響を与えてくれた始祖や先輩にあまり関心を持っていなかった。「ああいった人たちはもういないんだ」とバージャーは言っていた。が、一九六五年に彼らの所在を突き止めるのは容易ではなかったけれども——いるにはいた。死亡した者も、刑務所に入っている者もだが、堅気になった者は名前を知られるのを避ける傾向があった。私がなんとか所在を突き止めた数少ない元エンジェルズはプリータム・ボーボーで、サンフランシスコ湾の向こう側にあるソーサリート・ヨットハーバーで土曜日の午後見つけ出した。ボーボーはカリブ海への片道航海のため、長さ四〇フィートのスループ帆船の調子を整える作業を行なっていた。クルーは一六歳の息子、二人の海にくわしいエンジェルズ、すてきなブロンドのイギリス人のガールフレンドだと彼は言った。彼女は青いビキニ姿でデッキの上で体を伸ばしている。ボーボーはサンフランシスコのエンジェルズ支部に二人いる終身メンバーの一人だった。もう一人のフランクは同支部の支部長を七年務めたあとリタイアし、今は南太平洋でサーフインを楽しんでいる。終身メンバーのフランクはエンジェルズの世界のいわばジョージ・ワシントンで、サンフランシスコ支部と同様、他の支部でも尊敬の念をこめて彼の名前が語られている。「フランクはこれまでで最高のボスだった」エンジェルズはみな言っていた。「おれたちを一つにまとめてくれて、やさしかったよ」すごい男で多くのスタイルを作った——金のイヤリングから紫色に染めたひげ、ノーズリングまで。そばに好ましい見物人がいると、このリングをクリップで留めた。一九五五年から一九六二年まで彼の支配下中、尊敬に値するカメラマンとしての安定した仕事を持っていたが、何よりもパフォーマンスが必要だった。このために彼はエンジェルズをユーモアとファンタジーの捌け口、敵のいかなる攻撃性をもかわすものとして利用したのである。たまに機会があると、いつもの陰鬱な状態から抜け出すためにサーベルをがたがた鳴らす陽気な自動人形のように体を動かせて、少なくとも人に小さなショックを与えた。ハリウッドへ行って、リー・マーヴィンが映画『ザ・ワイルド・ワン』で着ていたような青と黄の縞模様のスエットシャツを買うほど時代の先取りをしていた。このシャツは走行やパーティー用だけでなく、いつも着ていたためにボロボロになった。エンジェルズが警察に異常なほど迫害されていると思うと、彼はこのシャツを着て署長室へ乗り込んでおれたちを正当に扱えと要求した。なんの結果も得られないとなると、アメリカ自由人権協会（米憲法で保障された権利を守るのを目的として設立された団体）へも訴えかねない——オークランドのバージャーはこの団体は〝共産主義者〟の集まりじゃないかと思ってそっけなく排除していた。フランクはバージャーと違って、ひねくれたユーモア感覚とかなり洗練された本能的な自己保身癖を持っていた。エンジェルズのすべてのグループの中で規模が最も大きく最も過激なグループの先頭に七年間立っていながら、当時も今も逮捕されたこともなく、組織内部でけんか沙汰は起こさなかった。エンジェルズはみなこの生き方には驚いていた。ところがボーボーは一週間以内で七名——ある夜は三名——

と戦い、彼らを叩きのめして副支部長のステータスを勝ち取らねばならなかった。これが彼の生き方だったのである。エンジェルズが彼の人生に入り込んでくる前は、サンフランシスコの前途有望なミドルウエイト級のボクサーだったので、酒場にたむろする疑うことを知らない愚かなけんか相手を、恐怖心を覚えずに倒せた。のちに空手の達人になると新世代の挑戦者らを喜々として撲滅した。

　エンジェルズはボーボーのことを尊敬に値する殺し屋だと思っていた。「けんかのアーティストがそばにいることはいいことだけど、仲間には慎重に振る舞わなきゃな。酔っぱらったら、やつとかかわらず離れたほうがいいぜ」と言う者がいた。

　ボーボーはエンジェルズから離脱するまでウォーターフロントの文壇バーの、いわば毛嫌いされているツノトカゲ的存在だった。仲間は彼といっしょに酒を飲むのを嫌がっていたが、それなりの理由があった。酔っぱらっていっしょにいても、楽しくなかったのである。

　彼はかつて腹立ちまぎれに空手チョップを繰り出して、法務庁舎の厚さ四インチの大理石のベンチを割ってしまった。警察でさえ彼を怖がって警戒していた。彼は空手道場を経営し、〝デス・バトル〟に興じた。ジョン・L・サリバン（当時有名だったプロボクサー。一八五八－一九一六）時代のボクシング試合の空手版で、無制限に素手で相手と戦う。相手が死ぬ必要はないが、どんな理由があっても立ち上がれなくなるまで戦いつづけるのである。立ち上がれない理由が死であったなら、ファイターたちと、慎重に選ばれた観客との間で死は偶然の事故だったという了解をとりつける。[*2]不運にもある日ボーボーは時のはずみで、アメリカを訪れていた日本人から死の挑戦を受けた。その日の夜、サンフランシスコの社交界にくわしい女性のコラムニストと彼女の友人数名がやって来て、破天荒な試合ができないかと彼に訊いたのである。試合した結果、観客がすさまじい悲鳴をあげ、パニックに襲われた。血にまみれた悪夢だった。死人こそ出なかったけれども、かなり無残な光景だった。あとになってプリータム・ボーボーの名前が免許状を所持している空手指導者の名簿から抹消された。

大衆を攪乱させる他のすべての手段を酷使したあと、ボーボーは関心をもの書きに向けた。数年前〝汚名を着せられた〟ためにバイクを捨てていた。バイクのメッセンジャーとして長く務めたあと彼はペルシヤの詩人オマル・ハイヤームの『ルバイヤート』を偶然発見し、自分自身の考え方を世間に公表しなければと思ったのである。しかし、伝統的な流儀で世間という大通りをくぐり抜けるという条件をつけてである。「おれって、まるで売春婦なのだと思ったんだ。でも、編集者にはおれは正直に演じるぞと告げたよ。おれは、これからの人生をメッセンジャーボーイとして過ごしたくないんだ」

プリータム・ボーボーは何らかの研究対象であるが、それを何と呼んでいいか私には自信がない。彼はヘルズ・エンジェルズが表出したいすべての歩く記念碑であろう。エンジェルズでそうした存在は少ない。彼はアウトロー的要素をすべて体現している。とにかくそれを、やってのけているのだ。フランク同様、逮捕されずに全活動時期を過ごして来た。「ポリ公のそばではおとなしくしているだけでいい。警察ともめごとを起こしたら、もめごとの現場から離れて口を閉ざすことだな。そういった事態になったら、ポリ公が尋問してきたら、おれはていねいに答えて『サー』と言うんだ。ポリ公は『サー』と言われると嬉しがるんだよ。それが賢いやり方なんだ。それだけのことだ。拘置所入りするより安上がりですむ」

ボーボーはヘルズ・エンジェルズになるずっと前からバイクに乗っていた。彼はある晩のことを覚えている。サンフランシスコのダウンタウン内のレヴィンワース通りとマーケット通りが接する街角を通ったおり、アントンズという名の玉突き場の外にライダーが群がっているのが見えた。バイクを止めて、あいさつした。その後まもなく、固く結束しているわけではないそんなライダーたちの一員になった。彼らは冗談まじりにマーケットストリート・コマンドースと名乗っていた。バイクは一九五〇年代の初め頃は今と較べて数が少なく、ライダー仲間を見つけると嬉しがっていた。「夜昼どんな時間に行っても、少なくとも一〇台はそこにいたんだ。週末になると、ときには五〇台から六〇台はいたかな。当時でさえポリ公はこれを問題視してたな。商店主はこんなバイクのせいで店の前に客が車を止められないと、ぼやいていたよ」

マーケットストリート・コマンドースはおよそ一年間あまりパフォーマンスは行なわなかった。そして一九五四年の初め頃、映画『ザ・ワイルド・ワン』が町へやって来たら事態が変わった。「おれたちマーケット通りのフォックスシアターに行ったんだ」ボーボーは回想する。「おれたちは五〇人ばかりいたかな……黒革のジャケットを着、ワイングラスを手に持ってバルコニーに座って葉巻をふかし、ワインを飲み、ばか騒ぎしたよ。スクリーンにおれたちみたいな連中が映ってたんだ。おれたちみなマーロン・ブランドってわけさ。おれは四、五回その映画を見たと思う」

コマンドースは『ザ・ワイルド・ワン』にまだ惹きつけられていたが、第二の新しい波が押し寄せて来た。サウスランドから啓示の言葉をもたらしたワイルドな予言者ロッキーという姿になって。一〇年後『サンフランシスコ・クロニクル』の警察担当記者でもあるヘルズ・エンジェルズのバーニー・ジャービスが自分の記事[*3]の中でその真相の決定的な瞬間を描いている。

一九五四年夏のある暑い日、肌が浅黒いハンサムな悪魔が先端の尖った顎ひげと山高帽をひけらかし、サンフランシスコのバイクの溜り場でハーレーダビッドソンに急ブレーキをかけキーと鳴らして、止まった。ナイフで袖をざっくりと切り取ったブルーのリーバイスのジャケットは、羽根を生やした、嘲笑っているどくろが縫い込まれて飾られていた。このどくろは、カリフォルニアの警察官にはおなじみだった。

地面からの高さ四フィートのハンドルをきちんと正しい位置に直しているとき、市松模様のシャツの汗にまみれたわきの下が見えた。手首をさっと動かしてマーケットストリートの日曜日の昼下がりの静寂を破った。

彼はバイクをキックスタンドに立てかけ〝XA〟のスプリングフォーク――ハブより四インチ長い――のぎらぎら光っているクロム合金のめっきの部分を、ぼろのハンカチで磨いていた。あたりをなにげなく見回し、脂じみた手をオイルが付着したジーンズにこすりつけている。

これがロッキーだった。誰も彼のラストネームことなど気にしなかった。彼は〝古典的な〟存在で、バードーのヘルズ・エンジェルズだったからだ。

磨いたブーツをはき、きちんと刈り込まれた毛髪の三〇名のライダーが、ロッキーの到来を多少疑いのまなざしを向けながらも、見つめていた。あの当時彼はよそ者で、この地のライダーたちは長い間友人同士だったからだ……彼はここでエンジェルズのメンバーになることで歓迎された。街角にたむろするギャング連中は後期のエンジェルズと較べるとまともだが、警察と小競り合いをつづけていた……ロッキーはバイクを乗り回すのが上手で、彼独自のスタイルを持っていたゆえヘルズ・エンジェルズの新しい支部のボスに選ばれた。

「彼はペグに足を掛けてスピンさせることができるんだ。ああ、あの男すごいやつだった」とあるエンジェルズは過去を思い出した。ライダーたちはロッキーの不気味な徽章を複製できる針子を見つけた。やがて四〇名近くのエンジェルズがサンフランシスコから音を響かせて出て行った。〝ヘルズ・エンジェルズ――フリスコ〟という文字が、嘲りの笑みを浮かべている羽根を生やしたどくろ（これを作った費用は七ドル五〇セント）のまわりを囲んでいた。この文字は通常リーバイスのジャケットに縫い込まれている。白地に赤の文字はすぐに垢や埃、酒場でのバトルによって流された血で汚れてしまう。

「ああいったけんか沙汰はこっちが悪いわけじゃないんだ」とビアホールでの殴り合いのベテランが言った。「おれたちがバーへ入ると、誰かが大声でおれたちの女連中に言い寄るものだから、けんかするんだ。ほかに何ができる?」

エンジェルズが溜り場から溜り場へ移らざるをえなくなると、警察にいろいろな報告が入って来た。溜り場——普通は夜通し営業するレストランや玉突き屋だが——での騒動が一週間ぐらいつづき、ついには騒々しい乱暴な振る舞いへの苦情に対処するため警察が呼び込まれる。

「われわれはバイク乗りのろくでなしを、マーケットストリートから追い払ったんだ。やつら、車が走っているのにドラッグレースをやらかしてたからな。バイクを盗むのも大勢いたんで、全員取り締った」とテリブル・テッドが語った。テッドはエンジェルズの何名かを友だち呼ばわりしていた、バイクを乗り回す警官だった。

「おれたちがあのバイク狂のポリ公をテリブル・テッドと呼んだのはすごい悪玉だったからだ。あいつはバイクに乗り、狂ったようになっておれたちを追いかけ、厳しく罰するんだ[4]」

「おれは働きに出なければならなくなったよ。交通違反の罰金を払ったあとブタ箱にぶち込まれたくないからな」とあるエンジェルズは言うのだった。彼はスピード違反を四回も犯したあげく免許証を取り上げられていた。

ヘルズ・エンジェルズの徽章と関係のある数年前のある滑稽な出来事は、ハードな走行をするグループにとって未だに笑いの種になっている。

〝ミュート(聾唖者のこと)〟という名で知られたエンジェルズが、ある日曜日の午後サンタクルスの海岸近くでスピードを出しすぎて、警官からストップを命じられた。ミュートはボロボロのリーバイスのジャケットに付けたカラーズを誇らしげにひけらかせて走っていた。「それを脱げ」とパトロール警官は言い、ノートパッドに何かを書きつけた。このノートパッドはミュートが丁重に提出したものだった。

ミュートはリーバイスの革のジャケットを脱ぎ、シャツに張りついたもう一つのエンジェルズの徽章をさらけ出した。

「それも脱ぐんだ」苛立った警官はふたたび命じ、またミュートのノートパッドに鉛筆で何かを書いた。革のジャケットの下はウールのシャツで――彼が所属するクラブのカラーズが飾られていた。「それも脱ぐんだぞ」と警官は告げ、怒った様子で何かを書いた。シャツの下はアンダーシャツ。それにもクラブの徽章がステンシル刷りされていた。「オッケー、おまえは生意気なやつだな、それも脱いでみろ」と辟易した警官がまた告げ、また書いた。

ミュートは得意げに笑みを浮かべてアンダーシャツを脱ぎ、胸を突き出し、体に彫ったタトゥーの嘲笑っているどくろを見せつけた。警官はあきれて不快になって両手を挙げてから――ミュートに交通違反のキップを渡し、さっさとパトカーに乗って消えた。しかし、ミュートは最後に笑った。とことんやるつもりだった。ジーパンやパンツにまでステンシルが刷り込まれていた。

「あいつはとんでもないやつだ」ミュートの友人たちはこれには今も同意している。

世間のやつらは、ヘルズ・エンジェルズというだけでおれたちを嫌っている、だからこそ度胆を抜いてやるんだ。そうすれば、多少やつらをいたぶれる。それだけのことだ。

――ゾロ

エンジェルズの多くは他のアウトローグループの卒業生だった……そのいくつかのグループは、今日のエンジェルズと同じく、全盛期はブーズ・ファイターズのようにメンバーは多数いて、恐ろしい存在だった。映画『ザ・ワイルド・ワン』の製作につながるホリスター暴動を起こしたのはへルズ・エンジェルズではなく、ブーズ・ファイターズだった。一九六〇年代の平均的なヘルズ・エンジェルズが一〇歳以下だった一九四七年にその暴動が起きたのである。

ホリスターは当時人口約四〇〇〇名の町で、オークランドの南へ向けて車を高速で走らせると一時間で到着する、農業を中心とするコミュニティである。ディアブロ山脈の麓の丘陵地帯にある。一九四七年にこの地が名声を誇れる唯一のものといえば、アメリカで消費されるニンニクの七四パーセントの生産地だということだ。ホリスターはハリウッドが映画『エデンの東』の中で見せた町のたたずまいを、昔から今にいたるまで、ある程度残している。そこの在郷軍人会の会長は当然市民のリーダーを務めている。

その年の七月四日、ホリスターの市民が例年の祝賀会に集まっていた。独立記念日の伝統的な儀式――旗、楽団、処女のバトンガール等――がより現代的なイベントに先立って行なわれる予定になっていた。このイベントというのは、バイクで登攀とスピードを競うもので、去年は遠方からの競技者――峡谷に住む若者、農民、小さな町の商人、退役軍人、バイクに乗るのが趣味のまともな人たち――を惹きつけていた。

一九四七年の登攀とスピードレースもまた、かなり遠方から多くの競技者を惹き寄せていた。七月四日の朝ディアブロから日が昇ったとき、七名で編成された警官隊が三〇〇〇名近くのモーターサイクリストをコントロールして不眠の夜を過ごした後、不安を覚えながらもコーヒーを飲んでいた（ちなみに警察は四〇〇〇名、ベテランのモーターサイクリストは二〇〇〇名いたと発表したが、おそらく三〇〇〇名いたと言ったほうが正しいだろう）。しかし、ホリスターは無数のバイクに満ち溢れていたので一〇〇〇という数の差は多かれ少なかれたいした違いではないのは確かだった。暴徒はますます手に負えなくなり、夕暮れになるまでにダウンタウンは全域に割れた空っぽのビール瓶がちらばり、メインストリートのあちこちでドラッグレースが展開されていた。酔っぱらい同士の殴り合いが大規模な抗争になった。伝説によれば、モーターサイクリストは、文字通り町を占領し、警察を平然と無視し、地元の女たちを襲い、酒場などから物資を略奪し、邪魔する者を踏みつけた。この週末の狂気じみた大騒動が新聞に大きく取り上げられ、スタンレー・クレイマーという名の無名の映画プロデューサーと、マーロン・ブランドという名の若い男優がこれに関心を抱いた。ハリウッドのゴシップ・コラムニストのヘッダ・ホッパーは一九六六年に死亡する少し前にヘルズ・エンジェルズの脅威に注目し、こういう事態になった発端は『ザ・ワイルド・ワン』のせいだと述べ、アウトロー現象のすべてはクレイマー、マーロン・ブランドとこの映画と関わりを持った全員のせいだと言って非難した。本当のところ、この映画はフィクションとして扱われているのにもかかわらず、映画ジャーナリズムの意向を受けた作品だったのである。周知の事柄を『タイム』流に地道に慣例とする代わりに、映画ジャーナリズムはこの映画から必然的に影響を受けたストーリーを語った。それがアウトローにおのれ自身の永続的でロマンスに彩られたイメージ、ほんの少数者にしか鏡の中に見出せないはっきりしたイメージを与えたのである。『日はまた昇る』に対する素早いモーターサイクリストなりの反応だった。彼らのイメージは妥当性を欠いていたが、広く受け入れられたからといって『ザ・ワイルド・ワン』を非難することはほとんどできまい。この映画は〝良いアウトロー〟と〝悪いアウトロー〟を慎重に区別しているけれども。だが、最も影響を受けた者はリー・マーヴィンではなくマーロン・ブランドと一体化するほうを選んでいた。悪党としてのマービンの役割は、途方に暮れたヒーローとして描かれたマーロン・ブランドより現実性があった。

彼らアウトローは自分らを現代のロビン・フッドに見立てている。雄々しいが寡黙な人でなしで、その鋭敏な本能が自己表現を求めてもがいているうちに歪んでしまっていたのである。若くて無防備なときに自分を不当に扱った世間に復讐することで、のちの狂暴と化した人生を送るのだ。

ハリウッドがヘルズ・エンジェルズに対して貢献したもう一つのことは、名前である。エンジェルズが言うには、第一次世界大戦時ロサンゼルス近くに配置されていた有名な爆撃大隊があって、そこの隊員が飛行しないおりヘルズ・エンジェルズと名乗ってあたりを走っていたと。また、こう言う者もいた。すなわち第一次世界大戦時に存在していたかもしれないし、存在していなかったかもしれない、空軍特殊部隊を素材にしたある脚本家のアイデアに基づく、一九三〇年のジーン・ハーロウの映画の題名から名づけたと。その映画は『ヘルズ・エンジェルズ』と呼ばれ、一九五〇年にはまだ疑いなく上映されていたのである。そんなときフォンタナで最初のエンジェルズの支部を創設した、落ち着かない退役軍人たちは、何をなすべきか依然として決めかねていた。現ヘルズ・エンジェルズのメンバーが生まれる前にこの名前は存在していたのかもしれないが、サザンカリフォルニアにあったという、曖昧模糊とした軍事基地の歴史の中へ消えていった。しかし、ついにハリウッドがその名前を有名にするとともにモーターサイクルに乗ったアウトローというイメージを創り出した――これが新種のアウトローによって採用され、ドラスティックに修正された。彼らアウトローの存在はカリフォルニアの高速道路に生身をさらして現われるまで、ハリウッドでさえ想像できなかった。

〝モーターサイクルに乗るアウトロー〟というコンセプトはジャズと同様、アメリカ独自のものだった。これに似たものは存在したことがない。ある面で彼らは大西部時代からの遺物としての人間であり、新旧が入り混じった一種の時代錯誤のように見え、またある面ではテレビのように新しい。第二次世界大戦後の歳月、モーターサイクルを乗り回す無法者の大群が暴力を享受し、移動を崇敬し、週末に五〇〇マイル走行するほか何も考えない。こんな前例はこれまで絶対になかった。ある村落では一〇数名の観光客に対応できなかったばかりでなく、他の無法者の一団と浮かれ騒ぐこともできなかった。美しい奥地にある多くの村落は、フォードやシボレーを運転する家族からでなく、モーターサイクルに乗り酒を飲む〝シティボーイ〟の大群から、観光のなんたるかを知ったのである。

ホリスター暴動の目撃者の話によると、『ザ・ワイルド・ワン』の登場人物より臆病だったようである。この〝暴動〟の現実についてのもっと正確なコメントによると、あわてて集められた二九名の警察隊が七月五日の昼までにこのショー全体を事実上制圧したという。夜になるまでにサイクリストの本隊は、最もめざましい『タイム』の記述によると、新しい奥地を目差して町の外へ出て行った。あとに残った者は警察の要望に従ってそうした。ちなみに彼らに科された刑罰は、交通違反の罰金二五ドルから理不尽な露出行為による九〇日間の拘置所入りに及んだ。この暴動に関係した六〇〇〇名から八〇〇〇名のうち計五〇名が地元の病院で怪我の治療を受けた（モーターサイクル暴動をもっと広い観点からながめると、五万人以上の者が自動車事故の結果死亡したことを心に留めておくといい）。気まぐれな殺人の罪でヘルズ・エンジェルズを告訴する者はいなかった。少なくとも裁判所はこの限りではなかったが。しかし、偶然であれ何であれ、三、四名の人間の死についてアウトローに法的責任があるとすれば、慄然とする。カリフォルニアのモーターサイクリストはたぶん路上から一掃され、すり潰されてハンバーガーにされるだろう。

しばしば矛盾する多くの理由のため、モーターサイクルに乗っている男の姿を目の当たりにしたり、その男が轟かす音を耳にすると、自動車を運転するアメリカ人の大多数は不愉快な思いを抱く。エンジェルズ騒動のある地点で『ニューヨーク・ヘラルドトリビューン』のある記者はモーターサイクルのシーンついての長い記事を書いたが、取材しているうちにこう思った。「通り過ぎるモーターサイクリストの姿には自動車を運転している者の多くを殺人に駆り立てる何かがある」と。

長い間であろうと短い間であろうと、モーターサイクルに乗ったことのあるほとんどの者はこの意見に同感するはずだ。高速道路にはこんな連中がうじゃうじゃいる。つまり、自動車の運転手はけだものじみた宿命によって、自分に加えられた悪行の恨みを晴らす目的で走っているようなのである。規則を守って正常に運転しているのは、自分が死んだり、刑務所に入れられたり、訴訟を起こされたりするのを怖れているからである。重さ二〇〇〇ポンドの車やコンクリートの橋台でなくモーターサイクルが挑みかかってくるのがわかっても、そんなことにはなりそうもない。モーターサイクリストは、道路上にいる者がみな自分を殺そうとしているかのように走らねばならない。少数の者は殺そうとしているが、大多数の者は危険ではない。なぜなら、不注意で、深く染みついた悪い運転癖を改めさせることができる唯一のことは、法的であれ、物理的であれ、刑罰に対する恐怖である。バイクは車に乗った者を脅えさせるようなことはしない。[*5] バイクはまったく無防備な乗り物である。身を守れるのは運転技術だけだ。事故を起こせば、死ぬ可能性がある。特にフリーウェイなら、バイクから落ちても生きられるスペースはない。たちまち轢かれてしまう。こうした危険があるにもかかわらず、カリフォルニア――フリーウェイは一つの生き方を提示している――は、あらゆる点でアメリカ最大のモーターサイクルの市場である。

＊1　セネカ・モーターサイクル社の倒産により今は製造されていない。

＊2　死ぬことはめったにない。双方の後援者が戦う理由がないと判断したとき格闘は普通、終了する。

＊3　『メール』誌に発表。

＊4　一九六六年テリブル・テッドは覆面パトカーに乗っていたが、突っ走ってグレイハウンドのバスに衝突した。この事故で彼の妻は死に、パトカーは大破し、パトロール警官に重傷を負わせた。

＊5　プリータム・ボーボーは〝大きな新車〟に乗った男について語る。その男は一九五〇年代のある日曜日の午後、高速道路四〇号戦で彼を追いつめ車線からはずそうとした。ボーボーは言う。「あの野郎はおれのテールランプ近づいてあおってきたので、おれはついに片側に寄ってバイクを止めたんだ。仲間連中がこれを見ていて懲らしめてやることにした。あの野郎のまわりを囲んだよ……チェーンでボンネットをぶっ叩き、アンテナをちぎり、ウインドウを割ったよ。時速七〇マイル出したままでな。あいつは速度をゆるめようとせずビビってた」

6

ヘルズ・エンジェルズは伝説的な性格を帯びていることがわかり始めた。彼らは民間の英雄になっていたのである——すなわち、たいていの若者が夢想することができる行動の代償的典型にである（こうした夢想が暴徒の活動で消えない限り）。そして抑圧され、迫害された者を救いに行く伝説的な戦士にもなった。ある少し年輩のモーターサイクリストが、プリンスジョージ郡の外にある町で仲間が警察に苦しめられているのを見て、こんな言葉を吐いた。「エンジェルズがこれを耳にするまで待ってろよ。あすにはやって来て——こんな町めちゃめちゃにしちまうぞ」

——『トランザクション』（一九六六年八月）の記事。これを書いたのは二人の心理学者で、二人は、国家的規模のモータサイクルのレースを催す準備をしている町で、暴動を回避するため、メリーランド警察に協力した。

おれはやつの顔をぶん殴った。偉ぶっていたからだ。やつはおれをパンクスだと言った。やつはばかだったにちがいない。
——あるエンジェルズが部外者に説明した。

社会に不安感を与えると思われるアウトローのすべての習癖や偏愛の中で、彼らは目には目をという伝統的なコンセプトを問題にしていないので、人びとはことのほか脅える。ヘルズ・エンジェルズは物事を中途半端で終わらせない、極端な行動に走る者はそのつもりはなくとも、必ずトラブルを喚起する。どんな攻撃や侮辱に対してもエンジェルズが全面的に報復するという信念を持っているゆえ、警察は頭をかかえ、一般大衆は病的な不気味さを感じる。トラブルを招くつもりはないという彼らの主張はときにはおそらく正しいが、彼らの挑発的な行為は危険きまわりない。そして彼らを扱う難点の一つは彼らがどういう態度で立ち向かってくるのかわからないからだ。しかし、彼らは非常に単純な経験則を持っている。すなわち、どんな言い争いでも仲間のエンジェルズは〝つねに正しい〟ということだ。エンジェルズに異議を唱えるのは〝間違い〟なのである。この間違いにしつこくこだわることは、あからさまに挑戦することになる。

精神科医やフロイトに骨抜きにされた者がエンジェルズについてどう言っていようが、彼らはタフで卑劣、もしかするとイノシシの群れのように危険なのである。けんかが始まった途端、革のフェティッシュだからとか、社会に順応できないやからだからどうしようもないという考えはまったく的はずれだと、彼らと争ったことがある者なら悲しげに証言する。バイクのアウトローの一団と口論したら五体満足でいられるチャンスは、ビール瓶が叩き割られるまでの時間内に集められる強力な味方の数による。スポーツマンシップは年寄りの自由主義者や若い愚か者のためにある。

エンジェルズの〝暴行被害者〟の多くは西部劇を見すぎた人たちである。こういう人たちは〝ジョン・ウェイン・コンプレックス〟（ウェインは西部劇で誇り高きヒーロー役を演じ弱者に味方する）の犠牲者である。このコンプレックスを持っているおかげで、侮辱されたと思うと、いきなり武器を振り回して攻撃する。ある社会では比較的安全だが、アウトローのモーターサイクリストが出入りしている酒場では最悪な愚行となる。「ああいった連中は挑みかかってくるやつをいつも探してるんだ」とサンフランシスコのある警察官が言う。「いったんあいつらとかかわりあったら、すべてか、無なんだ。よそ者はあいつらとかかわらんほうがいい。ばかな野郎が、あるエンジェルズの女に何か言っても、そのエンジェルズが腹を立てないこともあるが、場合によっては四、五人のエンジェルズとけんかするはめになるぞ。当の本人とではなく。このことを知っておかないと」

サンフランシスコのエンジェルズの一人がぶしつけに説明した。「おれたちのモットーは『一人には全員で、全員には一人で』ってやつだ。エンジェルズの一人ともめごとを起こすと、二五人を相手にすることになるんだ。相手をとことんやっつけることになる」

彼らは〝一人には全員で〟というコンセプトを真剣に受け入れているため、これを内規の一〇条として書き留めている。「エンジェルズでないやつを殴るときは、他のエンジェルズもみな加わることになるんだ」

カラーズをけなして侮辱しようと決意している敵といつ取っ組み合いをするかは、時と場合によりどうなるかわからない。フィルという元エンジェルズと彼のジャガーXKEにまつわる衝突事故を記した不明瞭だが、教訓的な報告がある。この出来事が起こる前の数時間、フィルは道路沿いの酒場でオークランド支部のメンバー六名ほどと酒を飲み交わし、口論していた。ついに彼らはフィルにここから出てけ、でないと踏み潰すと告げた。フィルは外へ出、路肩に並んだバイクの列から約五〇ヤード離れたところに止めてある自分の車を走らせ、ブルドーザーのようにバイクに突っ込んだ結果、自分のバイクをかたづけようとしていたエンジェルズの脚を骨折させてしまった。リンチ報告書には次のように記載されている。

一九六一年一一月四日、あるサンフランシスコの住民がロデオを通っているおり、たぶんアルコールで酔っぱらって酒場の外に止めてあったヘルズ・エンジェルズのバイクに車をぶつけた。エンジェルズのグループがその車を追いかけ、車の中から運転手を引きずり出し、かなり高価な車を破壊した。バーテンダーは何も見なかったと言い張ったが、ウエイトレスが警察官に向かってエンジェルズの何人かが暴力行為にかかわったと伝えた。翌日エンジェルズの一人が他のウエイトレスといっしょにこのウエイトレスを殺すと脅迫した事実が、警察官に報告された。暴力行為に加わったのは五人だと男性の目撃者は認め、この五人の中にバレーオのヘルズ・エンジェルズとバレーオの〝ロード・ラッツ〟（エンジェルズに吸収された）のボスが含まれていた。この目撃者は報復が怖いので、あらかじめ提供した事実について証言するのを拒否すると警察官に述べた。

バイクは国じゅうで毎日、自動車にぶつけられているが、アウトローのライダーがからむと違った様相を呈する。保険に関する情報を交換したり、最悪の場合二、三度殴打されて事故の決着がつけられる代わりに、ヘルズ・エンジェルズは例の運転手（元エンジェルズ）をぶちのめし、〝車を破壊しようとした〟。私は彼らの一人に、警察はこの点についてうるさく問いただしたかと訊いたところ、そんなことはなかったと答え、自分らは当然のことをしたと述べた。つまり、ヘッドライトを砕き、ドアを蹴ってへこませ、ウインドウを割り、エンジンから様々な部品をもぎ取ったのである。

モンテレーの強姦事件のすぐあと、また教訓的な衝突事件が起こった。アウトローは依然として強硬な態度で臨もうと思っていたのである。それは日常の報復行為として始まったが、それがやむことはなかった。おそらくこんな理由で警察の報告書は異常なまでに筆致が抑えられていた。

一九六四年九月一九日、ヘルズ・エンジェルズとサタンズ・スレーブズから成る大きなグループがサウスゲート（ロサンゼルス郡）の酒場に集まり、自分らのバイクと車を、車道の半分を封鎖するような形で止めていた。彼らは警官にはこう告げた。グループの三名が最近酒場の出入りを禁じられたから酒場をぶち壊しに来たと。彼らが近づくとすぐ酒場のオーナーはドアに鍵をかけ、明かりを消し、中に入れないようにした。しかし、彼らはブロック塀を壊した。警官が駆けつけてくると、彼らは歩道と車道に寝転んだ。この町を退去するよう乞われると渋々退去した。そのおり町の何人かは、「おれたちは戻って来て、その酒場をぶち壊す」としゃべっている声を聞いたという。

概して言えば、かなり穏当な不法行為だった。塀の破壊はさておき、この件は法と秩序を守る側のありきたりな勝利として警察の業務日誌には記録されている。この件はまた、彼らの報復倫理をあらわに示す適切な事例になっている。酒場への出入りが禁じられていても、その場でオーナーを殴らず――あとで仲間たちを引き連れて酒場などをめちゃめちゃに破壊する。つまり、建物全体と酒場であることを示すすべてを破壊する。妥協はないのだ。男が生意気で偉そうなそぶりをすれば、その男の顔を殴りつぶす。女が相手にしてくれなければ、その女を強姦する。現実に起こらないにしても、これはヘルズ・エンジェルズ全体の行為の背後にひそんでいる考え方である。そしてまた、これが報道雑誌の編集者に伝わったニュースの局面である。一〇四か所の警察署はたがいに証言しているが、アウトローは自分らの残酷な掟を自分ら以外のどんな社会階層にも無理に押しつけることは不可能だということの証になっている……とはいえ、ホワイトカラーの、つまり保守的な世界はこうした掟が存在しているのを耳にし警戒しているのは明らかである。カリフォルニアの検事総長の報告書で結論として述べられているように、彼らはこうした掟に固執している。

　このグループはいわゆる〝ギャングスターの掟〟を忠誠心をかきたてるものとして活用したり、原告として法廷に現われるかもしれない者たちを脅迫する。ヘルズ・エンジェルズが物理的暴力を用いて証人を罰した実例もある。証人や被害者が女性だった場合、エンジェルズの女仲間が証言を無効にするため脅迫に喜々として加わるらしい。いろいろな事件でみられた問題は、証人と被害者がエンジェルズと同じ環境内に概して存在していることである。強姦と性的倒錯行為が強行されるかもしれないとき、証人と被害者は往々にしてより高い社会階層の者ではないので、〝サルーン・ソサエティ（酒場の客と従業員の社会）〟の習わしによって身心ともに傷つきやすくなる。この問題を解決する唯一の実行可能な方法は、捜査員がこれに気づき、裁判以前と以後、証人を守ることができるよう行動を起こすべきだと思われている。

サルーン・ソサエティの多くのメンバーにとってこの発言は必ずしも慰めにならないだろう。エンジェルズとその盟友らは、警察が証人を守る必要があると思っている期間よりはるかに長い期間恨みを抱いているし、陪審員が評決の結果をもって法廷に入って来てから約五分後に、警官と検察側の証人は関心を失う傾向がある。エンジェルズの一人を逮捕させるきっかけになったバーテンダーは、街頭に響くバイクのエンジン音や、ドアに向かって歩いてくる革のブーツの踵を踏む音によってパニックに襲われる。エンジェルズは片意地を張って敵をあちこち追跡しないが、それというのも多くの時間を酒場で過ごしているため、ほとんどどこへ行っても酒を飲みたくなるらしいからだ。敵のありかが突き止められると、彼らのネットワークにその情報が早ばやと伝えられる。二、三人のエンジェルズが必要だが、五分もかからずに酒場を破壊し、一人の相手を入院に追い込む。おそらく逮捕されないだろう……たとえ逮捕されても、すでに敵に損害を与えたことになる。

一度目の攻撃で塀を失っただけで済んだサウスゲートに住む酒場のオーナーである被害者は、自分の店がマークされていることをつねに意識している。ヘルズ・エンジェルズかサタンズ・スレーブズが存在している限り、両グループの誰かが戻って来て、決着をつける機会があるからだ。

アウトローの階層制はたえず流動的であるが、その精神は一九五〇年と違ってはいない。この年に最初のエンジェルズ支部がブーズ・ファイターズの強い影響下で形成された。根本的な定義は同じである。すなわち、大型で高速で走れるバイクに乗る無法者ということで。カリフォルニアは何年もの間、彼らを育てて来た。多くは独立派で、背中のレタリング〝ノークラブ（所属クラブなし）〟、〝ローンウルフ（一匹オオカミ）〟、ときには〝ファックユー（くそくらえ）〟を除いてどんなエンジェルズとも見分けがつかない。おそらく五〇〇名かそこいら、あるいは一〇〇〇名以下の者がジプシー・ジョーカーズ、ナイト・ライダーズ、コマンチェロズ、プレジデンツ、サタンズ・スレーブズのようなクラブに所属している。一九六六年現在、約一五〇名がアウトローのエリートであるヘルズ・エンジェルズを形成している。

ヘルズ・エンジェルズと他のアウトローとの唯一の違いはエンジェルズのほうが極端だということだ。他のグループのメンバーはいわばパートタイムのアウトローだが、真のエンジェルズは週に七日エンジェルズとして行動する。家でも路上でも、ときには職場へ行くときにもカラーズを身に着ける。近所の食料品へ行き、ミルクを一リットル買う。時にはバイクに乗っていくエンジェルズはカラーズを身に着けていないと、真裸で無防備に感じる。まるでよろいかぶとで体をおおっていない騎士のように。

サクラメントの警官が、身長五フィート五インチ、体重一三五ポンドのあるエンジェルズに「なんでカラーズに惹きつけられているんだ？」と尋ねた。

「カラーズをたなびかせている間は誰もおれに迷惑をかけないからだ」と彼は答えた。

アウトローと多数派のスクエアを分ける境界線はいつも曖昧だ。敬意を表されている多くのグループは一夜にしてイメージをぶち壊してしまう。騒がしいけんか沙汰、警察への通報、少しばかりマスコミで有名になること。これだけでメンバーは突然アウトローになってしまう。たいていの場合これがグループの解散につながり、多くのメンバーの心が傷つき、憤慨する。そういうことが起こりうることがある。トラブルを惹き起こした何人かは、もはやまともなグループでは歓迎されない。物理的に〝独立派〟になるが、独立派といってもこれは誤った名称で、いくらそう名乗っても実際はアウトローなのである。どうしても足りないのは加入すべきグループなので、遅かれ早かれ加入するグループを見つける。モーターサイクリストの友愛関係は固く結ばれている。そしてスクエアとアウトローの両側について最も極端な見解がアメリカン・モーターサイクル連合会（AMA）とヘルズ・エンジェルズによって示されている。モーターサイクリストの中間層にはステイタスはない。AMAに属しているクラブに加入したいと思うほどモーターサイクルのことを真剣に考えている者は軽々しく加入拒否を受け入れない。共産主義やカトリックの改宗者のように、かつて

ＡＭＡのメンバーだったヘルズ・エンジェルズは、他のグループのメンバーよりアウトローとしての役割を真摯に受け入れている。

　エンジェルズは一個人としては頭がかなり混乱しているので明確な世界観を持てないが、知能を賞賛している。驚くべきほど弁が立つリーダーがいる。支部長には一定の任期といったものはないが、バージャーのように強力な支部長は刑務所入りするか、殺されるか、カラーズを捨てるそれなりの理由を見つけるまでその地位は脅やかされない。アウトローはパワーをひどく大切にしている。どういうものがパワーなのか自らそのイメージを創り出さねばならないが、マシーンを乗り回し、崇め、無秩序に暴れることができるにもかかわらず、生きる上での主な関心事は「正当なエンジェルズであることだ」と主張する。こうしたエンジェルズになるには熱心に掟に従わなければならない。彼らはグループに所属すること、たがいに頼り合うことを強烈に意識している。このため、いつもみじめな思いをしている独立派を見下す。独立派がいったんアウトローの評価基準を受け入れると、グループに加入できるなら、何でもする。

「なぜだかわからないけど」元エンジェルズが言う。「グループには入らなきゃいけなくなるんだ。入らないと、どこへ行っても相手にされないんだ。カラーズを着けてなけりゃ中途半端なやつになる。つまり、何者でもなくなる」

　こうしたすさまじい一体感は必要不可欠で、そのおかげで漂っているアウトローの神秘的な雰囲気が非常に重要である。もしエンジェルズが社会からの脱落者——彼らは勝手にそう決めつけているが——であるなら、〝他者〟、すなわち下劣なスクエア、敵対しているメイン・コップ（ＦＢＩの長官か？）の武装した捜査員の攻撃からたがいに身を守る必要性に迫られる。誰かが一人のエンジェルズにパンチをくらわすと、エンジェルズ全員が脅されたと感じる。彼らは自分たちのイメージに夢中になっているので、全員を敵にまわして戦う充分な準備をせずにカラーズに挑戦してくる者はいないと考えている。

呼び出される者は多いが
選ばれる者は少ない。
——聖マタイ

リンチ報告書が公表されて以後、エンジェルズの一人が「まるでバッタの大発生のようだ」と言うほどメンバーになりたがっていた者が多いが、入会をことわられていた。エンジェルズ志願者の大多数は、急に仲間とステイタスがほしくなった独立派であった……しかし、一つの例としてエンジェルズがヘイワードのグループ、クエスチョン・マークスを寛大にも吸収し、それがヘイワードのエンジェルズ支部ということになった。支部になりたいという申し入れが遠方のインディアナ、ペンシルベニア、ニューヨーク、ミシガンから、ケベックからさえあった。東部の二、三のグループは支部になれないと、自ら徽章を創り、エンジェルズを名乗り始めた。*1

一九六六年現在、本来のエンジェルズは未だにカリフォルニアに限られていたが、マスコミなどによって有名になったという一般的な反応に応じて、エンジェルズは好むと好まざるにもかかわらず拡大せざるをえなくなった。ヘルズ・エンジェルズという名前に著作権はないが、訴訟が起こされるぞと脅しても、その名前を勝手に使っているライダー集団に対してあまり抑止力にはならなかった。イメージをコントロールしたいというエンジェルズの希望はグループを選択して拡大することであり、加入したいと思っている最も大きく最も野卑なグループを支部にした。ただし、エンジェルズという名前を使おうとしている縄張り内のグループを威嚇せよとの条件が付いていた。

エンジェルズは自分らの名前を東部に輸出することは簡単にできたが[*2]、カリフォルニアのアウトローのライダーが日常現実に行なうパフォーマンスは容易には移植できない。バイクは日光を浴びて走らすもので、雨や雪の中では危険で不快な代物である。ニューヨークやシカゴ、ボストンのライダー集団は、年に二、三か月長距離を走るエンジェルズの流儀で走ることができるが、一方カリフォルニアではアウトローはその気になればいつでも山くらいなら走り回ることができる。この要因が全国的規模にわたるバイクの販売台数に反映されている。一九六四年ニューヨークでは二三〇〇〇台が登録されているが、カリフォルニアでは二〇三四〇二台が登録されている。ざっと九対一の割合である。一方ニューヨークではたった一万台しか登録されていない一九六一年に較べて、一九六四年では約二倍以上増えている[*3]。

ＡＭＡのワンパーセンターの仕掛けを利用して、ある社会科学者は数字からこう推測している。一九七〇年までにニューヨークだけで五〇〇名の潜在的なヘルズ・エンジェルズを持つことになる。一九六五年マスコミに取材してくれと駆け込んできたエンジェルズの約五倍である。そして一九七〇年までにすべてのエンジェルズの支部に広報宣伝担当者がいることになるだろう。バイク産業界によれば、一九六五年アメリカで登録されているバイクは一五〇万台近くあった。許可されたバイク一台につき平均四・一名のライダーがいることになる（これは非現実的な数字で、現実には一・五名が近いだろう）。しかしこの業界の計算によれば、カリフォルニアの一〇〇万名以上のライダーを加えると、六〇〇万台以上のライダーがいなくてはならない（これは一台のバイクに対して、四・一名のライダーがいるというまことしやかな数字に基づいているばかりでなく、正直に〝バイク〟という言葉を使えば、カリフォルニアのフリーウェイにはばかでかい高性能のバイクがうようよいるというイメージを喚起する）。

こうした文脈を考えてみると、以上の数字は脅威的ではない。『サイクル・ワールド』誌と『ロサンゼルス・タイムズ』紙によれば、「バイク市場の急速な成長は、全体の九〇パーセントを占めるライトウエイト級（標準重量以下）の製造に集中しているからである」バイク業界がライトウエイトと呼んでいる物は『サイクル・ワールド』によれば、改造された大型バイクやハーレー七四とはかなり違った別物である。そして小型バイクの大多数は娯楽・通勤・通学に用いられ、またスポーツマンによる山道や砂漠の走行にも用いられる。要するに今日のバイク市場の公式は「重量があまりなく、エンジンが小さいことが〝娯楽〟とステイタスにつながっている」のである。これをベースにして一九六七年までにこの業界は、アメリカには中核となす八八九四〇〇〇名のライダーが存在していると予測している（バイク一台に四・一人いるとすれば）。ふたたびバイク生産台数の数字が膨れ上がっているが、二輪車による交通手段がブームになっていると考える一九六七年の六百万という数字ははずれてはいないだろう……もちろん、それは六万のフン族がいれば、文明世界の終末を意味する。

天国で奉仕するよりも
地獄で統治したほうがいい。

――ジョン・ミルトン『失楽園』

金銭という面から見ると、バイク製造業はまさに金鉱である。私が繰り返し見る悪夢の一つは一九五八年にさかのぼって起こった……私は、一〇〇〇ドル持ってニューヨークに着いたばかりだった。一〇月の爽やかな午後、私はタイムズ・スクエアの地下鉄の駅から地上に出る……数人の乞食とジャンキーたち、女装した二人の男、エルマー・ファッド（マンガ映画に登場する間抜けなハンター）のようなしゃべり方をするエホバの証人から身をかわす……兵士募集センターの近くの狭い歩道でだらしない身なりの若い日本人に長々と話しかけられる。この男はホンダ一族の者だと言う……彼は文無しでどうしようもないが、東京へ帰る飛行機代をしきりに求めていた。八九四ドルいただければ彼の仕事の取り分の金をわけてくれるとオファーしてくる。私が名指した弁護士の前で署名し、証言してもらい、きちんと取引しようと言う……パスポートとしわくちゃになった一束のバイクの青写真を私に見せる。確かにホンダ一族の一人だ……私は知ったかぶりをして耳を傾けて笑い、二五セントの銀貨を与えて地下鉄に乗って、この場から逃れ、愚かだろうがきっぱりと幸運とやらを拒否し、ろくでもないインタビューにあわてて駆けつける。

無駄なものに金を使わない分別を持っている者なら今でさえ、新しいバイクに使う金をホンダにかけるべきだ。ハーレーダビッドソンを含めた約三〇種のバイクのどれか一つでもかまわないけれども。それにしても、ハーレー社は経営や技術に関して石器時代的なコンセプトを持っているにもかかわらず、依然として唯一のバイクの製造会社である。[*4]

ハーレーダビッドソンと国産のバイクの物語は、アメリカの自由企業の中で最も哀れな章である。

第二次世界大戦の末期頃、アメリカでは二〇万台ほどのバイクが登録されていて、輸入されたものはひじょうに少なかった。ハーレー社が独占態勢を固めていた一九五〇年代、バイクの販売は二倍になり、やがて三倍になった。ハーレー社は輸入品が爆発的な攻勢をしかけにきた一九六二年から一九六三年まで金鉱を持っていた。一九六四年になると、登録台数は一〇〇万近くに飛躍し、ライトウエイト級のホンダが、日本からの荷物船に乗って次々と海を越えてやって来ると売れに売れた。ハーレー社の研究開発部が、バイクはこの東洋のまがい物と自社のものしかないと考えていたおり、イギリスのバーミンガム・スモールアームズ社（ＢＳＡ）により横っ腹に一撃を加えられた。ＢＳＡ（トライアンフも製造している）は保護関税によって価格を押し上げざるをえないハンディキャップがあったにもかかわらず、同じ縄張りと品質でハーレー社に挑戦した。一九六五年までに登録台数は前年より五〇パーセント上昇したが、ハーレー社は二つの戦線に包囲された。ハーレー社が頼ることができる買手は警官とアウトローだけだった。一方、日本は低価格で勝ち、ＢＳＡはスピードレースでハーレーをやっつけた。一九六六年までにはバイクブームはまだつづいていたが、ハーレーダビッドソンの国内市場での売上げ台数は一〇パーセント以下にダウンしたにしても、売り上げを減らさぬよう健闘していた。

ハーレー社は自社のマシーンに一二〇〇立方インチのエンジンを取り付けようと考えていたが、遅くとも一九七〇年までライト級、ミドルライト級の市場の戦いに希望を持っていなかった。だが、ヘビーウエイト級ではかなり自信と力があり、一九六六年ハーレーはＢＳＡやトライアンフと同様に、ビッグなレースでは勝利を収めていた。しかしながら、このどちらとも言えない対等な関係は販売市場では維持されなかった。バイクのブームはさらにつづいていたけれども、ほとんどのレーサー用のハーレーダビッドソンは特別注文されたオリジナルで、アメリカで最もすぐれたライダーを乗せ、イギリスの競争相手よりははるかに大きいエンジンを搭載した。ハーレー社は重さ、価格、操作能力、エンジンの大きさの面で、日本やヨーロッパからの輸入品と対抗して、道路、レース場となった土砂道で競争できるモデルをまだ作っていなかった。

ハーレー社はかつて支配していた市場で同じ足並みで競い合うのに失敗した。これがゆえに効果的な教訓を得た。自動車市場でも似たような状況だと考えることはできない。例えば、第二次世界大戦末期、フォードが自動車のアメリカ唯一の製造会社だったらどうなっていただろうか。一九六五年までに市場の九〇パーセント以上を失っただろうか。強力な保護関税に守られている独占企業は変動する市場でさえ圧倒的な立場を保持している。一〇年もたたないうちにヘルズ・エンジェルズと警官を除いて客を全部奪われたらこの王様はどう思うだろうか。

＊1　デトロイト・レネゲイズというアウトローのグループはアイデンティティにこだわり、ヘルズ・エンジェルズを名乗ることに決めた。一九六六年一月警察が、通りに面した彼らのクラブハウスを手入れした折、四四名が逮捕され、拳銃が一八丁押収された。手入れを促したのは近隣の住民の苦情だった。レネゲイズの存在が恐怖と不安をもたらしたのである。近くの建物に住む賃借人が言う。「あいつらは不意にやって来て、大酒をくらい、手に負えなくなると、近所の女性らをすっかり脅えさせてしまいましてね」警察によると、彼らの大半は工場労働者とガソリンスタンドの従業員で、年齢は一八歳から三三歳までだった。彼らのユニフォーム――黒革のジャケットとサテンのシャツ――は優雅だったにもかかわらず、

ある隣人は〝むさくるしい〟連中だと述べた。その後一九六六年の後期、デトロイトに非公式なヘルズ・エンジェルズが現われた。多数のメンバーが数回逮捕されて新聞などをにぎわしたあと、リーダーがバージャーに正式に支部にしてくれとアピールしたが、本書が刊行された秋の時点でまだ未決定だった。

＊2 一九六六年八月エンジェルズはパッチをこう変えた。頭蓋骨の上に〝ヘルズ・エンジェルズ〟、頭蓋骨の下に〝カリフォルニア〟と記した。東部と中西部の新支部は一九六七年までに活動するよう要請された。由緒ある伝説的なパッチを身に着けることは許されたが、居住する州の名前を記すよう求められた。

＊3 ペンシルベニア州におけるバイクの登録台数は二倍以上になった。つまり一九六四年は三五一九六台。一九六五年は七二〇五五台。他のバイクの多い州はフロリダ州とイリノイ州で、両州ともアウトローのバイクを含めて一九六五年は五万台以上だった。

＊4 雑誌『フォーブス』（一九六六年九月一五日号）によればハーレーダビッドソンの売上げは会計年度一九五九年では一六〇〇万ドルだったが、一九六六年には二九六〇万ドルになった。アメリカのホンダの売上げはわずか五〇万ドルから七七〇〇万ドルに飛躍した。さらにホンダのブームはつづき一九六六年には一億六〇〇万ドル売上げた。

7

勝者と敗者の社会でもある繁栄した民主主義国家の中で、人と同等のものを持たず、あるいはそれだけは持っていると夢想する者はだれでも当然、恵まれていない。

——サー・カザドール、彼はスポーツマンタイプで殺し屋についての知識があり、強盗には目がよく効く。

あいつらは不愉快なホモの連中だ。それだけのことだ。あいつらを見ると、気持ち悪くなる。

——サンフランシスコの女装ホモ

サクラメントの三七丁目通りに住んでいるあるヘルズ・エンジェルズはたえず苦情の種になっていた。彼の家のそばを通る女たちに思わせぶりな誘いをかけた……「いっぱつやろうぜ、ベイビー」とか「美人ちゃん、パパの顔の上に座ってくれよ」パトロール警官が苦情の内容を調べている際、初めて刑務所におまえを放り込むと脅し、「何かもっといいことを見つけられないのか？」と軽蔑したような口ぶりで尋ねた。すると、このエンジェルズは一瞬考えてから答えた。「ポリ公とファックしなきゃ、そんなの見つからねえ」

――サクラメントの警官との対話から

ヘルズ・エンジェル・ファンクラブのいんちきなTシャツが本物のエンジェルズと何らかの関連性があるのと同様に、最近のウエイト級のバイクを乗り回すブームもアウトローのバイクと関連性がある。小型のバイクは乗って楽しく、便利で比較的安全である……ところが一方、大型のバイクは車輪が二つ付いた爆弾のようなものである。アウトローはホンダやヤマハ、スズキに乗っている姿を見られるくらいならむしろ歩くほうを好む。彼らは安全と尊敬など欲しがってはいない。彼らのマシーンはあらゆる面で危険で気まぐれで金がかかる。[*1]自分のバイクをキングコングと見立てる者はいなかったし、またそれがすてきで清潔な娯楽だという考えを軽蔑する者もいた。たいていのサイクリストが当然受け入れている最小限度必要な安全装置さえ遠ざけている理由もその一つだった。ヘルズ・エンジェルズが緩衝用のヘルメットをかぶっている姿は見られない。彼らはマーロン・ブランドとボブ・ディランがよく着ていたような〝銀粉をちりばめた幻影じみたジャケット〟は着ない。このようなジャケットはモーターサイクリストのチンピラと〝革フェティッシュ〟が着るものだと普通思われている。この見解はバイクについて何も知らない人たちに限られている。ぶ厚い革のジャケットはニューヨーク・マディソンアベニュー・モーターサイクリストクラブにとってはごく当たり前に着られている。このクラブのメンバーはエリートクラスで、歯科医、映画のプロデューサー、精神科医、国連の職員である。映画のプロデューサーであるテッド・デベラットは、自分や他のメンバーがかかわる革のジャケットが与えるイメージの問題を嘆いていた。「しかしね、もしきみが現実を重視する人なら、革のジャケットを着用しなければならないんだ」彼は説明した。「バイクが横滑りして転んだら、皮膚にすり傷ができる。革がちぎれたほうが安上がりだよ」

体の痛みもはるかに少ない。背中に八インチのすり傷ができると、ぶざまで治るのも遅い。経験をしっかり積んだプロのレーサーはヘルメットやグローブ、普通サイズのジャケットを着用する。

しかし、ヘルズ・エンジェルズは違う。安全なものなど欲しがらない。彼らはサングラスや妙なゴーグルをはめて、背をかがめ、路上を突っ走るが、それは身を守るためより見せびらかすためだ。彼らは危険を避けて走っていると思われたくないのだ。革のジャケットは一九五〇年代の中頃まで流行していて、アウトローのモーターサイクリストの多くは自分のカラーズをジャケットに縫い込んでいた。だが、彼らが有名になり、警察の取り締りが厳しくなると、サンフランシスコのエンジェルズの一人が取りはずすことができるアイデアを思いついた。すなわち緊急事態発生時にさっとカラーズを取りはずし、隠せるのだ。これが袖なしデニムのベストの時代の到来となった。初めほとんどのアウトローは革のジャケットの上のほうにカラーズを着けていたが、それではサザンカリフォルニアでは暑すぎた。そこで、バードー支部は、ジャケットを着ないで、わきの下に風を通すアイデアを実行する先駆者となった——身に着けるのはカラーズだけ。次の段階は論理上リーバイスのジーンズを脱ぐことになる。すると、エンジェルズのイメージは完璧になる——ブーツ、ひげ、ベスト、外性器をおおう異様な飾りだけで何も身に着けない。年輩のエンジェルズは寒さを感じる。

冬になると寒くなる。ベイエリアあたりではまだ革のジャケットを着ているが、明らかにださいスタイルということになる。エンジェルズのメンバーになりたいと自分を売り込みにくる独立派のライダーが革のジャケットを着て現われようものなら〝野暮ったい臆病者〟だと言われて、入会を拒否されるだろう。

エンジェルズが路上に群がり集まっている光景は、これを見た者にとっては忘れられない。彼らがガソリンスタンドになだれ込んでくると、従業員はパニックに陥る。一人だけでは一ガロンか二ガロン求めて国中で知られている無法者のキャラバン隊に対処することはできない。ある土曜日の朝、私はオークランド近くの高速道路五〇号線沿いにあるガソリンスタンドに入り、体が焼けるような暑さについて、そしてマシーンが人を裏切ることについて従業員と気楽にしゃべっていた……と突如ガソリンスタンドがアウトローのライダーで満ち溢れ、エンジンをがんがん吹かす音が轟き、怒鳴り声をあげて彼らはポンプの間をあちこち動き回っていた。「ああ、何てことだ！」従業員は叫び、錯乱した。彼は私が払う代金がいくらなのか忘れ、彼らに脅えきった目を向けている間、私はラジエーターに水を注いだ。従業員が四人いる大きな真新しいガソリンスタンドだったが、ヘルズ・エンジェルズとジプシー・ジョーカーズが結合した集団は、やってくるなり完全に支配権を握っていた。ガソリンを注ぎ缶ビールをそこいらじゅうに放り投げ、重さ五〇キロのバイク用のオイルを求めて棚を探った。車に乗って来た五、六人の客はそれぞれ自分の車の中で座り、じっとこの騒ぎを見つめていた。従業員たちは用心深く動き、無法者らが自分の目の前で盗みを働いてくれなければいいがと願っていた。公然とした盗みはよからぬ行動を招くので、誰もそれを歓迎しない。大群のエンジェルとかかわったことがある者なら、これは最悪な事態の一つだということに同意するだろう。けちな窃盗、侮辱、損害に対しどの時点で抗議するのか……言い争いが流血騒ぎになって終わるかもしれないというリスクを犯して。一〇クォートのオイルとタンク五杯分のガソリンを未支払いにしたまま彼らを立ち去らせたほうが安上がりではないのか。持ち去る物すべての代金を全部支払ってくれと主張して歯を折られ、窓ガラスを割られるリスクを犯すべきなのか。このジレンマはガソリンスタンドの従業員にとって特に不快なものだ。エンジェルズの集団と対面したガソリンスタンドの従業員は、銀行強盗と対面した銀行の出納係員と似ている。ガソリンスタンドの従業員は、出納係員が銀行の保険付の金を救うのに命を賭ける以上のリスクを犯すだろうか。殴られるだけのリスクは犯すけれども。

エンジェルズに分別心があれば、オーナーがそこにおらず、単に賃貸契約しているだけのガソリンスタンドを贔屓にしている。ガソリンを売って暮らしを立てている者もそうだが、エンジェルズも、ガソリンスタンドの違いは一分もしないうちにわかる。オーナーが一日一二時間働き、救命をフランチャイズ店にもゆだねているガソリンスタンドを選ぶ。こういったオーナーはパンクスの一団の犠牲者になりそうだと予測すると体をアドレナリンで膨らます。レジや道具箱に拳銃を忍ばせている。近隣に泥棒が多い柄の悪い地域では、客になじみやすい制服のショルダーホルスターに武器を突っ込んでいる。エンジェルズが惹き起すガソリンスタンドでの騒動の大部分は、彼らの姿を見るだけでパニクって激怒するオーナーのせいである。

たくましく行動を起こすことができる者もいるが、他の者はひどく暴発する。エンジェルズはこういう者を〝頭が狂ったやつ〟と呼んで怖がる。なぜなら別に大した理由もないのにエンジェルズを撃とうとするからだ。エンジェルズの一団に向かって銃を抜き出して銃を奪われる者に、神よご慈悲を。これに関して恐ろしげな話がある。犠牲者になろうとしている者はまず初めに銃を撃ち、あとになって自己防衛だと訴えれば、自分の身を守ることができる。エンジェルズの価値観の中では、口に締りのない脅えた密告者よりたちの悪い者は、やたら騒ぎたてる敵対者である。この手の者はたっぷりと報復を受ける。障害となったどんな人間をも攻撃するのだ。加えて、彼らの言いなりになって、少なくともうっかり言いなりになったと思って彼らとの取引に失敗する者を大々的に軽蔑する。

奇妙な真実がある。エンジェルズは言いなりになる者、言いなりになりそうな者に、躊躇しながらも敬意を表する。縄張りと関係ないところで彼らに偏見を持たずに乱暴に対処してもかまわないと思っている者も普通受け入れる。自分らが狂犬だという評判をかなり意識しているので、逆に友好的になることで歪んだ喜びを得ている。

エンジェルズのキャンプ地であるシエラネバダ山脈地帯の町(マーク・トウェインの物語『カラベラス郡の有名な跳びガエル』の舞台)近くのあるガソリンスタンドのオーナーは、ヘルズ・エンジェルズと初めて遭遇した時のことを恐怖と驚きを含んだ口調で回想している。

「ある晩三〇人が店になだれ込んで来ました。バイクの手入れをしたいから、ここが必要だと言うんです。彼らを一目見てどうぞと言って、あわてて私は外へ出ました」

山の中でセルフサービスのガソリンスタンドを経営している男にとっては、正常な反応だった。死ぬまで戦おうと決意しても、三〇名のならず者を相手にしてどうなるものでもないからだ。

「店がまだ壊されていないか調べようとして一時間ほどたってから勇気を振るって戻ってみると、店はまだ壊されていませんでした。エンジェルズはバイクの手入れを済ませてしまってました。今まであんなにびっくりしたことはなかったです。傷一ついてなくて。彼らは使った道具をガソリンで洗い、もとにあった場所にきちんと戻しておいてくれたんです。床まで掃除してくれましてね。彼らが入って来たときより、実際きれいになってました」

これに似た話は警官の間でさえもよく聞かれた。ポーターヴィルのある酒場のオーナーはこう証言している。「ええ、あの連中、店の中へバイクごと入って来て、走ってタイルを壊しさえしたんです。でも、出ていく前に壊した物、割ったグラスにも金を払ってくれましたよ。これまであんなにたくさんビールを売ったことなかったです。いつ来ても歓迎しますよ」

卑屈な態度をとる多くの商人は一〇〇ドル稼いでエンジェルズを立ち去らせていた。彼らが求めているのは敬意だけで、それも生々しい恐怖を示すことが敬意の純粋な形になっている。暗黙のうちに恐怖を感じている者は誰でもやりすぎなければ、彼らは害を加えない。長いことアルコールやドラッグづけになっている、〝サド的で乱暴なホモ〟を目の当たりにして自制心を失った者にも害を加えない。彼らは自制心を失わない者をひどい目にあわせる。私はある夜のパーティーのことを思い起こす。彼らは、不快感を与えたバークリーの学生に火をつけることに決めた。パーティーの主催者がそんなことをするなと抗議すると、彼らは犠牲者の学生の足首をロープで巻き、バイクで引きずり回すと言った。するとまた抗議されたが、学生の片方の腕をロープで縛り、リビングルームのたる木からぶら下げた。そして三〇分かそこら過ぎたあと、彼らの気持ちは和らぎ、無表情のまま沈黙をつづけていた学生に困惑し首を振りつつ、ロープを切って学生を下ろした。学生は試練をくぐり抜け、一言も口をきかなかった。私はこの学生が自分でこうなるように仕組んだのではないかという印象をつかのま持った。以後、学生は外へ出ても何も言わず数時間、木の切株に腰掛けていたが、言語を絶するほど高い山の頂きから下って来た人のように、ときどき体を揺さぶっていた。

エンジェルズはサディズム・マゾヒズムが大変気に入っている。グループに入っているサイクリストの若者は変質者的な性癖があると一貫して非難されているが、某サンフランシスコのエンジェルズによってこの問題の実体が、ある日の午後さらけ出されたと思う。彼は言う。「おれはいつの日だって一〇ドルやってフェラチオをしてもらうよ。先日の夜、一〇ドル持っておれはダウンタウンのバーへ行ってホモを呼び寄せたんだ……そいつおれをやたら誉め、何を飲みたいのかおれに訊くんだ。『ジャックダニエルのダブルだ』と言うと、そいつはバーテンにそれを注文し、『あたしと友だちのぶんで二杯』と告げてカウンターのバーマットに座り、あそこをなめてくれたんだ。おれはバーテンに向かってにやにや笑ってクールにしてた」彼はへらへら笑った。「四人のガキといっしょにいてね、前のほうで女がワィグかワグか何とかいうジャズダンスを黒いのといっしょに踊っていたな。おい、なあ、おれがホモだと言える日は一〇ドル以下でホモにしゃぶってもらう時だね……おれは、海の下に潜ってその手の金のためなら、魚とファックする。どっちが金を払うか教えてくれよ」

ヘルズ・エンジェルズがどの程度までサディストやマゾヒストであるかないかは私にはわからない。私は一年近くアウトローのライダーとつき合ってきたが、その気を帯びているなんてことは見当違いもはなはだしいと思った。

アーネスト・ヘミングウェイは悩めるホモセクシュアルだったとか、マーク・トウェインは人種間肛門性交の趣味に晩年までとりつかれていたと主張する、複数の文芸評論家がいる。アカデミックな季刊誌に旋風を巻き起こすことは良いことだが、二人の作家が書いた言葉は変えられないし、彼らが書いた世界によってもたらされたインパクトを改めることはできない。おそらくマノレテ（スペインの闘牛士。牛の角に突かれて死亡。一九一七－四七）は角のフェティッシュだっただろうし、スペインの闘牛バーで長い夜を過ごした結果、痔に苦しんだんだろう……しかし、彼は偉大なマタドールだった。フロイト理論をどんなに適用しても、彼がベストを尽して成し遂げた業績にほとんど影響をおよぼさないだろう。

　なぜかアメリカの新聞がすべてヘルズ・エンジェルズは野蛮なホモセクシャルだと非難しても――たとえそうだったにしても――彼らの行動は変えられないし、抑えられないだろう。意味ありげに彼らと個人的にやりとりした者が彼らはフロイト理論を支持していると言っているのを私は聞いたことがない。エンジェルズとともに時を過ごしたことのある者なら、たぶんアウトローのライダーとホモの革フェティッシュとの違いを知っている。エンジェルズで満員のどんなバーでも、外の路肩にこぎれいなバイクが並んでいる。ゲイや革フェチなどが集まるレザーバーの壁にはバイクがシュールに描かれ、外にはいつもではないが、一、二台の付着物を着けた大型のハーレーダビッドソンが駐輪されている。付着物とはウインドウシールド、ラジオ、赤いプラスチックのサドルバッグ。プロのフットボール選手とその狂信的なファンとの違いは決定的である。前者は厳しいユニークな現実世界のパフォーマーであり、後者はカルティストであり、受動的な崇拝者である。彼が毎朝目が覚めて気づく現実と自分が絶望的なほどかけ離れているがゆえに、自分を魅了する行動を真似る怠惰な人間なのである。

　リンチ報告書は述べている。「同性愛者はヘルズ・エンジェルズに惹きつけられている一方、グループとしてのエンジェルズが同性愛者だと指摘する情報はない。彼らは主として異性との接触に関心を持っているように思われる。倒錯した異性愛者としての振る舞いが警察からの報告で顕著に示されているが、これに関連して考えてみると彼らは〝人とは違っている〟ということで世間の注目を浴び、主として他者に衝撃的なインパクトを与えるためにパフォーマンスしたのである。自分らの他者の関心を惹きつける〝卓越性を見せびらかす〟行動が、彼らの特徴なのである」

確かにリンチ報告書はエンジェルズが何者であるかを最終的に決定づけてはいないが、この報告書の持つ性格と先入観のために解釈するには便利な、彼らの同性愛的な行動のどんな証拠についてもかなり言及している。クンニリングスについてはかなり多く言及されているので、逆にフェラチオという語があまり書かれていないがために目立っている。この語が省かれていなくともフロイト理論の波及効果があったのは疑いない。しかし私はこれは的はずれだと思う。エンジェルズを本質的には同性愛的な現象だと解釈するどんな試みも言い逃れであり、アメリカ社会の中にあるものと同様、複雑で悪意を秘めた現実を拒否し、自己満足的なものに終わっている。

モーターサイクルは明らかに性的シンボルである。いわば男根崇拝的移動発動機のシンボルである。モーターサイクルは人間の体の拡張部分であり、両股の間にあるパワーである。

――バーナード・ダイヤモンド博士
カリフォルニア大学、犯罪学者
一九六五年

アウトローのライダーと同性愛者との最もよく知られた公的なつながりは『スコピオ・ライジング』というタイトルの映画である。この映画はアングラの古典で、ケネス・アンガーという名の若いサンフランシスコの映画制作者によって一九六〇年代の初期に制作された。『スコピオ・ライジング』はヘルズ・エンジェルズとはなんら関係はないとアンガーは主張した。この作品の大部分はブルックリンで撮影され、バイクマニアたちのグループの協力を得て撮影された。このグループは緊密に組織化されていなかったので、グループの名前を考えなかった。『ザ・ワイルド・ワン』と異なって、アンガーの創作物にはジャーナリスティックな意図も、ドキュメンタリー的な作意もなかった。ロックンロールをBGMにした芸術映画で、バイクとナチスのかぎ十字章、攻撃的な同性愛を新しい文化の三部作として利用した。また、二〇世紀のアメリカに関する一風変わったコメントでもあった。エンジェルズがバイク文化の主流に加わるまでに、アンガーは同性愛に対する強烈な偏見を持った映画を数本制作した。アンガーは陳腐なものを何でもかんでも話題性があるドキュメンタリーにしてしまっているが、時代に遅れているかもしれないという考えには立腹しているように思えた。

『スコピオ・ライジング』は一九六四年、ザ・ムービーと呼ばれたノースビーチの劇場で上演された。当時この劇場の二階に住んでいたアンガーは、ヘルズ・エンジェルズに関する新聞記事の切り抜きをモンタージュしてこの映画を宣伝した。この映画がエンジェルズと密接な関係があるのは明白だったから、サンフランシスコのエンジェルズはチェックしに行った。楽しい映画ではなかった。彼らは激怒こそしなかったが、少しばかり腹が立った。自分たちの名前が詐欺同然に宣伝に使われているると思ったからである。「おれはあの映画が好きだぞ」とフレンチーは言った。「しかし、おれたちと全然関係ないじゃないか。みんな喜んで見てたけど、外へ出るとあたり一面におれたちの切り抜きが広告みたいになってべたべた貼られてた。嫌な感じだった。あれはほめるわけにはいかないな。多くの人がだまされている。おれたちがホモであるって話をこれから聞かなきゃならなくなるぞ。映画に出てくるパンクス連中の服の着かたを見ただろ、ちきしょう。ばかばかしいガラクタのようなバイク見ただろう。まさかおれたちと関係があると言っているんじゃないだろうな。関係なんかねえのに」

アンガーもやんわりとこれには同意しているようだと私は思った。この手の映画の新しい人気を損う必要はなかった。その上一連の同性愛映画に出演した最も鋭い嗅覚の持ち主は、ほとんど例外なく他者にひそむ同性愛の臭いを嗅ぎつけることができる。そうなると、こんな現象が生まれた。つまりエンジェルズは『スコピオ・ライジング』に欠けていた現実性を提供したのである。人目につかない同性愛的な要因が強姦記事と混じり合うという、異様で気まぐれな要素を報道機関に与えた。そしてアウトロー自身はあさましい魅惑の新たなどん底にまで追いやられた。これまで以上に彼らは暴力的でエロチックな神秘のオーラに包まれたのである。どんな生き物とも、どんな穴とも交合する備えがある色情狂となったのだ。

＊1　一九六六年には、乗って一年のハーレー七四のナンバープレートを保持するのに四八ドルかかった。

8

バイクを持ち、ナチスの装飾を体に張りつけているパンクスの連中はこの世を、この世にいる人を全部を恨んでやがる。やつらは脅威だ。怖い。毎年脅威の度が増してくる。

——『マンズ・ペリル』に引用されたフロリダの警察官（一九六六年二月）

あいつらは自分が乗っているバイクを崇拝している。夜それを家の中に入れている。あいつらは体の脂でごわごわになったベッドで眠るが、バイクには傷一つついていないんだ。

——ロサンゼルスの警察官、一九六五年

縄張りにしているエリアから離れて遠くを徘徊するようになると、ヘルズ・エンジェルズはますます多くのパニック状態を惹き起こした。初めて高速道路上に姿を現わしたエンジェルズ集団は、この国に起こると思われている事態や概念をことごとくくつがえしている。彼らはたちの悪い奇妙奇天烈な幻覚のような存在になっている。〝アウトロー〟という言葉が何を意味しているかが、これでわかるだろう。エンジェルズ一人ですべての規則、制限、パターンを無視して車と車の間を突っ走っているのを目にするや、バイクはアナーキーな状態、大胆な反抗の手段、武器でさえあるとわかる。歩いているエンジェルズは愚かしく見える。そして、まとまりのない、演技じみた話のやりとりは二、三時間は興味をそそるが、当初感じる異様さを感じなくなると、彼らの日常のシーンは発狂した子供たちの仮面舞踏会のように退屈で気がめいる。小汚いユニフォームを偉そうに着込んで毎晩同じ酒場にたむろし、あげくのはてにけんかするか、酔った掃除婦にフェラチオしてもらう姿は哀れさを催す。

しかしである、バイクにまたがるエンジェルズの姿には哀れさはいっさい見当たらない。人間とマシーンが一体化している、いやそれ以上だ。彼らのバイクは彼らが完全に支配した唯一の物なのである。それは確たるステータスシンボル、これに等しいものなのである。ハリウッドの巨乳の新人女優がたん念に自分の体を磨くのと同様、エンジェルズは自分のバイクを磨く。そうしなければ、街角にいる単なるチンピラにしか見えないからだ。彼らはそれを知っている。彼らは多くのことについてはっきり断言しないが、バイクについては恋人が持っているようなインスピレーションに恵まれている。感傷的な長話などしないソニー・バージャーは〝ラブ〟という言葉を「そりゃ、バイクのようなものを好きになったとき感じるフィーリングだよ。そうだな、それは愛だと言っても間違いじゃないな」と明言したことがある。

エンジェルズの多くは盗んだか交換し合ったか特別注文した部品で自分のバイクを実際作り上げている。だがその事実はそのバイクへの強烈な愛着を半分しか説明していない。いかなる愛着なのか理解するためには、アウトローが自分のバイクにまたがり、跳躍してスターターペダルを踏む姿を見なければならない。喉が渇ききった者が水を発見した時の様子に似ている。顔色が変わる。その様子全体が自信と威厳に包まれている。両脚ではさんだ巨体のマシーンをごろごろ鳴らしてつかのまサドルに座り、さっと走り去る。ときにはクールで口をきかずに、またときには近くの建物の窓を揺るがし、独自なスタイルで突進する。そして夜、酒場を去るおり堂々とした態度に切り換え、自分の最良のイメージを仲間たちに残して外へ出る。エンジェルズ一人ひとりがたがいに誉め合う社会の中で、これが鏡の役割を果たしている。仲間たちに映った自分が強いのか、弱いのか、ばかか、勝ったかをたがいに確認しあって元気づける。夜ごと酒場が閉まる頃、派手に仰々しく振る舞う。ジュークボックスはノーマン・ルボフのような旋律を流し、酒場の明かりはうす暗くなり、いわばエンジェルズのシェーン（アメリカ西部の流れ者。映画で有名）は酔ったまま月光の中へ入って消えて行く。

　ヘルズ・エンジェルズが本当にバイクのアーティストであるかどうか判断するのは難しい。いくつかのドラッグレースを除いて、公的に認められている競技からアウトローは省かれている。だから、どこそこのレースなどに加わったパフォーマンスは記録に残っていない。[*1]彼らのバイクは普通のレース用のバイク、登攀用のバイク、道路用のロードバイクとはまったく違っている。彼らはとっさの対決でプロのライダーを徹底的にやっつけたという話をする……だが、パワーアップしたバイクに乗ったアウトローがライトウエイト級のドゥカティに屈辱を与えられた話もある。

　こうした話は事実でもあるし、おそらく事実でもないが、いずれにしろ論じる余地はある。バイクは特別な目的のために設計されている。クロスカントリー用、レース用、クルージング用、近隣走行用。犬や馬が走れるように、すべてのバイクは走ることができる。が、誰もフクロネズミを狩るために馬を飼育できないし、ケンタッキーダービーに犬を出場させることはできない。バイクの製造業者は何十年もかけて多目的用だけのモデルを作ろうと努力してきたが、今まで誰も成功しなかった。

泥道で走ったり、レースで走ったり、都市の道路や高速道路を走ったりすることでバイク自体を比較することはできない。明けても暮れても異なった技術、異なった反射神経が必要とされる。最速のレース用バイクによってはブレーキが付いていないから、走行中の突然死を意味する。しかも、高速道路はどんなレーストラックより危険だと多くのプロのライダーが語っている。

舗装されていない道路を走るライダーも同じように思っている。わざわざバイクを街路で走らすだけで免許をとる者は少ない。リッチモンドに住むモトクロスのベテランで、バイク工場の機械工であるドン・マグワイアは、狂人かマゾヒストだけが人や車が往来する道路をバイクで走っていると主張する。彼は言う。「いいですか。どんな種類のレースでもレーサーは同じ方向に向かって走り、どうしたらいいかをわきまえていますよ。誰だって狂人や酔っぱらい、袋小路からふらっと現われるばあさんに悩まされることはないです。大変な違いですよ。自分のモーターに意識を集中させ、それをコントロールできます。ときおり怪我しますがね。骨折が最悪ですが、レースで死ぬ人はほとんどいません。

ところが、高速道路はどうです！　いいですか、速度制限の時速六五マイルで走っても、せいぜい他の車の邪魔にならない程度で走れるだけです。もし道路が濡れていたり、濃霧のため湿っていたりすると、何がどうあれトラブルに巻き込まれますよ。速度を落とすと他の車が後ろにくっついて来て、レーンの外へはじき出されます。車間距離をあけようとしてスピードを上げても、直前で急にブレーキを踏むやなやつがいるんです。なぜだかわかりませんけど、しょっちゅうそんなことする。

そんなつまらないことに巻き込まれたら、肉挽器の中へぶち込まれたも同然ですよ。ブレーキを踏んだ瞬間、命を落としかねませんね。バイクは車みたいにふらつかないんです。バイクといっしょに転んだら、二度轢かれただけでもラッキーですよ」

一九六五年アメリカで一〇〇〇名以上がバイクの事故で亡くなっていた。自動車はその五〇倍近くの死亡事故を起こしていたけれども、バイク事故での死亡例の数が増大したため、アメリカ医師連合会はバイクに対し「わが国のコミュニティにおける深刻な健康障害物」というレッテルを貼っている。ヘルズ・エンジェルズは道路上で年間平均四名のメンバーを亡くしているが、彼らの大半がバイクを走らせている事態を考えてみると、年間四パーセントの死亡率は彼らのスキルに対し圧倒的な賞賛に値する。ハーレー七四は自動車にダメージを与えることができる唯一のバイクである。彼らはハードな走り方をするエンジェルズは、速度を上げる魚雷と同じように強烈な恐怖を煽る。彼らはバイクの専門家で、彼らの狭い世界で彼らなりに速く走ることができる。誰でもそうなのだが。

一九五〇年代の末頃、エンジェルズの悪名が轟く前、サンフランシスコ支部のピートはノーザンカリフォルニアでトップクラスのドラッグレーサーの一人だった。ピートのスポンサーは地元のハーレーダビッドソンのディーラーで、部屋にいっぱいのトロフィーを集めていた。ピーターはレース期間中エンジェルズのカラーズをまとっていたばかりでなく、リアフェンダー上の座席に自分のきれいなブロンドの妻を乗せ、バイクを出走トラックまで走らせた。他のドラッグレーサーは自分のバイクを明朝の高価な花瓶よろしく扱い、トレーラーに乗せて運んだ。

「ピートは本当に上手にバイクを走らせるんだ」あるエンジェルズが回想に耽る。「勝ちっぷりは見事だったよ。トラックへ出ると、点火プラグを替えるんだ——ハンドルを高くするんだよ——そしてドラッグレースの相手をやっつけるんだ」

一九六〇年代前期、ピートはやるべきことはやったという思いでエンジェルズをリタイアした。三〇歳の誕生日を迎えてすぐ、ピートは妻と二人の子供をシエラネバダ地帯の小さな町へ移した。その町で穏やかな田舎の機械工として落ち着こうとしたのである。引退期間は二年つづいたが、もしエンジェルズが有名にならなかったら、もっと長くつづいたかもしれない。しかし、自分も有名になりたい、新たに行動したいという誘惑に抗しきれなくなった。一九六五年の初めまでにピートは都市に戻って、旧友らと乾杯し、離婚して家族から離れ、新しいバイクを作るための部品を骨折って手に入れた。

ほとんどのエンジェルズと同様に、ピートは工業製品を可能性という面で考えていた。つまり、こうした工業製品をすぐれた素材の塊と考えていたのである。だが、優秀な者ならみな自分自身のものと呼びたいマシーンをまだほとんど持っていないのである。[*2]

エンジェルズは所有するバイクを、どんなに抽象的であろうと、自分なりのイメージに合わせて作った個人的な記念碑だと見ている傾向がある。彼らは外部の者には理解しがたいバイクへの愛着心を育んでいる。それは一種のポーズであり、倒錯症のように見える。たぶんそうだろうが、バイクフリークにとっては切実な問題なのである。バイクというけだものを持っている者はつねに少しばかり変わり者ではある。小型のバイクでなく、大きく高価で気まぐれなやつ、鞭で叩かれると急に背を曲げて跳ね上がる馬のようにアクセルに反応しバイクは空中で直立し、一つの車輪で一五ヤード突っ走り、排気管から火が混じった爆風を噴き出し舗道を焦がすものなのだ。小型のバイクは業界の者が言うように楽しい乗り物だが、フォルクスワーゲンやＢＢ銃（口径〇・八インチの強力な銃）だってそうだ。大型のバイク、フェラーリ、四四口径のマグダムのリボルバーは楽しみの限度を超えている。それらは、人間がコントロールしデザインする可能性まで追求する能力に挑戦するほど、強力で有能な手作りのマシーンなのである。これがすべてのヘルズ・エンジェルズの生活に現われるビッグ・バイク信仰の柱の一つなのだ。「だから、おれたちはビッグな存在なんだ。だから、おれたちは生きていける」と彼らは言う。

必ずしも誰もがこのコンセプトを心地よく受け入れているわけではない。私は以前大型のバイクとスクーターを二台所有していたことがあるが、それは安価だったからだし、買物に出かけるとき便利だったからである。エンジェルズの神秘的な世界にはこの種の融通がきく実利主義は存在しない。私がエンジェルズにバイクを買いたいと話すと、すすんで協力してくれた。もちろんハーレーダビッドソンを入手するつもりだった。エンジェルズの連中は売りに出せるものを数台持っていたが、もっと新しいのはやばい代物で安かった。四〇〇ドルで一五〇〇ドルのバイクが買えるので、ことわるのに辛い思いがした。しかし盗まれたバイクに乗るとなると、フレームやエンジンの番号が登録番号と一致しない理由を警官に説明しなければならなくなる。方法はいろいろあったが、失敗したら刑務所行きになるから買う気になれなかった。最新のアウトロー仕立てに作り直した、安くて中古の違法ではないハーレー七四を見つけてくれないかとエンジェルズに頼んだが、うまくいかなかった。私はアウトロー・アバンギャルドを気取って、もっと軽く生きのいいハーレー・スポーツスターを買うことにした。敬意を表するに値するグループからのプレッシャーがかかったあと、トライアンフ・ボンネビルと地味なＢＭＷを試乗してみた。結局スポーツスターとボンネビル、Ｂ

SAライトニング・ロケットに選択範囲を狭めた。三台とも標準型のハーレー七四の周囲をぐるりと回れた。標準型のホッグ（エンジェルたちが言うバイク）――少しも血統書付きではない――のエンジェルズ版でさえ、大幅に改造していない最新で最良の生産モデルも、経験豊富なライダーでないとエンジェルズといっしょには走れない。私が最終的にBSAを買ったのは気分のなせるわざだったのである。重要なことは、懸命に頼み込んだり自分なりに一五〇〇ドルのことを考えて四週間たつうちに余分な装備をはぎ取ったハーレーは根本的にはすぐれたマシーンではないことに私は気づいたことだった。二、三か月ハーレーを試乗したあと、エンジェルズが乗るホッグと、ホワイトカラーが乗るレース志向のトライアンフ・ボンネビルの違いは、エンジンではないとわかった。エンジェルズは自分の運命を極限まで追いつめていく。何も考えずに思い切った危険を冒す。一個人として多くの面で嘲けられ、排除され、負かされるので人よりまさる領域内では傲慢で大胆であろうとする。

　エンジェルズとバイクとの特殊な関係は、バイクについてほとんど何も知らない人にとってもはっきりと理解できる。ビル・マーレイは『サタディ・イヴニング・ポスト』の記事を書くため資料を集めている間、バードーのエンジェルズの若干の協力を得て、あるロサンゼルス放送局が放映する三〇分物のテレビ・ドキュメンタリーを見ていた。四人の人物のうちの一人はこう言った。「ブラインド・ボブという名の瓶底のようなレンズのめがねをかけた、ほとんど口がきけない乱暴者が出ていたんだとマーレイは言った」（「ボブは自分の女に手を出そうとしたら、どうなるかを激しい口調で話していたんだ。『おれは自分の女といっしょにいるんだ、いるんだよ』と言ってた。やつは顎をぎしぎし鳴らしてた」）。

　ビル・マーレイのエンジェルズについての見解には、大体のところ軽蔑心が含まれているが、ホッグにまたがった一人の乱暴者の姿を見て彼は度胆を抜かれた。「あのテレビ番組の中で一番生き生きとした瞬間がやって来たのは、インタビュー中あまり口がきけなかった平凡な間抜けのブラインド・ボブがハイウェイでバイクを走らせていたときだったよ。まったく軽々とでっかい強力なマシーンを片手で操っていたんだ。馬のケルソーをスターティング・ゲートに連れて行くバレンズエラ（競馬騎手のイスマエル・バレンズエラのこと）のように。風が激しく彼の顔に当たり、口はきつく引き締り、歓喜の笑みを浮かべていたんだ。ホッグの後部にでんと座って走っていると、あの間抜けは一瞬にして優雅になる……」

まれに例外はあるにしてもアウトローのバイクはハーレー七四である。これはミルウォーキーの工場から現われたバイクの巨人で、重さが七〇〇ポンドあるが、装備品を取りはずすと五〇〇ポンドになる。バイクの世界の隠語ではハーレーは〝ホッグ〟と呼ばれ、アウトローのバイクは〝チョップド（装備品を取りはずした）・ホッグ〟と呼ばれている。基本的に警官が使っているバイクと同じものだが、その警官が乗るバイクは、改造されたダイナモと較べると、アクセサリー満載の象である。工場で装備したキャデラックと装備品を取りはずしたドラッグレース用のキャデラックの関係に似ている。エンジェルズは改造されていない標準型のハーレー七四を〝ガーベッジ（がらくた）・ワゴン〟と呼んでいる。エンジェルズ支部の内規第一一条は仰々しく次のように記している。「エンジェルズは、エンジェルズでない者といっしょにガーベッジ・ワゴンに乗る際、カラーズを着けることはできない」チョップド・ホッグ（チョッパーとも呼ばれる）は車体が少し重く、シートは小さく、大きく重い一二〇〇立方センチ（か七四立方インチ）のエンジンが付いている。トライアンフ・ボンネビルとBSAライトニング・ロケットのエンジンの二倍近くの大きさがある。両方とも六五〇立方センチのエンジンを持つマシーンで、時速一二〇マイルから一三〇マイルで走ることが可能である。ホンダ・スーパーホークは三〇五立方センチのエンジンが付いていて、最高速度は一〇〇マイル以下。『ロサンゼルス・タイムズ』のコラムニストはホッグのことを、「ドイツのスパイが犬やにわとりを轢くために、また第二次大戦中は人間を轢くために使ったようなバイクである。卑劣なけだもののようなマシーンだ。このマシーンにはこれに似通った者が乗る」と書いている。

二、三種類のスポーツカーとレーシングカーを除いて、改造されてパワーアップされたハーレー七四に道路上で追いつくことはできない。割り込んだり、急に発進できるスペースがあり、巨大なエンジンを搭載できるなら、そうとは限らない。しかし、大きさや基本的な工学技術の違いによって、キャブレターが二つあるトライアンフやＢＳＡもそうだが、標準型の装備が付いたハーレー七四では三〇五立方センチのエンジンを搭載したホンダを追い越すことはできない。アウトローのバイクに乗った者がハーレーに乗った警官に屈辱を与えることがあっても、別に異常なことではない。しかし、パトロール警官は賢明である。このことをよく知っている。パワーアップしたダッジに乗ったカリフォルニアのハイウェイパトロール警官らでさえ、大型のイギリス製バイクやアウトローのチョッパーは、「自分らは路上の王様」というイメージを傷つけるものとみなしている。私はかつてハイウェイパトロール警官によって停車を命じられたことがあった。追われていると気づく前にリアフェンダーの数フィート内にパトカーが走っていたのである。土壇場になってサイレンを鳴らされたので、当然私は怖くなり身震いして路肩にバイクを寄せた。なぜ私の後ろへ接近してきたのか尋ねたら、彼は言った。「あんたが振りきって出口方面へ向かって逃げるかもしれないと思ったからだ」

そんなこと考えなかったと私は告げた。今もそうだろうが、あの時も逃げようとは考えていなかった。「逃げなくてよかったな」彼は答えた。「この前、チンピラが逃げようとして死んでしまったよ。そいつが間違いを犯すまであとを追ったんだ。そうしたら、私がそいつを轢いてしまった」

警察の車と競い合って死のレースをやりたいと願う者なら、時速一二〇マイルで走るバイクを、ショールームのフロアから一三〇〇ドルから一四〇〇ドル内の値段で買うことができる。ところが、ハーレー七四によってそうしたパフォーマンスを行なうにはかなりの努力と伎倆を必要とする。まず第一段階として重量とパワーの比率を劇的に改変することである。エンジェルズは前車輪のブレーキを取り去ることさえして欠くことのできない部品だけを残す。改造作業だけが大きな違いを生むが、ほとんどのアウトローはホットカムと、より大きなバルブでパワーアップし、内径とストロークを増やす。取りはずさない余計な部品は法律上必要な部品で、それはテールライト、バックミラー、同乗者用のバックミラーと取っ手である。バイクの狂信者は法的には合法な小さな歯科医用のミラーを利用して、それをバックミラー代わりにして満足している。

他の改造作業には、ハーフサイズの特別に設計されたガソリンタンクが含まれている。そして、フロントフェンダーをなくす。車輪の上には短くしたか、〝断尾された〟リアフェンダーが付けられる。ハンドルはかなり高い。小さなサドルはそうとう低いので、エンジンの上に載った革のパッドのように見える。フロントフォークを伸ばしてホイールベースを長くし、フロントエンドを上げる。足踏み式のギアを変えるクラッチはまさに〝自殺〟のクラッチである。個人の好みによって様々なものが取り付けられる。例えば上方へ傾いたマフラー、小さなペアのヘッドライト、自転車用の細い前輪、クローム合金でめっきされた短刀状のレール（これはシシイバーと呼ばれる）。このレールは同乗者が握る。思いつく限りのクローム合金のめっきや炎色のペンキが外装に使われる。チョッパーは芸術品に匹敵する場合が多く、労賃を含めずとも三〇〇〇ドルものコストがかかる。磨かれたクローム合金のスポークから完全にバランスのとれた超軽量のフライホイール、ガソリンタンクを染めた一二層のペンキをながめると、美しく優雅なマシーンになっている。機械工学的にはほとんど完璧である。このマシーンが酔っぱらったならず者に操られて深夜高速で突っ走り、樹木やスチールのガードレールに衝突すると想像するのは難しい。これはヘルズ・エンジェルズ伝説の逆説の一つである。自分を身づくろいすることをいかにおろそかにしていようとも、自分のバイクだけは極端に飾り立ててその埋め合せをする。エンジェルズの誰かが六か月かけて作り変えたバイクにまたがり、時速五〇フィート以上で走ったら死を保障するカーブを、狂ったように最高速度で走らせ、バイクをまたたくまに破壊させてしまうかもしれない。

　こういった事態は〝ハイサイド（高い側面。走行中一瞬のうちに車体が振られ、バイカーを上方に放り出すような転倒）を越す〟と呼ばれている。これは胸くそ悪い経験で、あるエンジェルズはたぶんこう述べていたようだ。「おれたちはみなハイサイドを越えたことがあるんだ。どういうことかわかるか？　時速七〇マイルか八〇マイルでカーブにさしかかると、バイクが滑るんだ……バイクはカーブの高い側面のほうへ向かって滑り、ついには縁石かレールか地盤のゆるんだ路肩かそこにあった物にぶっかってスリップするんだ……これはつまり、古典的な楽しみ方というのかな」

　一九六五年の冬のある夜、私は同乗者とともにバイクに乗り、オークランドの北へ向かう、雨で滑りやすくなった道路でハイサイドしてしまった。セカンドギアで速度を上げ、時速約七〇マイルで見るからに危険なカーブに入って行った。途方もない惰性で走っていたバイクをちゃんと走らせようとし、横に傾けようとしたが、濡れた道路のせいでそれができなかった。カーブの真ん中のどこかでもう後輪が前輪に追いつけないなと気づいた。バイクは線路わきの土手のほうへ向かって横向きのまま走って行った。私はじっとしているほか何もできなかった。一瞬非常に静寂な世界に存在していた……次の瞬間バズーカ砲に撃たれて道路から跳ね飛ばされたような気がしたが、無音だった。山腹にいる鹿や戦場にいる人間は、死をもたらす射撃音が聞こえないという。バイクに乗ってハイサイドを越えた人間は、同種の高速の静寂とでも言うべきものを体験する。クローム合金でめっきされた鋼鉄が、道路をこすると同時に火花が散る。最初の衝撃で筋肉がひどく痙攣する……その後で運がよければ、どこかの病院の緊急治療室で目を覚ますまで無の世界にいる。がしかし、頭皮がぶらさがり、血みどろのシャツが胸に張りついているのが目に映る。役人らしき人たちがじっと見つめ、「あのクレージーな連中は懲りないんだ」とたがいに言い合う。

ひどい衝突事故にはロマンチックな要素はない。唯一の慰めといえば、たいていの傷害にともなっている感覚喪失である。私の同乗者はバイクから投げ出され、長い弧を描いて線路上に落下したとき大腿骨が裂けてしまい、尖った骨が筋肉や肉を突き破り、濡れた砂利の上にさらされた。看護師たちは骨の先端から泥を洗い落としてから脚を元通りにした……だが、彼は翌日まで痛くなかったと言った。雨の中で横たわり、誰かが路上で救急車を呼んで助けてもらえないかと思っているときでさえ痛くなかったそうだ。

緊急治療室のシーンに出会わなかったヘルズ・エンジェルズはいない。当然の結果として、事故への恐怖心は肉体的傷害のことなど歯牙にもかけない騎士気取りの態度によって和らげられている。外部の者はそんな態度は狂気の沙汰だとか、もっと身内にしかわからない名称で言う……ところが、エンジェルズはビールがこぼれる頻度と同じくらい暴力が当たり前の世界に住んでいて、スキー族が脚を骨折するというリスクを負いながら生きているように、暴力とともに生きている。流血を無頓着に受け入れていることは、エンジェルズがスクエアに吹き込む恐怖心を解く鍵になる。愚かな幼いストリートファイター（街頭でやたらにけんかする者）でさえ、思春期以来けんかしたことがない平均的なアメリカ人よりも途方もない利点を持っている。それは単に経験の問題である。つまり、ご立派な者が深刻な殴り合いと聞いて連想する醜い恐怖心、これを忘れるほど何度も殴られたり、踏みつけられたり、というような。けんかで自分の鼻を三度潰された者なら、ほとんど何も考えずにリスクに挑戦する。死を招きかねないどんな武術の習練を積んでも、指導者はこういうことを教えてはくれない。指導者がサディストでなければ。武術を学ぶ者の経験は不自然なほど歪み、制限されているので厄介なのだ。

　サンフランシスコは大きな空手タウンである。一九六五年には謝礼を払って稽古を積んでいる空手の弟子がおおよそ七〇〇〇名いて、ベイエリアあたりを徘徊していた……しかし活気のある酒場に入ると、〝空手の技をひけらかすやつをぶちのめしたバーテンダー〟についての話を耳にする。そういった話がどれぐらい本当なのかは問題ではない。重要なことは肉体的な危機に襲われた際、生き残れるかいなかの違いはほとんどいつも条件反射によるということだ。指関節に傷跡がいっぱい付いているバーテンダーは、血を流したことのない空手の初心者より迅速に激しく襲いかかってくる。これと同じような理由でたびたびハイサイドを飛び越えて来て、これを冗談話にするヘルズ・エンジェルズは、悲痛な経験を味わったことから生じる優雅さと奔放さを発揮してバイクを乗り回す[*3]。

しばらくの間エンジェルズとつき合ったあと、私はギブス、包帯、吊り包帯、我慢している顔に見慣れて納得した気分になり、何があったのか尋ねるのをやめてしまった。とにかく面白いけんかはいつも共通の話題で、面白くないけんかは深夜のテレビショーで放映されるけんかのように退屈で意外性に欠けていた。エンジェルズのけんか相手は、エンジェルズが何にとりつかれているのかを知らない外部の者だった。彼らの知り合いは、制限のない〝みなで一人に襲いかかる〟という倫理をよく知っている。縄張りの中にいるエンジェルズは物騒なイタリア人居住区にいるマフィアの麻薬密売人のように、安全が保障されている。

こうした不吉な免疫があるにもかかわらずエゴを膨らませているエンジェルズは実情を知らないか、それを知っていても無視する人びとに逆襲される。バージャーでさえ今やオークランド支部のボスを務めて八年にもなるのに、鼻の骨を折られ、顎を殴られて歯が抜けたという事実を認めている。

しかし、一二、三回の無惨なけんかをするより、一回のバイク事故のほうが人をボロボロにする。バードー支部のファニー・ソニーは頭の中にスチールの板が、片方の腕にスチールのロッドが植え込まれている。足首はプラスチック、顔に深い傷跡。みな衝突のせいだった。彼がこんなニックネームをもらったのは、スチールの板が彼の脳に奇妙な影響を与えたのだ、と仲間のエンジェルズに思われたからである。バードー支部のエンジェルズが一九六四年サンタアナに向かって疾走したとき、ファニー・ソニーはそこの市民にもてはやされて人気者になった。大勢が集まり、彼が警官や裁判所、社会構造一般を痛烈に非難する街頭演説を聞いた。彼はのちほど、自分が犯した交通違反の罰金未払いのため何度も出廷通告を受け、投獄された。

＊1　これは相互排除の問題である。平服を着たエンジェルズは二ドルで購入したスポーツカードがあれば、どんなＡＭＡ（アメリカン・モーターサイクル連合会）の行事にも参加することができる。そうなるとレースに出場する資格を持てることになるが、ＡＭＡのメンバーの候補者にもなれてしまう。これが仲間には容認できない。ヘルズ・エンジェルズの各支部は利害の衝突にははっきりした見解を持っている。どんな一個人のエンジェルズでも他のモーターサイクリストのクラブや組織のメンバーになることはできないのである。ＡＭＡのカード所持はカラーズと同じ価値があるからだろう。

＊2　彼がついに作り変えたバイクは一二秒フラットで四分の一マイル走ると、時速一〇八キロ出せるようになった。

＊3　一九六四年、五名のヘルズ・エンジェルズがけんかと衝突事故で死に、一九六五年は三名、一九六六年はこれまで三名だが、うち一名は腹部を撃たれて重傷を負い、もう一名はやはり銃弾を受けて首から下が永久に麻痺した。

無法者の大騒ぎと
バスレークでの未成年女子の強姦

9

どうしてヘルズ・エンジェルズは人に嫌われる自堕落者になっているのか？　この答えは容易に出てこない。彼らは悪賢い残酷な卑怯者になるため精一杯努力している。

――『トルゥー・ディクティブ』誌（一九六五年八月）

おれは学校や家族なんてくだらないものをくぐり抜けてきた。すべてがインチキだ。エンジェルズがおれを受け入れてくれて嬉しい！　エンジェルズ以外の何者にもなりたくない。それでいいじゃないか！

――ある質問への返答

一九六五年の真夏までにヘルズ・エンジェルズはすでに少なくとも二編の学術論文のテーマになっていて、他の論文でも研究対象になっていたにちがいない。が、アウトローのライダーと現実にあるいは想像上対応した人たちがカリフォルニア中にいた。彼らはあまりにも私的に対応したゆえ、その脅威についてはなんら抽象的・社会学的な展望は持てなかった。生身のエンジェルズを見たことのあるすべての人にとって、五〇〇名以上の人がニュースメディアのばか騒ぎによって愚かにも脅えているように見えた。七月四日の独立記念日が近づいてくると、ある程度だが一般大衆の緊張の度合が強まってきても驚くには当たらない。

七月四日前の金曜日の夜、私はフレンチーたちがたむろするボックスショップに電話した。私はこれまでこの記念日の走行に加わったことはなかった。この日は本当にすごいことになりそうなので、私は行くことにした。フレンチーは私が誰かと同行するつもりはないことを確認してから、行先がどこかを告げた。フレンチーは言った。「うん、バスレークなんだ。ここから二〇〇マイル東へ行ったところにあるんだ。少しばかり心配してる。惨事が起こるかもしれんな。みんなといっしょに行って楽しみたいが、マスコミが騒ぎたてて有名になったんで、カリフォルニアのおまわりが全員バスレークにくるんじゃないかな」

警官が現われると予想したのはそれ相応の理由があった。報道機関がすでに何週間にもわたって警告を発していたからである。

六月二五日、ＵＰＩ通信はロサンゼルスからの速報を公表していた。**警察は七月四日のヘルズ・エンジェルズの暴走について憂慮。**さらにカリフォルニアの検事総長リンチの発言を引用していた。その趣意は、ヘルズ・エンジェルズが例年の真夏のピクニックで何を企んでいるかに関する〝様々な報告〟を受けていたという（こうした〝報告〟の一つは七月四日の暴動の取材権を『ニューヨーク・タイムズ』やその他の報道機関へ売り込むのに失敗したことから生まれた。暴動の噂はいち早く広がり、ニューヨークのＮＢＣモニターニュースで放送されさえした）。

六月下旬、ニューハンプシャー州ラコニアでのバイク族の暴動が、アメリカ中の新聞の第一面を飾った。カリフォルニアの報道機関はこれを大々的に扱った。ラコニア市長がヘルズ・エンジェルズに向けて非難の声をあげたからである。七月二日発行の『ライフ』はラコニアでの暴動についての記事を掲載し、同記事に炎上する自動車、銃剣を手にした州兵、手斧、バール、マチェーテ、メリケンサック、チェーン、牛追い鞭を含めた、押収された武器の写真を併載した。一五〇〇〇名ほどのモーターサイクリストがニューイングランドの小さなリゾート地で暴れまくり、警官と戦い、数々の建物に火をつけた。そしてエンジェルズは、しきりに他のアウトローを煽動していたという。カリフォルニアへ警告する理由は明白である。もし一握りのエンジェルズがカリフォルニアから三〇〇〇マイル離れた場所で同じようなトラブルを惹き起こしたとすれば、彼ら全員が自分たちの縄張りであるウエストコーストで同じことを行なうかもしれないと考えると恐ろしくなる。

バスレークはシエラネバダ山脈にあるヨセミテ公園近くの小さなリゾート地である。エンジェルズは行先を告げるにはあまり乗り気にならず曖昧にしたかったけれども、多数者の虚栄心が少数者の思慮深さを踏みにじった。行先の地名が漏れ出すと、止めようがなかった。警察は〝匿名筋〟から情報を入手し、報道機関は警察からこの情報を入手した。これが放送局に達するや、オーソン・ウェルズのラジオドラマさながらの様相を出現させた。七月三日土曜日のニュース報道はこんな印象をもたらした。つまり、バスレークの市民は絶望的なほど不利であるにもかかわらず、また考えるだにおぞましい運命であるが、最後まで戦うつもりだと。

しかし、ラジオのニュースキャスターでさえアウトローの行先については確信を持っていないようだった。警察から受けた報告には慎重に対処したからだった。またこんな報告も得ていた――その日の朝刊によると――ヘルズ・エンジェルズはティファナとオレゴン州との州境のどこでも襲いかかってくると思われていた。『ロサンゼルス・タイムズ』の予測ではマリブビーチが『ザ・ワイルド・ワン』の現代版になるかもしれないが、今度はマーロン・ブランド不在の本当の流血騒ぎになりそうだということである。『サンフランシスコ・エグザミナー』は、ゴールデンゲートの真北にあるマリン郡郊外で催されるライオンズクラブの例年のパーティーをエンジェルズが襲う計画があると報じた。『サンフランシスコ・クロニクル』はまた、マリン郡で挙行される盲導犬のためのチャリティ・ショーをぶちこわす、人の心を引き裂くような彼らの計画を暴露した。

ヘルズ・エンジェルズ集結

カリフォルニア州全体で少なくとも一二個所の地域社会は〝エンジェルズの侵入〟に対処する覚悟を固めていた。休日の雰囲気に妙な刺激が加わった。週末の登山家、気楽に過ごしたいと思っている朝九時から夕方五時まで働く真面目なサラリーマンなどは、車にホットドックや木炭、バドミントンのラケットをいっぱい積み込んで遠方のキャンプサイトへ行く……彼らはみなトラウマを負わず、チェーンでぶたれずに無事に週末を過ごせるかどうか不安に駆られていた。

バスレークへの走行に先立ってアウトローの知名度が上がっていた。警察の事件記録簿からのうす気味悪い話、傍観者や被害者の話が伝えられていた。今や初めて現実にエンジェルズの集会に加われるのだ。雑多な噂をふるいにかけ、正しい行先を選べばいいのである。[*1]

カリフォルニアのハイウェイパトロール隊は新しい精密な追跡ネットワーク、電波通信システムがあると公表した。これによってアウトローのライダーが集まった位置を正確に把握し、彼らの動きを州中の警察に伝えることができるので、地域社会が突然奇襲されることはなくなるだろう。しかし彼らを制圧する計画はまだ公表されていなかった。ヘルズ・エンジェルズについて広くいき渡った誤解があった。彼らは明らかに違法行為を行なっており、高速道路にその姿が現われたらただちに逮捕することで、つまり暴力を爆発させかねない走行を芽のうちに摘んでしまう。これは興味深い法律的状況を設定することになるだろう。というのは逮捕に赴く警官たちは彼らを正当に告発する理由がなかなか見つからないからである。バイクをある町からある町へ走らせても法律に違反していることにはならない。少なくとも一つの法律や条例を犯すまで一〇〇〇名のエンジェルズは逮捕というリスクを犯さずに、ニューヨークからロサンゼルスまで無事に走ることができる。彼らはこのことを熟知していて、走行する前に目的地へ行く経路を地図で調べ、どの町が危険をはらんでいるかについての情報を交換する。また異常なほど厳しい速度制限、掲示板の不足、並みはずれた法律その他苛立たせるものについての情報も。たいていの者が何年もカリフォルニアじゅうを走り回っているので、どの町が友好的でないか経験上わきまえている。例えば、サンフランシスコの南約三〇マイル行ったところにハーフムーンベイと呼ばれる村落がある。そこへ姿を現わした途端に逮捕される。彼らはこのことをよく知っていて、そこを避けている。もし彼らがあからさまなこうした対策を問題視して告訴しても、法廷で却下されてしまうだろう。しかし、法廷で争うには時間と金がかかる。ハーフムーンベイは彼らにとってそんなに重要な場所ではない。パーティーをするにはあまりふさわしくない町なのである。

リノはまた違った範疇にはいる。長年エンジェルズは、七月四日の大疾走でそこへ行ったが、一九六〇年、一二名ほどのエンジェルズがそこの酒場を壊したあと〝世界で最も大きなリトル・シティ〟は、二名以上のモーターサイクリストがいっしょに町の境界内で走ることを違法とする法律を可決した。町へ通じる道路沿いにこれを宣告する掲示板はない。もし東部から来た三人組のモーターサイクリストが町をただ走っているだけで拘置所にぶち込まれたら、この法律は法廷では確実に無効となるだろう。しかし、そうはなるまい。この法律は、リノ警察にエンジェルズと戦う武器を与えるために立案されたのである。エンジェルズでも法廷で勝てる見込みがある。つまり、(一)すすんで拘置所で休日の週末を過ごすこと、(二)最少額の保釈金一〇〇ドルを積むこと、(三)無罪を訴え、出廷の月日を相談するため弁護士を連れてリノへふたたび赴くこと、(四)法廷で事件について論議するため、またもやリノへ赴くこと、(五)地方裁判所の法廷で有罪判決に対し異議を唱えるためリノか、近くのカーソン・シティへたぶん三度戻ること、(六)リノの法律が憲法違反であり、不合理で、差別的であることをネバダ州裁判所の法廷で説得させるに足るインパクトを持つ弁論趣意書の準備に要した時間と努力に対し、弁護士に支払う金を持ってくることである。[*2]

この国で正義を行なうにはそうとう金がかかる。正義を執拗に主張する者は普通、自暴自棄になっているか病的な変質者が抱いているような私的な妄想にとりつかれている。エンジェルズは正義の信者ではない。リノで快楽を味わうのをあきらめる時でさえ、自分らの正義など問題にしない。エンジェルズに打ち勝つ手段を法律等でそなえている地域へは行くのを避けようとしている。その手段として本当にどんなものがあるのかを知ることにかけては彼らは洞察力を持っている。走行は主にパーティーであって、戦争ゲームではない。小さな町の拘置所は退屈である。

人口が二万名で警官が二五名という遠隔地にある町の警察署長が利用できる対抗手段について考

えてみよう。三〇〇名から五〇〇名におよぶアウトローのライダーが何時間もたたぬうちに押し寄せてくるという情報を得たらどうなるであろうか。九年間で署長が戦わねばならなかった最悪な事態は銀行強盗で、ロサンゼルスから来た二名の若いならず者と警官との間で一二、三発の銃弾の応酬があった。が、それもずっと昔のことで、それ以後署長の仕事は安全で穏やかなものだった。高速道路での事故、ティーンエージャーのけんか騒ぎや、地元の酒場で週末に起こる酔っぱらい同士のけんかを処理する程度だった。これまでの経験の範囲内では、ガマガエルを踏み潰すように警官も踏み潰す半分人間ではないやくざ、いわば現代のジェシー・ジェームズらと対決する心構えはできていなかった。彼らが手に負えなくなったら、彼らを処理する唯一の手段は、残酷な暴力を行使するしかない。

緊急時に機能する法的な力が署長にはあり、彼らを全員収監する拘置所があったにしても、どこまで服従させることができるかという問題が残っている。部下の二名は病気、もう二名が休暇だから二一名が使える。署長はデスク上のノートに数字を走り書きした。ポンプ式ショットガン（五度連射できる）とリボルバー（六度連射できる）を所持した二一名が、入念に練った待伏せ作戦を敢行すれば、敵を二〇〇名排除できる最良のチャンスを与えてくれる。残りの何百名かは恐怖と怒りに駆られて荒れ狂い、信じられないほどの害をおよぼす。ともあれ待伏せ作戦は不可能だ。このことが新聞などで公表されれば、とんだ悪夢を招くからである。アメリカで最も進歩的な州の知事は、独立記念日に片田舎の警官隊により二〇〇名の市民が、計画的に仕組まれて虐殺された件について何か発言するにちがいないのである。

もう一つの手段はアウトロー連中を町へ入れさせて、何かやらかすまで管理下に置くことである……だが、そうすると宣戦布告することなく接近戦になるかもしれない。敵はクスリかアルコールで酔っぱらい武器の準備をし、地形を選ぶ時間を持つことになるだろう。夜通し懸命になって、近隣の町や郡から五〇名から七五名におよぶ数の援軍を集めるかもしれない……しかし、祝日の週末になると、警察は多くの警官を任務に就かせることができなくなる。アウトローの一群が急きょ走行コースからはずれ、予測しない場所にとどまりビールを飲んでひと休みした場合に備え、休暇中の警官を召集せざるをえなくなる。戦闘計画は突如変更を迫られるはめになるだろう。

エンジェルズは法と秩序の勢力と互角の戦いをしてはいなかったが、彼らは警官一名を攻撃し、あるいはたびたび三、四名を攻撃するゆえ、たいていの町の警察は丁重に彼らを扱うか、できる限り力を発揮して立ち向かう。中産階級の人たちが抱いている権威に対する敬意を、アウトローは持ち合わせていない。〝バッチ〟に敬意を表さないのだ。アウトローは法律を守らせる権力という視点からその警官を評価している。一九四七年のホリスターでの騒動について書いた記事によると、〝町を占領した〟荒れ狂ったモーターサイクリストによって地元の警官が留置場に閉じ込められたということになっていた。しかし、今現在ホリスター在住のあるエンジェルズは、何年もの間に誇張された話を割り引いて考えている。「おれたちはパーティーするためそこへ行ったんだ。市民を殴ったりするようなことはしなかったよ。確かに大騒ぎしたし、おれたちに石を投げたやつらを追いかけたよ。ポリ公がパニック状態に陥ったとき、ポリ公を二人ばかりごみ箱に入れ、その上にバイクをのせた。それだけだったんだ」

ホリスター騒動から一年たった一九四八年、一〇〇〇名かそこいらのモーターサイクリストがロサンゼルス近くのリバーサイドでパーティーを行なった。彼らは街路を走り抜け、警官に向かって爆竹を投げつけ、市民を威嚇した。歯をむき出して笑っていた一団が町の真ん中で空軍将校の車を止めた。将校がクラクションを鳴らすと、連中はその車に飛び乗ってボンネットをへこませ、ウインドウを全部割り、将校を殴り、脅えた将校の妻を触りまくってから、歩行者へ向かってクラクションを鳴らすなと注意して夫妻を立ち去らせた。保安官のケアリー・レイバーンは侵入者の一団を追いつめ町から出て行けと命じたが、連中は軽蔑の表情を浮かべて保安官に平手打ちをくらわせ、バッチをはぎ取り、ユニフォームを引き裂いた。保安官が援軍を呼び寄せると、連中はさっさと逃げた。

近隣の警察間で相互援助協定を結ぶようになるかなり前、初期のアウトローは分別心があって武装した警官と渡り合うようなことはしなかった。周囲の状況によって、明らかにアウトローを法の執行機関によって拘束すべきであることになったら、今でさえ彼らは警察に挑みかかってくるだろう。暴動が用意され、テレビカメラの前での逮捕があり、群集を引き寄せ、発砲することなど不可能な対決シーンがあろう。[*3] それゆえリゾート地へ向かって疾走するヘルズ・エンジェルズの一団は、地方の警察にとっては厄介きわまりない存在なのである。警察の策略としては彼らを激怒させず、うまく制御することであるが、彼らはいとも容易に激怒する。乱痴気騒ぎを抑えきれなくなるや必ず負傷者が出て、マスコミに酷評される。取り乱して大騒ぎしている群れに発砲して無関係な者を撃ってしまうと、どんな警官にも出世を望めない懲戒処分が下される。

アメリカの法の執行機関は、反抗する市民の大集団をコントロールするためではなく、特に犯罪行為や犯罪者に対抗して社会構造を守るためにある。基本的な前提として警察と市民は、悪と危険な悪党に立ち向かうために、自然にできた同盟関係を結んでいるという事実がある。悪党はそくざに逮捕し、抵抗するなら発砲すべきなのである。

しかしながら、この〝自然な同盟関係〟はマジノ線（対独防衛線として一九二七－三六にフランスが構築した要塞線）と同じ道を歩んでいる徴候がある。年を経るにつれ頻繁に警察は市民層全体と衝突しているが、市民は誰も犯罪者という言葉の伝統的な意味で犯罪者ではない。が、多くの者は――警官にとって――武装した重罪犯人と負けず劣らず潜在的には危険である。これは黒人とティーンエージャー集団を含む状況に特に当てはまる。一九六五年のロサンゼルスに起こったワッツ暴動は、この新しい連携の古典的な事例だった。地域社会全体が復讐の牙を向けて警察に襲いかかってきたので、州兵を召集しなければならなくなった。しかし、暴動に加わった者の中に犯罪者はほとんどいなかった。少なくとも暴動が始まるまでは。アメリカは、本質的にはまともな社会人の犯罪というまったく新しいカテゴリーを創り出している。こうした犯罪者らは法律を破っていなくとも、警察と伝統的な社会体制を脅かす。なぜなら、彼らは法の執行機関を軽蔑のまなざしでながめ、警察を不信のまなざしでながめているからである。そして永続的な怨恨はほんのちょっとした挑発で不意に爆発する可能性がある。

ヘルズ・エンジェルズの最も人目を惹く犯行のいくつかは、〝淫らで挑発的な振る舞い〟と〝平和をかき乱す〟といったふうな法律上の非行である。このような非行はありふれた違反で、普通警察の事件簿では〝猥褻罪〟として扱われている。毎年何千人もが公共の場所での淫猥な行為、酒場でのけんか、人が大勢いる地域でレースをしたかどで告発されている。だが、見るからに半分けだものじみた五〇〇名の人間が平和な地域社会に集結し、街頭で小便し、たがいにビールの缶を投げ合い、村落の広場でけたたましくバイクのレースをする。市民に与える衝撃は、地方の銀行（預金に保険をかけている）をマシンガンで襲うジョン・デリンジャーの犯行スタイルを目の当たりにしたより深刻である。金を要求されてそれを支払う連邦預金保険公社の先行きを思って泣き崩れる者はほとんどいまい……しかし、一五〇名ものうす汚い不潔な悪党が山岳地帯のリゾート地にやってくるという報告は、そこに住む人びと全員をパニックに陥れ、武装させた。

これが一九六五年七月三日の状況だった。何日間もバスレークは緊張していた。ラコニアの暴動に関する七月二日刊行の『ライフ』の何冊かが、村落の市場の棚の上に目立つよう展示されていた。バスレークの住民は最悪の事態に見舞われると予測した。報道機関が伝えてくる情報から判断するに最も楽観的な予測でさえ酔っぱらいどものけんか沙汰、不動産の損害、恐怖、負傷が生じよう。アウトローはいつもどおり町にあるビールを全部買い占めることだってありうる。彼らが世評どおりの生き方をしているなら、放火による大虐殺、略奪、強姦を予測するそれなりの理由があった。週末が始まると、バスレークの雰囲気はトルネードに備えているカンザス州のある村落を想起させた。

＊1　それともボックスショップに電話をするか……。

＊2　エンジェルズは自分らに対する世間の偏見をよく知っているので、可能な限りいつでも法廷に出頭するのを避けている。陪審員裁判の法廷に出頭するということになれば、あるエンジェルズは髪を短く切り、ひげを剃り、どこかでネクタイを借りなければならなくなる。法廷では真面目に振る舞わなければならないということを経験で学んだからである。サンフ

ランシスコのあるエンジェルズは暴行罪で告訴されたが、逮捕しにきた警官が彼を本人だと確認できなかったゆえ、裁判に勝った。髪を長く伸ばさずカラーズを身に着けないと、どこにでもいる普通人のように見える。

＊3　一九六六年の八月、警察に攻撃を加えたかどで三名のエンジェルズは拘置所に監禁されたが、それは警察がサウスサンフランシスコで行なわれたあるエンジェルズの通夜をぶちこわしたからだった。「きみたちの行動を大目に見ることはできない」と判事のW・ハワード・ハートリーフは刑罰を言い渡してから述べた。「〝警官をやっちまえ〟というきみたちの仕業を罰しないわけにはいかない。きみたちは寄生虫のように行動している。大衆にも自分自身にも敬意を払っていない。警察への敵意は理解できない」三名のエンジェルズは、法執行機関の公務員を傷つけることは重罪だとする当時の新しい法律では法に反している、と申し立てた……あまり重くない罪に抗弁する代わりに、新しい、もっと厳しい刑罰に服した。ヘイワードのリュー・ローズベリー（二二歳）は刑期一年、保護観察五年、同じ二二歳のレイ・ハッチマン三世は空軍から名誉除隊したとのことで恩恵を受け、刑期六か月と三年の保護観察、二二歳のケン・クレイクは元エクスプローラー（ボーイスカウトの探険団員）ということで刑期九〇日。

10

なあ、お前が一五歳か一六歳のころ、まさかヘルズ・エンジェルズになると思ってた？　とにかくどうしてお前たちとつるんだんだろう？……おれは軍隊をやめ、リッチモンドへ戻り、チノパンをはき、清潔なスポーツシャツを着込み、ヘルメットさえかぶってバイクに乗り始めたんだ……。そうしたらお前たちと出会った。おれはますます不精になり、ますますこぎたなくなった。信じられないな……そして職を失い、時間のすべてをバイクを走らせたりして過ごしたんだ……。何てことだ、まだ信じられないんだ。

――ファット・D、リッチモンドのヘルズ・エンジェルズ

〝正しい〟って言葉知ってるか？　おれたちが関心を持ってるのはおれたちにとって何が正しいかだけなんだ。おれたちなりに〝正しい〟という言葉は定義しているがね。

――哲学的思索に耽っているあるヘルズ・エンジェルズ

フレンチーの話によると、走行は、オークランドのイースト一四丁目通りにある酒場エルアドベから午前八時から始まるということだった（一九六五年の秋までエルアドベはオークランド支部の非公式な司令部で、ノーザンカリフォルニアにおけるヘルズ・エンジェルズ活動の中心拠点だったけれども、一〇月に取り壊されて駐車場になっていた。この地のエンジェルズはシナーズクラブへ戻った）。

早朝の天気予報ではその日は猛暑がつづくが、夜明けにはサンフランシスコ特有の濃霧が立ちこめるとのことだった。私は寝すごしてしまい、あわてて出発の準備をしているうちにカメラを持っていくのを忘れてしまった。朝食をとる時間はなかったが、車に荷物を詰めている間にピーナッツバターのサンドイッチを食べた……寝袋とビール用のクーラーを後ろの座席、テープレコーダーを前の座席に置き、運転手の座席の下に弾丸がこめられていないルガーを突っ込んだ。ポケットに挿弾子を入れた。事態が手に負えなくなったら、役に立つかもしれないと思ったからである。記者証のたぐいは持つにこしたことはないが、暴動ではピストルが最良の安全通行証になる。

アパートを出る頃には八時近くになっていて、サンフランシスコとオークランド間に立ちこめた霧に包まれたベイブリッジのどこかで私はニュース速報を聞いた。

バスレークの住民は悪名高いヘルズ・エンジェルズ侵入の報道を聞きおよんで今朝緊張しております。重武装した警察官と保安官補たちがバスレークへ通じる道路に配備されております。マデラ郡の保安官マーリン・ヤングの報告によりますと、ヘリコプターと緊急要員が待機しているとのことです。カーン郡の保安官カニン率いるパトロール隊員を含む近在の警察関係者は警戒し、行動を起こそうとしています。ヘルズ・エンジェルズがオークランドとサンバーナーディーノに集合しているとの最新の報告がありました。引き続き詳しいニュース速報をお聞き下さい。

その日の朝ラジオに耳を傾けていた人びとの中に、バスレークとヨセミテの近辺で祝日を過ごそうとしている数千名におよぶ非武装の納税者がいた。彼らは目的地へ行く途上で、そのほとんどが苛立ち、旅行に必要なものを車に積み込んだり、あわてて子供に朝食をとらせたりしたため睡眠不足だった……ラジオから声が響き、あなたたちはまもなく戦闘地域になるかもしれない渦中へ向かっていると警告していた。彼らはラコニアの事件や他のエンジェルズの暴動について読んだことはあるが、エンジェルズの脅威が身近に迫っているとは思っていなかったのだ。確かに恐ろしく、それなりに現実性があったが、今度は脅威が自分たちにのしかかってくるのを知って胃が痛むような恐怖を彼らは味わっていなかった。明日の新聞に三〇〇〇マイル離れた先で人が殴られ、脅されたことは書かれてないだろうが、彼らはまさにそこで週末を過ごそうとしていたのである。

ヘルズ・エンジェルズ……流血、集団強姦……後部座席にいるあなたの奥さんと子供さんをちらと見てみなさい。アルコールとドラッグにまみれた若い乱暴者の一団からあなたは妻子を守ることができるでしょうか?……数々の写真を覚えていますか? 体のでかい醜いストリートファイターは警察を怖がらず、けんか好きで、チェーンや大きなレンチやナイフを振りかざす情け知らずな人たちです。

橋は朝早く出発した旅行者で混み合っていた。私はオークランドのエンジェルズが出発したあと二〇分か三〇分遅れて車を走らせていた。橋のオークランド側にある通行料金徴収所に着いたとき、門番に、ヘルズ・エンジェルズが私より早く通ったかどうか尋ねた。「うすら汚い連中なら、あそこにたむろしている」と門番は手を振って言った。門をくぐって二〇〇ヤードばかり先へ行くまで門番が何を言っていたのかわけがわからなかった。人の群れとバイクのそばを突然通りかかった。車体の横面にナチスのかぎ十字章がペンキで描かれた灰色のピックアップトラックのまわりを、この人の群れが囲んでいる。彼らは霧の中から急に現われたようだった。それが車の流れに悪影響を与えた。橋の上には東へ向かうための料金徴収所が一七個所あり、そこから出てくる車が、たった三個所しかない出口へ向かって、まるで漏斗に入る水のようになって通り抜けていた。料金徴収所と半マイル先の分岐道路の間でみんな先を争っている。晴れた日も危険だが、祝日の朝の霧の中に空恐ろしい光景が道路わきで展開しているので、道路の奪い合いはいつもよりひどかった。私のまわりでクラクションが鳴り響き、車が横にそれて減速し、多くの顔がさっと右側に向いた。大事故の現場近くで起こる交通の一時不通と同じだった。たくさんのドライバーたちがあまりにも長い間モンスターの集まりを見たあと、その日の朝、ドライバーたちは別のランプを通った――もし彼らがカーラジオを聞いていたなら――少し前に警告を受けていたはずだ。脅威が悪臭漂うタトゥーを彫った皮膚に宿り、迫ってきている。

　私が近づくと、二〇名ばかりのジプシー・ジョーカーズがピックアップトラックの周囲を動き回り、遅れて走ってくる仲間を待っているのだな、と気づいた。ジョーカーズは交通の流れに無頓着だが、現われただけですべての車を止めるに充分な体勢だった。カラーズこそ身に着けていないけれども、ジョーカーズはどのエンジェルズのグループともまったく同じように見えた。長髪、ひげ、黒い袖なしのベスト……そして車台の低いバイク。多くの者は寝袋をハンドルにくくり付けていた。女の子たちがものうげに小さなシートに座っている。

エルアドベに着いたときは八時一五分。駐車場はバイクでいっぱいだった。私はオークランドのダウンタウンにある食堂に立ち寄って水筒にコーヒーを入れた。アウトローたちが勢ぞろいしていた。ジョーカーズがエドアドベの駐車場の大部分を占めている。五、六〇名のエンジェルスのグループがすでにバスレークに向かって去って行った。

私はジプシー・ジョーカーズに面と向かい自己紹介したが、無視された。彼らがバスレークへ行くのは礼儀をつくすためであると噂されていた。作家を供に従えるアイデアは誰も喜ばせなかった……これは理解できるが、何はさておき私が彼らの走行に加わってても賛成してくれるかどうか訊かなかった。私がエンジェルズといっしょにいると思っていても、私を困らせるようなことはしまいと私は判断した。むらさき色のハーレーに乗る大男のインディアンのバックは、のちにジョーカーズは私が警官だと見当をつけていたと私に語った。

敵意はあらわに出ていたが、それが口に出ることはなかった。ジョーカーズが走行するまで彼らとともに走行し、それから他の連中に追いつこうと決めた。エンジェルズらは私より二、三分先を走っていたが、速度制限は守っていると気づいた。一握りのエンジェルズは仲間に追いつこうとして時速八五マイルか九〇マイルで突っ走り、フリーウェイの三つすべての車線を利用するか、他に通行する車線がない時はセンターライン上をまっすぐ走る。なぜなら、警官隊が前方にいて大編隊を見張っているのを知っているからだ。だが、ハイウェイパトロール隊に監視されてアウトローがひと塊になって動くときは、あたかもアメリカ軍輸送車隊に敬意を表するかのごとく合法的な速度を保って走る。

その年の大部分、ヘルズ・エンジェルズはかなりおとなしかった。自分の家のあたりで、縄張りの中で、警察との不自然な共存状態をつづけていた。ところが、夏の週末ともなると、六つの支部の一つが自ら走り回ろうと決めるかもしれなかった。二、三〇名のグループを作って、爆音を轟かして道路をひた走り、海賊の群れよろしく名ばかりの警察署を持つ小さな町の不運な酒場のオーナーを襲う。そのオーナーの慰めの一つは売上げたビールから得られる利益である。この利益だって建物などが徹底的に破壊されれば消えてしまうだろう。運がよければ、二、三のけんか沙汰があっただけでグラスが割れた程度で済む。あるいはブースの中で体を淫らに露出したり、乱交を含む騒がしいセックスシーンがあるだけで済む。

個々のグループが起こす侵入事件はニュースになる場合が多いが、地獄が解き放たれ、新聞の見出しなどがでかでかと出現するのは二つの主要な走行——労働者の日と七月四日——が起こった時である。年に少なくとも二度、カリフォルニアのあらゆるところから来たアウトローがどこかに集まり、脳髄をねじ曲げるような特大パーティーを繰り広げる。

ヘルズ・エンジェルズにとって走行には多くの意味がある。パーティー、自己顕示、一致団結の修得。「ビッグな走行に参加するまでエンジェルズがどれくらいの数がいるのかあんたにはわからないよ」ゾロは言う。「殺されたやつもいるし、脱落したやつもいるし、ブタ箱に行ったやつもいるんだ。新たに加わった新人だっていつもいるしな。だからこそ走行は重要だ——誰が自分の味方かわかるってもんだ」

エンジェルズの大集団を率いて走行の目的地へ連れて行くのに必要な秩序を保つには、バージャーのような強力なリーダーがいなければならない。トラブルはほとんどどこでも発生する（エンジェルズは認めていないが、走行して得る快感の一つは、途中で市民を脅かし、苛立たせることである）。もし彼らがウィークエンダーのような身なりでフォードやシボレーに乗ってひっそり旅するなら、ベイエリアからバスレークまで問題は起こらない。しかし、これは論外だ。彼らはパーティー用の衣装をまとい、できるだけ目立とうとしている。

「ヘルズ・エンジェルズだから、おれたちは嫌われてるんだ。だから、まともな連中の気を狂わせるのが好きなんだよ。多少あいつらを怒らせてな。それだけだ。あいつらは自分らの生き方と合わないものを何もかも憎んでいるのさ」ゾロは言う。

疾走しているエンジェルズの姿を目にしたことがある者なら誰でも、この言葉には賛成しよう。田舎に住むカリフォルニア人が、そんな姿は自分たちの生き方と合ってもいないと拒否していることに。まさに車輪にまたがっただけだもの人間の動物園だ。毎日装っている外見のせいで交通を一時停止させかねないアウトローは、こんな姿をさらして路上を突っ走る。つまり、ひげを緑か真赤に染め、目はオレンジ色のゴーグルの後ろに隠され、鼻には真鍮のリング。こんなアウトローもいる。ケープをはおり、アパッチ族のヘッドバンドを巻き、特大のサングラスをかけ、先端が尖ったプロシアのヘルメットをかぶる。イヤリング、ドイツ国防軍のヘッドギア、ドイツの鉄十字架勲章は実質上ユニフォームの一部になっている。体から滲み出た脂かすがへばりついているリーバイスのジーパン、袖なしのベストも。それからこんなタトゥーも。〝マザー〟、〝ドリー〟、〝ヒトラー〟、〝切り裂きジャック〟、ナチスのかぎ十字章、短剣、どくろ、〝LSD〟、〝ラブ〟、〝レイプ〟、そしてお定まりのヘルズ・エンジェルズの徽章。

多くの者は別の秘密の装飾物を身に着ける――符号、数字、謎めいたモットー――しかし、アウトローが記者に話すまで、こうしたものはなんら公的な意味は持っていない。最初にあらわになったのは一三という数字（これはマリファナ喫煙者を意味する）だった。この数字はワンパーセンターのバッチとしてほとんど共通している。他に〝ＤＦＦＬ〟（Dope Forever, Forever Loaded・麻薬は永遠なり、永遠にクスリづけ）と記されているパッチ、それから『プレイボーイ』のウサギ（これは産児制限を嘲っている）の意味が、『トルゥー』誌によって明らかにされた。同誌はまた色とりどりのパイロット・ウイング（航空徽章。左右に広げた鳥の翼をかたどっている）について説明していた。赤いウイングを付けている者は月経中の女性にクンニリングスをした、黒いウイングは黒人女性に同じことをした、茶色のウイングは肛門性交をしたということになる。

　カリフォルニア州は〝公序良俗〟を踏みにじることに対し罰則をもうけているが、なぜかヘルズ・エンジェルズにはまれにしか適用されない。彼らの存在自体が公序良俗に対する嘲りなのである。

「人目にさらされる場所へ入ると、できる限り人に反感を抱かせるような態度を見せつけてやりたくなるんだよ」あるエンジェルズが言った。「おれたちは完全に社会から追放された――社会に反抗するアウトサイダーなんだ。そうなりたいんだよ。善良なものを嘲り笑うんだ。世間にとっておれたちはくそ野郎だ、世間のやつもくそ野郎なんだ」

「ひとはおれたちを悪だと呼んでいようが、おれはそんなこと気にしてねぇ」他のエンジェルズが言った。「だから、おれたちはやっていけるんだ。おれたちは社会と戦い、社会はおれたちと戦う。おれは平気だ」

　スクエアにたちの悪い衝撃を故意に与えようとするエンジェルズはわずかしかいない。むしろ、スクエアの新陳代謝のバランスを崩したり、眠っている最中何日間も悲鳴をあげさせる程度だ。ところが、エンジェルズの言うこと、なすことに少しばかりユーモアが含まれている。ファニー・ソニーはエンジェルズの外見のことを「ありゃ一種のジョークだよ。大々的な仮装舞踏会みたいなものなんだ」と説明した。

これはある程度本当だが、万人がエンジェルズのユーモア感覚を理解しているわけではない。彼らのユーモアは、ジャッキー・グリースン（太って大柄なコメディアン。一九一六-八七）による大笑いから、割られたビール瓶で裂傷ができた顔を見た時に起こる、ひそかなにやにや笑いまでの範囲におよぶ。

ギャングの隠れ家の不気味な盗品

サンディエゴ、七月一八日（UPI通信）――棺が四つ、墓標が二つ、ナチスの徽章が、あるモーターサイクル・ギャングの司令部で発見された。この司令部では、あるこのギャングのグループの三名が麻薬関係の罪で逮捕された。また、この住居には高さ五フィートの玉座、フクロウの剝製、東洋の斬首用の剣、雑多なモーターサイクルのトロフィがあった（警察談）。

その日の朝、エルアドベで笑い声が響いていたかどうか私は思い出せない。遅刻して到着したエンジェルズが次つぎに転がり込んで来た。彼らは気ままに立ち去らずに、むしろ誰かれかまわずいっしょにいた。ときおりウイリー（前輪を宙に浮かせたまま走ること）をして駐車場を走る者がいた。他の者は地面にしゃがんでキャブレターの最終点検をしている。何もすることがない者は自分のバイクのそばに立ってたばこを吸うかビールを回し飲みしていた。ジョーカーズのボスであるビルは、ヘイワードのエンジェルのボス、ダーティ・エドとともに道路地図を見て真剣に考えていた。ジョーカーズの副支部長でチーフスポークスマンであるハッチは、二人のエンジェルズといっしょに私の車のそばに立ち、ニュースに耳を傾けていた。エンジェルズの一人が言った。「なぁ、あそこにいるマザーたちは二重にショックなんだ。若い女を隠さないでもらいたいな」

緊急に配備された警察官と警察犬が彼らを待っているという確実な情報——ラジオからのニュース速報で付け加えられた情報によって、走行メンバーの構成に違いがすでに生じていた。通常〝オールドレディ〟を引き連れていた多くの者は、警察との激突に備えて若い女を走行に連れて行かなかった。田舎町に閉じ込もることは自分自身で対処するなら、悪い事態に陥ることになろうが、弁護士や保証人を呼ぶため妻かガールフレンドを家へ戻さず、彼女らが同じ留置場に収監されたなら、〝ダブル・ジョパディー（同一の犯罪で二度有罪にならないこと）〟のようなものになろう。エンジェルズはいろいろ経験してこれを避けた。

ソニー、テリー、タイニー、トミー、ゾロのようないつも女連れの者たちが女を連れていないとわかり、私は連中は本当にもめごとを期待しているなと悟った。過去にはたびたびこれを避けていたが、今回は連中は真正面から対決する決意を固めていた。「おれたちはバスレークにあまりしゃかりきになってるわけじゃないんだ」バージャーは告げた。「しかしね、新聞やラジオったら警察のやつらがあそこでおれたちを待ち伏せしてると盛んに言ってるんで、おれたちは手を引くわけにはいかないんだよ。突っ走ってあそこへ行かなきゃならないんだ。さもないと、やつらはふたたびおれたちに平和を与えてくれないんだ。もめごとを求めてはいないけど、こっちが襲われたとき、おれたちが逃げたと誰にも言われたくないんだよ」

こんな話が駐車場で広まっていた折も折、八時三〇分のニュース放送の次に〝ぼくら自身の世界〟というロックンロールの歌が飛び込んで来た。

ぼくらはぼくら自身の世界を創るんだ。
他の誰にも分かち合えない世界を。
ぼくらの悲しみをあとに残して……

この歌は今のシーン全体を一つに固めた。私は車の中で座り、軍の放出品の水筒に入ったコーヒーを飲んでいた。私たちは、みな家のベッドの中にいるべき不快な寒い朝に、私も加わったシーンに抒情的な歌を当てはめてみた。初めこれはリズミカルなビートをともなった、ティーンエージャーの突飛な夢想のように思えた。

やがてわかる
ぼくら自身の世界に住むとき
心に平和が訪れてくることを

ぼくら自身の世界……そうだ、私にはぼんやりとわかりかけた。誰も拒むことができないまっとうな正義感ぶった者たちの、騒々しい群れの真只中にいることに……上げ潮に乗って来た異様な漂流物、ジャイアント・ボッパーズ、ワイルド・ワンズ、モーターサイクル・アウトローズ。

今にも映画監督が現われ、カードを振り回して〝カット〟とか〝アクション〟と叫ぶのではないかと感じた。このシーンはあまりにも異常すぎて現実性を欠いている。オークランドの穏やかな土曜日の朝、トルコ風のみすぼらしい酒場の前に〝ヘルズ・エンジェルズ〟と〝ジプシー・ジョーカーズ〟と記されているラベルを身に着けた、うす気味悪い地獄の吸い物のような人間どもが集まっていた。今、彼らは年に一度の独立記念日のピクニックに出発しようとしている……ハリウッドにとっては不潔で不健全すぎるモンスターの集会だった。マーロン・ブランドのおかげで有名になった、クレージーで、クールなメロドラマのぞんざいなパロディ。

とはいえ、このパフォーマンスは『タイム』、『ニューズウィーク』、『ニューヨーク・タイムズ』によって確認されていた。少なくとも現実性はあったのである。グラント・ウッド（アメリカの画家。一八九一－一九四二）なら〝アメリカン・モダン〟というタイトルを付けたかもしれない。だが、間近にアーティストはいない、カメラマンもいない、ニューヨークのマスメディアのために取材する記者もいない。五〇〇名におよぶモーターサイクルの無法者の集団によって、カリフォルニアのリゾート地が破壊される危機に瀕している、とラジオががなり立てているだけだった。一次情報を入手しようとする通信社の記者さえいなかった。あとでわかったのだが、報道機関は電話によって警察から情報を得ていた。マスメディアが煽り立てていた事実を思えば、これは不思議だった。

ついにジョーカーズのボスが出発の号令をかけると、私たちは爆音を響かせて駐車場を出て行った。先導するバイクがさっと路上へ出るや、後続のバイクがエンジンをふかし後ろにつづいた。が、あまり時を経ずして爆音が止まった。編隊が数ブロック先のフリーウェイに入ると、二、三ブロック離れた先でライダーたちは時速六五マイルを守って各車線に二台並んで走った。みな怖い顔つきで泰然とした様子だった。話は交わされなかった。

自分が何者であるかを証明するものを持っていない男がいます。だが、今夜この男はロサンゼルス警察署とロサンゼルス消防署を動揺させました。州兵を動員させたんです。今夜、この男は何者かになったんです。今夜、この男はアイデンティティを持つにいたりました。

——ワッツの司祭であるG・マンスフィールド・コリンズ師が、一九六五年の暴動のあとで語った。

エンジェルズはここ何年間か最も不埒な著名人なので、彼らのバスレークへの大移動が道筋の怖れおののく市民を大勢引き寄せるのは必至だった。人口約一一〇〇〇名の町トレーシーは国道五〇号線沿いにあったが、市民が彼らをよく見ようとして商店から飛び出して来た。私は冷房のきいた酒屋でビールを買ったあと突っ立っていると、アウトローが町を通り抜けている最中だった。「何だ、あれは!」店員は叫び、あわててドアを開け、道路から騒音と熱風を入れた。店員はそばに寄って来た客の腕に片手をのせ、数分立ち尽していた。トレーシーのダウンタウンはバイクのエンジン音が響いているだけで、あとは静まり返っていた。アウトローは無言で無表情な顔をさらして緊密な編隊を組みつづけ、これ見よがしにメインストリートをゆっくりと通り過ぎた。それから町の東の境界で時速六五マイルで走って消えた。

セントラル・バレー内の国道九九号線沿いのモデストでも、住民が多数、歩道に集まっていた。ダウンタウンの交差点にカメラマンたちがいた。のちほどいくつかの写真がＡＰ通信から電送された。すばらしい写真で、カリフォルニアの独立記念日に丘に登った地元民とともにエンジェルズが鮮明に写っていた。エンジェルズは最新のウエストコースト風のスタイルで身を飾っている。

アウトローの主なグループが法を守って営々と目的へ向かって走っている一方、遅刻組とともにあわてふためいて追いつこうと高速で突っ走る独立派がいた。マンテカの出口ランプ近くのどこかでエルセリートから来たハングメングループの四人組が通り過ぎた。四人組が車の流れからぼんやりと現われるのが私の車のバックミラーに映っていた。バイクの騒音が聞こえてくる前にその姿を目にしていた。突如四人組は私の車の近くに来て、ラジオの音声をかき消すほどの爆音を轟かせて朝の穏やかな陽光の中へ入って行った。

同じ道路を走っていた車は、いずれも消防車が走れるスペースを開けてやるかのように、右側に寄った。後ろの座席に数人の子供を乗せたステーションワゴンが私の車の前にいた。アウトローが通り過ぎようとした瞬間、子供らは興奮してさっと指差した。手を伸ばせば、アウトローに触れそうだった。他の車は速度をゆるめている。バイクがものすごく早く走り過ぎたので、農薬散布の飛行機が低空飛行しているのではないかと思った者がいたはずだ。しかし、それもほんの一瞬だけで誰も困惑しなかっただろう。アウトローの突然の出現で人が苛立ったのは、〝侵入〟にまつわる要因だった。セントラル・バレーは健全で肥沃な農業地帯である。道路沿いに手書きの掲示板が掲げられ、新鮮なトウモロコシやリンゴ、トマトを宣伝し、木造のスタンドでそれを売っていた。畑ではトラクターが畦道をゆっくりと動き、ドライバーはシートの上に乗せた黄色い傘で日光を遮っている。ここは馬や牛にとってもそうだが、農薬を散布する飛行機にとっても快適な環境を持つ土地だった。だが、バイクに乗ったならず者はジョージア州の定期市場に現われたブラックムスリムの一群のように場違いのように見えた。大都会の酒場にたむろする社会からの難民が、ノーマン・ロックウェルが描いたような田園地帯を野放図に走り回る光景は受け入れ難かった。ただ騒々しく、不自然で、偉そうなだけだった。

11

不潔で、少し無教育で、不格好で、奇妙で、不完全で、不合理で、滑稽なものの存在がなければ、また喜ばしい人間オタマジャクシ、つまり人間の精子という無限の形態がなければ、地平線は大口を開けて笑わないだろう。

——フランク・ムーア・コルビー
『想像上の義務』

グループとしてのヘルズ・エンジェルズは往々にして故意に愚かさを装うが、臨機応変の才がないわけではない。そして群れをなして走行することを偏愛しているけれど、こうした走行はショービジネスとはまったく異なる。彼らの集合的性格に歪みや欠陥があるせいで、ばか騒ぎをするわけでもない。歪みや欠陥は疑いなくことを起こす要因にはなっているが、実のところ彼らはまったく実利主義的なのである。「警官におれたちのことは放っといてほしいのなら、揺さぶりをかけないとな」バージャーは説明した。「もしおれたちが乗ったバイクが一五台以下で現われたら、警官は逮捕しにくる。でも、おれたちが一〇〇名、二〇〇名となって姿を見せたら、エスコートしてくれるぞ。ちょっとばかりこっちを尊敬してね。警官だって他の誰とも変わっちゃいないんだ。対応できないと思っているトラブルは全然求めてはいないんだ」

これはバスレークのケースに明らかに当てはまった。一九六三年バスレークはヘルズ・エンジェルズを接待することになったのである。地元のある教会の神聖さを汚した結果を生じさせはしたが。観光業を妨害される不安、つまり過去に損害を与えられたという不安ゆえに、マデラ郡の法の執行機関は新たな戦略を用いてエンジェルズと戦おうと決意した。地方検事のエベレット・L・コフィはこんな文書を作成した。それは〝拘禁治安法〟で、アウトローをマデラ郡から永久に追放する意図がこめられている。少なくともそれが総括的な考えだったのである。

昼頃ラジオからの多数の警報で明らかになったのだが、ヘルズ・エンジェルズのいくつかのグループがバスレークに向かっているとのことだった。しかも〝侵入に備えて態勢を整えている〟南北カリフォルニアの地域社会からの報告もあった。報道機関の様々な分子がたがいに何とか納得させようとしたからだ。つまり、現実に五〇〇名から一〇〇〇名におよぶエンジェルズがやって来たと。ところが、バスレークに現われたのは二〇〇名だったので、ニュースメディアと警察は、他のエンジェルズはどこか別の場所を襲うつもりではないかと確信した。六名ばかりのサンフランシスコのエンジェルズがマリン郡に現われるとただちに保安官補らに囲まれ、追跡された。保安官補らは彼ら六名は先兵にすぎないことを知っていたのだ。悲しい真相だが、フレンチーと二、三名のボックスショップの仲間はトラブルを避けたいと願い、大規模な走行をキャンセルし、平穏な週末を求めて独自に走行しようと決めていた。フレンチーたちはバスレークで苦しめられそうな時、よりひどく苦しめられるはめになった。

人数を増やして侵入する手段を支えてくれる確証をエンジェルズが必要としていたとするなら、

実際、七月四日にその確信が得られた。すなわち、警察に振り回されなかったアウトローは集会を行なった連中だけだったからである。仲間とともに勝手に走行した少数の分離派は捜査され、カリフォルニアのいたるところで交通違反の切符を切られた。以後、目撃されたエンジェルズを念入りに数えると、他のエンジェルズ系でないグループを加えると三〇〇名以下だった。七〇〇名がどこで休日を過ごしたのかは憶測するしかない。リンチ氏が知っていたにしても、それを語るつもりはなかった。[*1]

モデスト近くのどこか、オークランドとバスレークの中間地点あたりで、私はラジオに耳を傾けた。アウトローがリゾート地に入るのを阻止するため道路が封鎖されているという。そのとき私はジョーカーズとエンジェルズの合併編隊の少し前を走っていたが、私がエルアドベに着く前にそこを去った主たるエンジェル分遣隊の後方にいた。この隊がバスレークに着いた際、間近にいたかった。大暴動は避けられないというニュース放送があったからだ。

フリーウェイ九九号線からバスレーク入りする道が二つある。エンジェルズは南からマデラ郡へ行き、それからカリフォルニア四一号線に進路をとることを私は知っていた。幅が広くきちんと舗装された道路でヨセミテにつづいている。他の進路を行くと五〇マイルほど距離を短縮できるが、転換地点が多く、半分しか舗装されていない田舎道で、山々に通じる迷路のようになっている。マーセドを離れると、タトル、プラナダ、マリポサ、ブートジャックへ向かって登り坂になっている。地図によると、目的地までの二〇マイルはさびれた砂利道のように見えた。私の車はサンフランシスコから咳込んでいるような音を出して異常な震え方をしていた。しかし、マーセドで左に曲がり、ローラーコースターに乗っているような気分を味わいつつ山岳地帯を抜けた。アウトローの二人だけが私と同じルートをたどった過ちを犯し、道に迷っていた。そのうちの一人のそばを通ると、彼はモルモンバー近くの古めかしいガソリンスタンドで道路地図の上で背をかがめている。もう一人は後ろに女の子を乗せていて、私を追い越しマリポサへと登って行った。真昼の気温は約四〇度だった。茶褐色のカリフォルニアの山稜は今にも炎が燃え上がりそうに見えた。あたりに見える緑色の樹木といえば、谷間を見下ろすオーク林の外べりにあるくらいだった。ここいらあたりを知っていると主張する者なら、節だらけの小さな樹木はたった二個所——カリフォルニアとエルサレム——にしか生えていないと言うだろう。ともかくこの樹木はよく燃え、下に茂っている雑草から火災が始まった場合、待機している消防隊員の主な仕事は炎がオークに達するのを防ぐことである。オークは臆病な処女の大群のような様子で、乾燥した風に吹かれてうずくまっている。火事をもたらす風が火花を待っていた。

まだ警察に探知されていないアウトローが一人騒音を立てて通り過ぎたとき、私は消防車の後ろを懸命に走っていた。彼はのんびりした走行ペースにうんざりしたのかバイクのギアを勢いよくセカンドに替え、車体を横に傾け、私の車と並び、急いでサードに替えた。消防隊員らは、北極熊が突進して来て道路を横断したのを目撃したかのような目付きをしていた。バイクは一瞬の間に消えたが、ギアチェンジの音がジェット機の爆音のようになって周囲の空気中に残っていた。バイクが走り去ったその瞬間、毛むくじゃらのライダーとガソリンタンクに描かれたナチスのかぎ十字章、後ろに乗った女を消防隊員らはちらと見たが、言語に絶するほど異様だったのでぽかんと口を開けるしかなかった。

マリポサの西数マイルの山の奥地に入ると、ラジオからまたニュース速報が届いた。

ヘルズ・エンジェルズというモーターサイクルのグループがバスレークに到着した模様です。リゾート地区への侵入を試みていると報告されています。拘禁治安法で取り締りを強化している警察当局は休日の週末、この地区にこのグループが入れないよう道路封鎖地点に要員を目下配備しております。

道路封鎖が戦略的に配置されれば、国有林の公的なキャンプ地へのアクセスを遮断し、アウトローを強引に複数の場所へ集結させることにより、アウトロー同士のランデヴーを阻止できよう。こういった場所は彼らの集会の性質からして、郡や町の条件に違反することは必定だ。国有林の境界線から少し離れたオークハーストの警察当局による道路封鎖は、高速道路を通行止めにしたか、私有地に入ったかどでアウトローを逮捕する状況を創り出せるはずである。若干想像力を働かせれば、道路封鎖は彼らを欺き、あるグループを南に、またあるグループを北に向かわせることになるかもしれない。バスレークでのエンジェルズの集会を妨害するため利用可能な手段は他にもたくさんある。しかし、よくある話だが、警察は少なくとも五〇〇名の乱暴者が騒ぎを起こすために襲来するのだと思っていた。道路を封鎖すれば、彼らを引き留めることはできるが、それがどれくらいの間可能なのだろうか、以後どうするのだろうか。エンジェルズはパーティーを催すために二〇〇マイル走行して来たが、目的地から一〇マイル離れたところで引き返させるという考えは誰もが望むべき所のものである。がしかし、主要な高速道路で必ず暴力沙汰が起こり、血が流れるだろう。休日の車の流れはあと戻りさせられる。もう一つの選択肢は彼らを見逃すことだが、悲劇をもたらす可能性をはらんでいる。この選択肢は難題だし、マデラ郡への法的、社会的機構への挑戦にもなろう。

マリポサのガソリンスタンドで私はバスレークへどう行ったらいいのか訊いた。一五歳ぐらいの少年の従業員が顔をこわばらせて別のところへ行ったらどうかと助言した。「ヘルズ・エンジェルズがあそこを破壊しちまうよ。『ライフ』にそんな話が出てたよ。なんでみんなバスレークへ行きたいんだろう？　あいつらは怖いよ。火をつけて燃やしてしまうんだ」

私は空手の達人だ、そこのパフォーマンスに加わりたいのだと少年に告げた。私が去るおり、少年は気をつけて無理なことしないでと忠告した。「エンジェルズはお客さんが思ってるより悪いやつらだよ。ショットガンなんか問題じゃないんだ」

前方に広がっている道路はルイス・クラーク探検隊（ジェファーソン大統領が米西部の水路や陸路などを調査させるため派遣させた）の日誌に出てくるような様相を呈していた。私の車はひどく調子が悪いため週末が過ぎ去る前にこれを捨て、かぎ十字章が記されたトラックに乗ってサンフランシスコへ戻らざるをえなくなると思った。「こんなど田舎で大都会の精神病質者のような連中を探し出すなんて不気な感じがする」とテープレコーダーに吹き込み、湖の入江の風景をながめて楽しんだ。地図にこの道路の番号は付いていなかった。ときおり見捨てられた丸太小屋や、砂金を選り分ける装置の残骸のそばを通った。ノーザンモンタナのミッション・レンジ山脈の頂きに一人ぽつんとしている密猟者もそうだろうが、ラジオはさておき、私は文明からはるかに遠ざかっている土地にいると思った。[*2]

午後二時頃バスレークの南にある高速道路四一号線の滑らかな舗装道路にたどり着いた。ニュース速報を聞こうとしてラジオのダイヤルをいじりながら、ホットドッグのスタンドのそばを通ると、アウトローのバイクが二台これ見よがしに駐輪されているのが見えた。私はＵターンし、バイクの近くに車を止めた。ガットとバザードが拘禁法について考え込んでいた。バザードは元バードー支部のエンジェルズで、エキストラなどを手配するセントラル・キャスティング社出身だった。彼は脅威と淫猥さと優雅さが入り混じった人間で、動き回るものは何でも信用しなかった。カメラマンを無視し、ジャーナリストはすべてメインコップの手先だと思っている。メインコップは底無し沼の向こう側の差掛け小屋に住んでいる。この沼は、囚人だけが渡れてヘルズ・エンジェルズは渡れない。渡ったら見せしめに両手をちょん切られてしまう。バザードには見事な首尾一貫性があった。人間に混じっているヤマアラシのような存在で、いつも針を立てていた。もし一時的につき合ったガールフレンドが彼の名前で買ったラッフルくじ（番号付きの券を売り、当たった人に商品を渡すくじ）で新車を当てたなら、彼はすぐさまこれは自分を欺き賞品を横取りするトリックだと気づく。彼女を売女とののしり、ラッフルのスポンサーを殴り、その車を五〇〇錠のセコナールと金めっきの柄がついた牛追い棒と交換してしまうだろう。

　バザードは私を楽しませてくれたが、私にとって、エンジェルズはみな一二時間棍棒で殴られるに値する男だと思っている。ある日の朝マーレイが『ポスト』の記事を書くため情報収集しているとき、インタビューするならオークランドのバージャーの家へ行ったほうが安全だ、と私は自信を持って言った。それから私はふたたび眠った。すると数時間後に電話が鳴った。マーレイが立腹して怒鳴っている。マーレイの話によると、バージャーと穏やかに語り合っているおり、凶暴な目付きの精神病質者に襲われたという。その男はこぶだらけの杖を彼の鼻先に突きつけて、「てめえは誰だ?」と叫んだのである。襲って来たその男の風貌は、私が会ったことのあるエンジェルズの誰ともフィットしなかったので、バージャーに電話をかけ、何があったのか尋ねた。「それはバザードのやつだ」とバージャーは笑いながら言った。「どんなやつかあんた知ってるだろう」

その通りだ。バザードに会ったことのある誰でもが彼がどんな男か知っている。マーレイは自己紹介したあと気を鎮めるのに数時間かかったようだけれども、何週間もたった頃、三〇〇〇マイル離れたところで長々と回想したあと、マーレイはまだあの日の出来事にかなり影響されていた。次のように彼は記述している。

私たちはなごやかに一時間半ほどしゃべっていたが、ある時点でソニー・バージャーはにやりと笑って言った。「ところで、誰もおれたちについていいことを書いてくれなかったよ。書くに値する良いことはしてこなかったからな」しかし、陽気な雰囲気はがらりと変わり始めた。鬼軍曹的な役を果たしていたタイニーを含む四、五人のエンジェルズが立ち寄り、話に加わった。そのうちの一人がバザードという名の不機嫌な、黒いヒゲを生やした若者でポークパイハットをかぶり、どこかで拾った杖を持っていた。この若者は話しながら杖を振り、ときどきそれを私に向けて突き出した。私は不意に、彼は杖を使って誰かをおちょくって楽んでいたんだろうという印象を抱いた。槍玉にあがりそうなのはこの部屋では私一人しかいなかったのだ。バージャーや他のエンジェルズが私をいじめるつもりはないと確信していたけれども、バザードが杖で何か仕掛けてきて私が傷つけられないうちに誰かが彼を止めてくれるとは思えなかった。抵抗することは愚行にひとしい。なぜなら、エンジェルズの掟では全員でバザードに加勢するからだ。そして私はぶちのめされてしまうだろう。部屋に険悪な気配がみなぎっている。私が逃げる（これは致命的な間違いだったかもしれなかったが）という印象を与えずに何とかうまくやりすごすことができた途端、私はバージャーにさようならと言い、その家から外へ出た。

ここにマーレイの言葉を引用したのは、私にバランス感覚を教えてくれたからである。マーレイのエンジェルズ観は私のとはかなり違う。バザードだけが彼にショックを与えた。他の者は鳥肌が立つ程度だった。エンジェルズの存在は、マーレイが道徳にかなっていると思っていたものすべてに対する侮辱だった。彼の言っていたことは正しかったかもしれない。ある面では私はそう思いたい。というのは、ときおり彼に同意することで得られる私の満足感に、文化的な感覚と旧世界の健全さを加えてくれるからである。

　実を言えば、バザードはそんなに危険ではない。バザードは鋭い劇的なセンスと気味悪い小道具類を使う趣味を持っている。マーレイが言及したポークパイハットはマドラス（縞模様の木綿地）のバンドを張り巡らせた高価なパナマ帽なのだ。これはサンファンの最高級店で約一八ドルで売られていて、カリブ海沿岸に住むアメリカのビジネスマンがかぶっている。バザードの杖——マーレイはこれを棍棒として見ている——は彼のユニフォームやイメージに欠くことができない一部分なのである。ゾロに次いでバザードはエンジェルズのファッション・プレート、つまり新型服装図なのである。彼のカラーズやきちんと刈り込んだひげを除けば、まるで大学生のような雰囲気を漂わせている。二〇代後半で長身、しなやかな体軀でははっきりしたもの言いをする。昼間は容易にたがいにジョークを言いあえる仲になれるが、夕暮れ時に彼はセコナールを飲み始め、満月が狼男に与えるのと同じ影響を与える。目がどんよりとし、ジュークボックスに向かって怒鳴り、拳を急に動かし臭気を放ってあたりをうろつく。真夜中になるや危険人物に、人間稲妻になって何か雷撃するものがないかと探し回る。

　私が初めてバザードと遭遇した場所は、バスレークのはずれのホットドッグのスタンドだった。彼とガットはパティオのテーブルに腰を下ろし、少し前に渡された五ページの法的文書について考えを巡らせていた。「あいつらコースゴールドを下ったところで道路封鎖してやがった」ガットが言った。「誰でもそこを通り抜けようとすると、こいつを渡されるんだ――渡されるとき写真を撮られた」

「うすら汚ねえやつだ」

「誰がです？」私は訊いた。

「リンチだ、あの野郎だ。これはあの野郎の仕事なんだよ。おれは、あいつを捕えてやる」バザードは不意にテーブル越しに文書を突き出した。「ここだ、読んでみてくれ。どういう意味だか教えてくれないか。ちんぷんかんぷんで、誰にもわかりゃしない！」

　その文書のタイトルはこう書かれていた。**「予備命令を発布すべきかどうかについての問題の正当な根拠を示す一時的な拘禁治安法の執行命令書」**原告を「カリフォルニア州の住民」と名づけ、被告を「個々人の五〇〇名をジョン・ドゥ1（訴訟で当事者の本名不明のとき用いる男性の仮名）とし、ヘルズ・エンジェルズ、ま**たはワンパーセンターズ、またはコフィン・チーターズ、またはサタンズ・スレーブズ、またはアイアン・ホースメン、またはブラック・アンド・ブルー、またはパープル・アンド・ピンク、またはレッド・アンド・イエロー**の名前とスタイルの下で合併されていない連合体」

　命令書の意図は明確だが、特殊な言葉遣いゆえ、この被告のリストのように曖昧で古めかしかった。このリストは、一九五〇年代後期の日付けになっている、黄ばんだ新聞の切り抜きから採ったにちがいない。要するに警官から文書を受け取った際に写真を撮られた誰にでも適用できる一時的な命令だったのである。（一）いかなる公法、法令、条例に違反し、公的不法妨害を加えた者……（二）感覚器官に対して不快で侮辱的な行為を行なった者……（三）武器同様の物体、すなわちブラックジャック、パチンコ、棍棒、サンドクラブ（細長い布などの袋に砂を詰めて棒状にしたものか？）、銃身を切り落として短くしたショットガン、金属製のナックル、飛び出しナイフ、タイヤチェーン、いかなる種類の拳銃などを所持し持ち運ぶこと……。

命令書を発布する理由として二年前、松林の中にある小さな教会で起こった事件を引用していた。「被告者らは酒に酔っていた……権限がないのに前述の教会へ入り、許可なく多数の合唱隊の衣装を占有してそれを着用し、汚い卑猥な言葉を使いつつ、ある者は歩き、ある者はバイクに乗ってパレードを行なった。前述の時間と場所において、ある保安官補が前述の衣装を取り戻すために前述の被告らを脅す（原文のママ）必要があった」

この文書の二ページ目は哀れげな語調で綴られている。「かかる連合体のメンバーは脅迫、襲撃、その他一般的な暴力手段によって、カリフォルニア州では著名である。また彼らが集合する地域を占拠しようとする企てもよく知られている。暴力行為が行なわれるとその結果身体が負傷し、大衆の生命が奪われかねない。従って各個人がこの暴力行為を回避する妥当な唯一の方法は、在宅しているか、被告の連合体メンバーがいる地域を立ち去ることである」

私がこの文書の意味を説明できないと知って、バザードはひじょうに嬉しがっていた（数週間後サンフランシスコの弁護士が私のためにこの文書を解釈してくれようとしたが、それができなかった）。私にわかったことは、マデラ郡の警察も説明できなかったが、警官の路上での解釈は比較的に明確だった。つまり、まずトラブルを目にしたら、バイクに乗っていた者を拘置所にぶち込み、保釈保証金を拒否することだったのである。

ガットはことの成り行きに立腹しているよりむしろ意気消沈しているようだった。「おれはひげを生やしているから、やつらはおれを拘置所に入れたいんだ。この国はどうなるんだ？」私はどう答えようかと考えていると、ハイウェイパトロール隊の車が私たちが座っている場所から一〇フィート以内のところへ走って来た。私はあわてふためいて裁判所の命令書を、私が飲んでいたビールの缶に巻きつけた。警官が二人、目の前のダッシュボードの上にショットガンを載せ、座って私たちをじっと見ている。無線機から発信者の緊迫したかん高い声が響き、様々なエンジェルズの動向を伝えていた。「フレズノでの逮捕は報告されていません……ハイウェイ九九号線では大きなグループが……バスレークの西では二〇名のグループが止められておりますが……」

私はいつもテープレコーダーに自分の声を吹き込むことにしていたが、無線通信が突然〝適切な行動を〟と命令しても警官がテープレコーダーを見て、私たち三人に向けて発砲しないよう望んだ。ガットは背を丸めて木造りの椅子に座り、オレンジクラッシュを飲んでから、顔を持ち上げて上空をながめている。バザードは怒りで身震いしているようだが、自分を抑えていた。両者の外見はいちじるしく似通っていた。両者とも背が高く、痩せていて、路上を走るのにふさわしい服装をしているが、特にだらしなくはない。ひげは刈り揃えられ、頭髪は長くも短くもない。武器かそれに類したものは身に着けているようには見えなかった。ヘルズ・エンジェルズの徽章がなかったら、ロサンゼルスからの旅をつづけているヒッピー同様に注目を惹くことはなかろう。

当時ガットは厳密に言えばヘルズ・エンジェルズではなかった。数年前ガットはサクラメント支部の創立メンバーの一人だった。この支部はサンフランシスコ支部のようにボヘミアン的な彩りがあった。テリー・ザ・トランプはノースサクラメント・エンジェルズのメンバーだった。この二人はサクラメントのビートニック的な要素とはつねにうまが合っていた。この支部がオークランドに吸収されたとき、ビートニックとボヘミアンの性格をそのまま持ち込んだ。二人ともエルアドベでは溶け合わなかったのである。本来のオークランド・エンジェルズは妥協を許さない乱暴者の純血種で、バークリーとサンフランシスコのジャズや詩、抗議活動とはまったく縁が薄かったのである。背景にこうした矛盾をかかえていた。そこでサクラメントとバードーからきたエンジェルズ難民をオークランドに突然合併させたため、すべてのパフォーマンスのシーンに不安定な影響をおよぼした。

ガットは他のメンバーと同じく、どっちつかずの放浪者で、かつてはバードー支部に属してはいたが、もう二七歳になり、別の生きる道を探ろうと考え直していた。メンバーとしての地位は自動的に移行できるわけではなかった。仲間としての意識はこの限りではないが。移り気の多いエンジェルズはいっしょに走行するために選ぶどんな支部にも吸収されるが、つねに試用期間がある。メンバーになる意思があるかどうか確認するためである。ガットの場合、深く双方にかかわっていたからだ。ガットはこの秋には大学に戻りたいと言っていた。商業美術家になりたいのだった。南部にある二年制大学に一年間通学していた。バイクを描いたスケッチは生まれつき才能があることを示していた。「またエンジェルズに加わるかどうかまだ決めてないんだ」彼はある夜こう言った。「でも、友だちを失うの嫌なんだよ。おれはグループからドロップアウトして、何か別のことやろうか、とときどき思うんだけど、エンジェルズには言いづらくて」エンジェルズではないガットの友人がこう推測した。「あの男はまた加わるよ。どうして加わっていけないのかわかっていないんだよ」[*3]

私たち三人がまだ腰を下ろしたまま、とりとめのないおしゃべりをつづけていると、パトカーが不意に戻って来て駐車場を一巡し、高速道路を下って行った。私は素早くビールをたいらげ、テープレコーダーをしまっている最中、周囲にすさまじい音が響き渡った。数瞬後、密集したバイクの軍団が西から丘陵を越えてやって来た。ガットとバザードが喜んで手を振り、叫び声をあげて高速道路へと突進した。そこはバイクがびっしり群がっていた。ホットドッグのスタンドはバスレークを見下ろす丘陵の頂きにあり、今いるエンジェルズと彼らの目的地間に横たわる最後の地理的な障壁になっている。警察は何とか知恵を働かせ、少なくとも一〇〇台のバイクを道路封鎖した場所に詰め込み、拘禁治安法にのっとった命令書を儀式めかして彼らに手渡し、そくざに彼らを解き放っていた。ばらばらになって静かに集まる代わりに、アウトローは大集団となって丘陵の頂きに達し、吠え野次りバンダナを振って、市民たちに実に恐ろしいスペクタクルを見せつけた。高速道路上での規律は完全に破られ、今や狂気の巷と化したのである。道路わきで拍手しているガットとバザードの姿を見てリトル・ジーザスが両手を上げ、勝利の雄叫びをがなりたてた。彼のバイクが右側に寄ると、チャイルド・モレスターのチャージャー・チャーリーと衝突しそうになった。見かけたことのないあるエンジェルズがオレンジ色のオート三輪に乗って来て、ロデオの乗り手よろしく両足をまっすぐ上に向けて蹴り上げている。運転免許証を持っていないオークランドのアンディは目の前のガスタンク上のシートに女房をまたがらせてやって来たが、初めて警官を目にした途端ハンドルをつかもうとした。あたりは地滑りが起きたのか爆撃機が通り過ぎたような騒音に満ちていた。エンジェルズがどういう連中か知っていたにしても、目撃したシーンをどう解釈していいか私にはわからなかった。まるでいきなりジンギスカンの軍勢が襲来したのか、映画『ザ・ワイルド・ワン』が現実のものになったのか、モーガン襲撃隊（南北戦争中、南軍の指揮官モーガンの隊がゲリラ戦を仕掛けて北軍を襲撃した）が出現したのか、南京の大虐殺が行なわれているのか。ガットとバザードはバイクに飛び乗って、けたたましい音を出して大群に加わった。
私が自分の車に乗ろうとしていると、バイクが一台駐車場へ入って来た。この大群にはめずらしいけだものじみたBSAのバイクで、乗っていたのは三〇代後半のがっしりした体格のタフそうな男だった。名前はドン・モアといい、『オークランド・トリビューン』のカメラマンをやっている。四〇〇ドルのニコンのカメラを首にぶら下げているが、カラーズは身に着けていないモアは、どのエンジェルズよりも汚く、恐ろしい姿をしていた。それもそのはずで、モアはエンジェルズよりも長い間バイクを乗り回していたベテランのライダーだったのだ。多くの同世代の男と違って、少なくとも自分の才能の一つを育て上げ、スクエアと金銭の世界でいささかの影響力を持つにいたった。だが、バイクはあきらめなかった。オークランドにいるときは仕事用の青いスーツを着、白いフォードド・サンダーバードを運転していたが、エンジェルズが遠方へ走行する際は古いBSAに乗って彼らと同行した。ブーツや、脂にまみれたリーバイスのジーンズをはき、袖なしのベストを着、両腕のタトゥーを見せびらかす。風貌はミドルウエイト級のロッキー・マルシアーノのようで、ロッキーと同じようなしゃべり方をした。[*4]
私たちはこの週末のありようを少しばかり話し合い、最後のバイク群が丘陵を越えるまでにそれに追いつきたいと思っていた。私はモアの後ろにつき、バスレークにつづく曲がりくねった道路を走った。まもなくバイク群の末尾に出くわした。アウトローらは速度制限をオーバーすることはなかったけれども、低速ギアに替える音を響かせ、四台並行してカーブを曲がりながら道路のそばにいた住民らに向かって叫び、手を振った。自分らが襲来したことで最大限のトラウマを住民に注入するため、できるだけのことをすべてやったのである。もしこの私がバスレークの住民だったら、家に帰り、所有しているすべての銃に弾をこめていただろう。

＊1　リンチ氏はヘルズ・エンジェルズについて語るのをかたくなに拒んだ。エンジェルズの件は頭痛の種だったようだ。アメリカで最も人口の多い州の検事総長として、沈黙は金なりという格言の生きている証となった。ブラウン知事は彼の親友であり恩人でもある。

＊2　アメリカで最大の北極熊の群生地。全部で約四〇〇頭いる。

＊3　結局ガットはエンジェルズと離れ、バークリーのＬＳＤ世界へ入った。

＊4　バスレークの走行後モアは名誉エンジェルズにさせられた。

12

われらが騎兵が無敵であることは誰でも知っておる。飢えているからこそ戦うのだ。われらが帝国は敵に囲まれておる。われらが歴史はぶどう酒ではなく血で書かれているのだ。ぶどう酒はわれらが勝利を祝して飲むものだ。

——映画『アッチラー・ザ・フン』の中で
アッチラーに扮したアンソニー・クイン

バスレークは本当は市街地ではなくリゾート地であり、大きくはないが、絵ハガキのように美しい湖のまわりを一連の集落が囲んでいる。この湖の長さは七マイル、横幅はどの地点でも一マイル以下である。郵便局が湖の北側にあり、ウィリアムズという名前の男が独占的に所有している商店や建物の中にあった。ここがエンジェルズの集合地だった。しかし、タイニー・バクスターという名前の大男の地元保安官は、ダウンタウンの中心地から約半マイルのところに設けた二番目の道路封鎖によって、エンジェルズをこの地域から閉め出すことに決めていた。これはバクスター自身の決定で、バックアップとして三名の保安官補と六名ほどの地元の森林警備員を選んでいた。

私が道路封鎖された場所へ着くまでに、アウトローは高速道路の両側に止められていた。バージャーが大股でバクスターに近づいた。保安官はエンジェルズの指揮官とその近衛兵にこう説明した。町を見下ろす山に広々としたキャンプ地を用意しておいた、そこなら、うるさがられずに済むと。バクスターは身長六フィート六インチあり、ボルティモア・コルツ（一九五〇年代の末に創立されたプロフットボールチーム）のディフェンスになれそうな体の造りだった。バージャーの身長はかろうじて六フィートに達しているが、事態が突如厄介で難しくなったらバージャーは保安官に必ず殴りかかると、彼の追従者らは微塵だに疑っていなかった。保安官も疑っていなかったと思う。私もである。バージャーには頑固で思慮深い性格が備っているとともに、外部の者をなるほどそうかと思わせる本能的な自制心も備わっていた。しかし同時に穏やかだが強圧的な存在で、多数のアウトローを率いた八年間のうちに強化された自己中心的なマニアックな態度も見受けられた。今アウトローは、暑くて汗が滲み出ているこの日の午後、保安官の体の大きさと武器、そして彼をバックアップしている一握りの若い森林警備員という物指しで、彼の実力を測っていた。最初の出会いでどっちが勝つかは疑問の余地はなかったが、こっちが勝っても有利になるかどうかはバージャーにゆだねられていた。

バージャーは山を登ることに決め、部下は疑問を発することもなく、にがにがしく思うこともなく従った。キャンプ地へのルートを教えてくれた森林警備員は、近くの泥道を一〇分走ればそこへ行けると教えてくれた。私はアウトローがその方向へ進むのをながめてから、道路封鎖の要員として居残る森林警備員の二人としばらく話し合った。二人とも少し緊張していたが、ヘルズ・エンジェルズが町を乗っ取るかもしれないと思っているかどうか尋ねると、にやりと笑った。トラックの運転台にはショットガンをしまってあったようだが、対面している間、私にはそれが見えなかった。二〇代前半の彼らは、マスコミがエンジェルズの恐怖をさんざん宣伝しているのに対してかなり冷静だった。後日私はソニー・バージャーを守りの姿勢に追い込んだ唯一人の警官の影響力について記事を書いた。

午後三時三〇分頃、私はエンジェルズに指定されたキャンプ地へ向かう泥道を登り始めた。三〇分が過ぎても、まだバイクが通った跡がついている道をたどっていた。フィリピンのジャングルを切り開いたように見える、ブルドーザーがしゃくり上げた土の刻み目が残っていた。山は急勾配のためずっとローギアで走らねばならず、道は鹿の通った跡のようにジグザグになっていた。キャンプ地はかなり高いところにあったので、そこへやっと到着したとき、私たちと、アメリカ大陸の反対側にあってよく見えるはずのマンハッタン島の間に濃い地上霧が立ちこめていたようだった。このキャンプ地には水源がなかった。エンジェルズの喉の渇きはすごかった。高度九〇〇〇フィートか一万フィートくらいのシエラネバダの乾燥した草原に追いやられたのだ。不快な旅だった。彼らは登山は気にしなかったが、欺かれたと思い、報復したくなった。険悪なムードがみなぎり、バージャーもこのムードにとらわれ、保安官のやつに騙されたと感じた。ここはロバやシロイワヤギだけにふさわしい場所だったのである。景観こそすばらしかったが、カリフォルニアの七月四日、水のないキャンプ地は空のビールの缶のように無益なのだ。

私はこれから警察と対峙しようという話に耳を傾け、しばらく大声をあげたあと急いで山を下り、当時原稿を送っていたワシントンの新聞社へ電話をし、一〇年来の大暴動のストーリーを一本送るつもりだと告げた。山道を下っていると、逆に登ってくるアウトローらのバイクを通り過ぎた。彼らはバスレークの道路封鎖で足止めをくらい、キャンプ地へ向かうようにと言われたのである。サンフランシスコ支部のかぎ十字章を車体に描いたトラックが、ファーストギアを入れたまま走って来た。その後ろにバイクが二台、土埃が舞っている二〇フィート後ろの長いロープ状の道を三台目が走っていた。三台目のライダーは目にグリーンのゴーグルをはめ、鼻と口の上をハンカチでおおい、ハンドルにしがみついている。トラックを追って赤いプリマスが走り、私とすれ違ったとき叫び声が発せられ、クラクションが鳴った。私は車をいったん止め、プリマスをぼんやり見つつ車をバックさせた。プリマスにはラリーとピート、サンフランシスコ支部の新しいボスになったパフが乗っていた。デポーでの集会の夜以後、この三人とは会っていない。ドラッグレーサーのピートはサンフランシスコでメッセンジャーボーイとして働き、ラリーは他のエンジェルズの家の敷地で木の切り株にトーテムポールを彫っていた。彼らはモデスト近くのフリーウェイでダウンし、助けると申し出た三人のきれいな若い女に拾われたのである。それがこのプリマスだった。今や彼女らはエンジェルズの営みの一部になっていた。私がキャンプ地の問題について説明している間、女の一人が後ろの座席にいたピートの膝の上に座ってけらけら笑っていた。みなキャンプ地に行くことに決めた。私はまた町のどこかで会おうと言ったが、その時点で会うのはたぶん拘置所だろうと思った。まったくよからぬ雰囲気が立ちこめてきた。ほどなくエンジェルズはひと塊となって一斉に山を下りてくるだろう。理性的に話し合うムードではなかった。

カロライナでは〝山地の人びと〟は〝平地の人びと〟とは異なると言われている。平地よりも血が濃いケンタッキー生まれの私は、その意見に賛同したい。私はサンフランシスコからずっとそう思いつづけていた。ポーターヴィルやホリスターと違ってバスレークは山地のコミュニティだった。もし古いアパラチア地方の性格パターンがまだ残っているなら、山地の人びとは怒りとパニックはめったに表われないが、いったん火に油が注がれるとなると理性や慈悲の気持ちをまったく失ってしまう。エンジェルズもそうだが、山地の人びとは緊急事態が発生するや彼らなりの正義感に駆られて行動する傾向がある。法学関係書に記されていることと根本的に似通っている。こうした性格パターンはエンジェルズの騒々しい振る舞いから遠く離れているが、平地の人びとと較べると、体を傷つけられたり、口ぎたなくののしられた場合、早々と報復の挙に出る。

山を下りている途中、また別のニュース放送が聞こえてきた。ヘルズ・エンジェルズがバスレークに向かいつつある、大騒動を惹き起こしているとのことだった。また、あるロサンゼルスの刑事のことが言及されていた。この刑事はある容疑者に発砲したのである。自分の娘を強姦した件で逮捕された容疑者をである。警察署の廊下から連行されている容疑者の姿を見て、この刑事はやりきれなくなり発砲してしまったのだ。容疑者はヘルズ・エンジェルズだったということで、午後バスレークで売られていた新聞にはこんな見出しが載っていた。**強姦事件でヘルズ・エンジェルズ撃たれる**（死をまぬがれた容疑者は二一歳の浮浪者だった。エンジェルズや刑事の娘の強姦とは無関係だとわかり、若者は放免された。若者は住宅を一軒一軒回って料理の本をセールスした際、ドラッグレーサーや暴走族の出入りが激しいと噂されている家に娘は誘い込まれた。刑事は平静心を失い、若者を間違って撃ったことを認めた。あとになって刑事は正気を失ったと陳述し、ロサンゼルス大陪審により不起訴になった）。しかしながら、報道機関がこの強姦者射撃事件とヘルズ・エンジェルズを切り離すのに数日間を要した。その数日の間に報道機関の見出しが火の手を煽った。『ライフ』の記事を含めたエンジェルズによるラコニア暴動の記事に加えて、ラジオのニュース速報や日刊紙の恐ろしい予測記事のあと、ロサンゼルスにおけるエンジェルズの強姦騒ぎが起こったせいで、七月三日の新聞にこれがうまいことに載ったのである。

こうした激烈な材料を与えられても、心配して大騒ぎする者が感じる良心の呵責といったものは私には金輪際なかった。ついにバスレークからワシントンへの通信連絡が可能になり、これから起こることを私の脳裏に描き始めた。私はバスレークのダウンタウンのガラス張りの電話ボックス内に立っていた。ここのダウンタウンには小さな郵便局、大きな食品雑貨店、酒場、カクテル・ラウンジ、そしてすぐ燃えてしまいそうないくつかのセコイア材で作った美麗な建物があった。私が電話で話をつづけている間に、ドン・モアがバイクに乗って近寄って来た――彼は記者証などで道路封鎖を突破したのだろう――『トリビューン』に急いで電話を入れるのだと盛んに言っていた。ワシントンにいる私の編集者はいつどのようにして情報を送るかについて教えていたが、私は暴動が激しくなり、負傷者が現われ、財産に損害が生じるまで黙っていることにした。それから標準的な通信社のニュース速報の気取ったバリエーションにしかすぎない記事を送ることにした。誰が、何を、いつ、どこでなどを。

まだ電話で話していると、腰のベルトに拳銃を差し込んでいる縮れ毛をした大柄な若者がモアに近づき、町から出て行けと告げている様子が見えた。実際どうなっているのかあまり聞こえなかったが、モアが書類の束を取り出し、奇妙なカードの切り方をするトランプ狂のように書類を一列に並べているのが目に入った。モアも電話が必要だとわかったので、いつもまっ先に情報を送るということでワシントンの男と同意し、電話を切った。モアはすぐさま電話ボックスを占有し、集まった人だかりの処置を私にゆだねた。

幸いにも私の服装はエンジェルズか普通人か区別できない代物だった。リーバイスのジーンズとメイン州のL・L・ビーン社製のウエリントンブーツをはき、白いテニスシャツの上にモンタナの羊飼い用のジャケットを着ている。縮れ毛の若者が、あんたは何者だと私に訊いた。私は名刺を渡し、なぜベルトにでっかいピストルをはさんでいるのかと尋ねた。「なぜだかわかってるだろう」若者は言った。「あの野郎たちが一人でもおれに生意気な口をききやがったら、そいつの腹を撃つんだ。あいつらにわかる言葉はそれしかないね」彼は電話ボックスの中にいるモアに向かってうなずいた。おまえも例外じゃないぞという口ぶりだった。彼のピストルは銃身の短いスミス＆ウェッソン三五七マグナムで、必要に迫られればモアのＢＳＡのシリンダーヘッドに穴を開けるほど強力だ。的が少し離れていても問題にならない。このピストルは一〇〇ヤードまでの射程距離があり、簡単に人を殺せる。射撃の達人の手にかかれば、もっと遠くにいる人でも抹殺できる。彼はこれを警官が着用するようなホルスターに納めているが、カーキズボンが盛り上がり、右の尻の上にこれが乗っかっていて素早く手にするにはぎこちない状態になっている。だが、彼はピストルを持っていることを意識しすぎていて、それを振り回したら血生臭い騒ぎを惹き起こすことになることが私にはわかっていた。

私はあなたは保安官補かと訊いた。

「いや、違う、おれはウィリアムズさんのために働いているんだ」彼はまだ私の名刺に目を向けつづけながら言った。それから顔を上げた。「モーターサイクルの連中だけど、あんたどうするつもりなんだ？」

私は誠実に仕事をこなしているジャーナリストにすぎないと説明した。彼はまだ私の名刺を手にしたままうなずいた。それをあげますと言ったら嬉しそうだった。彼は名刺をカーキのシャツのポケットに入れ、両手の親指をベルトにたくし込み、あんたは何を知りたいと訊いた。口ぶりから察すると、六〇秒くらいで私からの答えが得られそうだった。

私は肩をすぼめた。「わかりません。ちょっと見て回って記事でも少し書こうかと思ってます」

彼はなるほどといった顔つきで含み笑いした。「そう、おれたちは、あいつらに対して準備できてるんだ。あいつらがほしがってるものを全部やる」

土埃が舞っている街頭は観光客がたむろしているので、私たちを取り巻いているグループの奇異な性質に私はまだ気づいていなかった。観光客でないとすると、私は一〇〇名ほどの自警団員の真只中にいるのではないかと思った。カーキのシャツを着、ピストルを所持している者が五、六名いた。一見したところ、彼らはシエラネバダのひなびた村落の少年団のように見えた。しかし、周囲に目を向けると多くの者が木の棍棒を持ち、他の者は腰のベルトにハンティングナイフをはさんでいる。粗暴には見えなかったが、明らかに緊張し無法者を捕えようとしていた。

実業家のウィリアムズは、湖水に面した土地建物などの投資物件を守るため、数名のガンマンを雇っていた。他の者はボランティアの若者たちで、ベルト代わりにチェーンを腰に巻き脂にまみれ悪臭を漂わせている、ひげづらのシティボーイの集団と戦うのを日がな一日待っている。あの山の上にいたエンジェルズのムードを思い出し、今にもバイクの第一陣が山を下り町へとなだれ込んでくるのではないかと予測した。大げんかになるのは必至だった。一方が拳銃を使わなければ、両方とも対等のように見えた。

すると電話ボックスのドアが私の背後で開き、モアが出て来た。モアは不思議そうに若者の群れをながめ、カメラを持ち上げシャッターを切った。アメリカ在郷軍人の行進を写す報道カメラマンのように、なにげなく写真を撮ったのである。それからバイクにまたがってエンジンをかけ、爆音を響かせて山を登り、封鎖されている道路へと向かった。

縮れ毛の若者が困惑している様子を見てとり、私はすかさず自分の車の方へと歩いて行った。誰も何も言わず、私は振り返らなかった。今にも大きな棒で腎臓のあたりを殴られるのではと思った。記者証があるにもかかわらず、モアと私はアウトローと同一視されていたのだ。私たち二人はシティボーイで侵入者だから、こういった状況では容易に見分けられる中立者は観光客だけだった。町から外へ出る途中、バスレークの住民の誰かが、アスペンリーフ模様の私のチョッキを蛍光色のハワイアンビーチスーツとスタイリッシュなサンダルに交換してくれることを願った。

道路封鎖されている場所は驚くべきほど平穏だった。バイクは高速道路の両側に再び駐輪されていた。バージャーが保安官と話していた。両者といっしょにこの地域担当の森林警備員のチーフがいて、チーフはエンジェルズのために、もう一個所キャンプ地が用意されていると陽気に語っていた……そこはウィローコーブと言い、幹線道路を約二マイル下ったところで、湖の突端にある。あまりにも都合がよすぎて本当だとは信じられなかった。だが、バージャーは森林警備員の車のあとを追い、そのキャンプ地を調べてくれと部下に命じた。奇妙な車とバイクの行列がゆっくりと高速道路を下り、第二のキャンプ地へつながる狭い山道の上の松林へ方向を変えた。

今回、不平不満の声はなかった。ウィローコーブに欠けているものと言えば、キャンプを完璧なものにする、無料のビールを提供する態勢だけだった。私は一本しかない樹木の下に車を止め、あたりを観察しに行った。ここはバスレークに突き出ている狭い半島で、松林の半マイル先の高速道路から切り離された場所にあった。牧歌的な雰囲気があったゆえ、乱痴気騒ぎのために用意された場所としては不似合いだった。一二、三名のエンジェルズがバイクから飛び下り、服を着たままの姿で急いで湖に入った。しかしアウトローは、勝ち誇った軍隊のようにここを占有した。保安官のバクスターと森林警備員のチーフはバージャーにこう説明した。このキャンプ地を利用するに当たっては条件が二つだけある。（一）は今見たとおりに清潔に保つこと。汚物を散らさないことだった。（二）は無関係な者から離れ、観光客が多数いる湖の反対側のキャンプ地に脅しをかけないことだった。バージャーはこれに同意し、今週末の最初の危機はこれでおさまった。約二〇〇名という数のアウトロー一族は、喜々として自分たちの王国で身を落ち着かせ、実質的な苦情は持ち込まなかった。最高位のエンジェルズは部下を支配下に置く仕事に没頭した。バージャーにとっては自分がいるには不自然な状況ではあった。非友好的な地域から他の地域へ移動し、銃を持ちバッチを付けた残忍な権力者連中に終始取りまかれて、自分の酔っぱらい軍団を指揮するために週末を過ごさずに済むことになった。彼にわかったのはこの軍団が居心地のいい、いわば袋小路にいることだった。他の人間らとめずらしく平等な立場に立ったというわけだが、こんな立場なんぞ、故意に暴力行為に走り、また言葉だけで交わしたボスの同意事項を破ることで簡単に台無しになってしまう。

これはハリウッドの映画に出てくるインディアンとの取引のようだった。バージャーと保安官側との対話は子供っぽく、単純だったのである。

「ソニー、あんたが誠実に対処してくれれば、こっちだって誠実に対処しますよ。トラブルを起こしてもらいたくないんです。誰でもそうですが、あんたたちだってこの湖でキャンプする権利はあります。しかし、こっちにとっても誰にとっても面倒な事態を惹き起こしたら、すぐ私たちは襲いかかりますよ。あんたたちにとって戦場の谷ってことになるんです」

バージャーは了解したといった素振りでうなずいた。「おれたちは何もトラブルを求めてここへ来たんじゃありませんよ、保安官。聞いたところによると、トラブルがおれたちを待ちかまえてるってことなんですがね」バクスターは強引に笑顔を作った。「しかし、あんたたちは何を期待してたんです？　ここで楽しく過ごせない理由はないでしょう。あなたたちが何をするつもりかわかってます。あななたちに問題はないってことはわかってます」

バージャーはほんのかすかに笑みを浮かべたが、こんなことはまれだったため、顔を歪めるだけで何かかなり滑稽だと思っていたのだろう。「そんなこと言わないでくれ、保安官。おれたちはみなろくでなしなんだ。でなきゃ、こんなところへ来やしない」

保安官は肩をすくめ自分の車に戻ったが、保安官補の一人が話のやりとりを聞きつけ、にやにや笑っている五、六人のエンジェルズに、自分たち警察関係者は礼儀正しいまともな人間だと語っていた。バージャーはビールを買うための共同積立金を集めに行った。彼は広々とした空地に立ち、寄付金を募った。三〇分ほどそこにいたけれども、その時までに私の飲食物が決定的に不足するようになっていた。パフがすでに私の車の中のクーラーに目をつけていたのである。キャンプ地に転がり込んですぐの間、一週間分のビールの供給についての処置は考えていなかった。しかし、今の状況では選択の余地はほとんどなかった。私は別に脅されなかったが、喉が干上がった際みんなで私のビールを共有しあう目的で私がビールを持参したのだと誰もが思っているようだった。サンフランシスコへ帰るためのガソリン代はかろうじて残っていたけれど、二ケース分のビールがなくなってしまうと、小切手を現金に換えなければ、週末中ビールを一缶も買うことはできなくなる。とんでもないことだ。その上、私は、エンジェルズが会った者の中で交際費を持っていない唯一のジャーナリストだったし、未だにそうかもしれない。私は貧乏だと訴え、共合積立金で買われたビールを飲まざるをえなくなった時の彼らの反応について少しばかり心配した。私は強烈にホップの味を欲しており、勢いを失いつつある日光の下で、ビールを飲まずに週末を過ごす意図はまったくなかった。

あとで振り返ってみると、ビールを飲むことなんてささいなことのように思えるが、あのときはそうではなかった。間の悪いことに、私は報酬を求めず人のために尽してしまったのだ。体の中でビールを飲みたい思いが潮流のように流れていたのである。私のビールの隠し場所が発見されたために起こった怒りと嫌悪の不協和音の中で、私は誰にともなくこう言ったのを思い出した。「わかったぞ、ちきしょう、これは連中と私にとってはよいことなんだ」と。だが、これを信じる理由がなかった。あの破廉恥行為の段階で、エンジェルズはすべての報道記者が『タイム』と『ニューズウィーク』に属していると思っていたのである。エンジェルズの中で私を知っているのはごく少数だった。他の多数は私がエンジェルズのビールに手を着けて、元を取ろうとして盛んにビールを飲むのを好ましく思わなかったのだ。

何時間かが過ぎ、ビールがもたらした危機的状況が終わりを迎えたあと、自分が悩んだことがばからしく思えた。アウトローらは全然気にしていなかったのだ。彼らが私のビールを飲み、私が彼らのビールを飲むのは当たり前なのだ。週末も終わりに近づく頃までに、私が持ち込んだビールより私は三、四倍のビールを飲んだことになる。今でさえ彼らといっしょに飲んだ約一年間を振り返ると、私は何とかうまくやったとは思う。だが、帳尻を合わせているわけではなかった。彼らがナチス・ドイツのかぎ十字章を身に着け、ドイツにかぶれているにもかかわらず、エンジェルズ同士の財政上の関係はまさに純粋な共産主義に基づいていた。つまり、〝能力に応じ、欲求に応じて、たがいに分け合う〟のである。その場にふさわしいかどうかというタイミングとビールを分かち合う精神は、ビールの量と同じぐらい重要なのだ。彼らは資本主義経済下の自由企業制度を賞賛しているが、自分たちの間でこの制度に従うだけの余裕はなかった。彼らの労働倫理は〝持てる者は分ち与う〟である。これは何ら言葉の上だけでもなく、独断でもない。ほかにやりようがなかったからである。

ところが、その日の午後、彼らの倫理ははっきりと示されなかった。バージャーが寄付金を募っている間、私の飲み物が消失したのだから。保安官のバクスターが立ち去ったあと、六人の保安官補が永続的に使えそうなキャンプ地の面倒を見ていた。私が保安官補の一人と話をしていると、バージャーが一握りの金をつかんでやって来た。「郵便局のそばの店だが、こっちがほしいだけのビールを売ってくれると保安官が言ってたぞ」とバージャーが告げた。「あんたの車を使ったらどうかな。うちのトラックを使ったら厄介なことになりそうだ」

私は気にしなかった。この保安官補はそいつはいい考えだと言ったので、車のボンネットの上で金を数えた。紙幣で一二〇ドル、小銭でざっと一五ドルあった。それから驚いたことにバージャーは私に全額を渡し、よろしく頼むと言った。「急いでくれよ、みんな喉がからからなんだ」

車にビールを積み込むのを手伝ってくれる者がいればいいんだが、と私は言い張った。一人で行きたくない本当の理由は、ビールを積み込む問題とは関係なかった。アウトローらはみな都会に住み、そこでは六缶入りのワンパックの値段は七九セントから一ドル二五セントの幅があった。だが、私たちは都会の近くにはいない。私は長い間の経験からこんなことを知っていた。遠隔地の小さな商店は『ガウジャー・ハンドブック』によってときには値段を釣り上げる方針をとっていることを。ユタとネバダの近くで、私はかつてワンパックに三ドル払わねばならなくなったことがある。もしバスレークでも同じだとするなら、信頼できる証人――バージャーのような――がいてほしかった。正規の市価なら一三五ドルあれば約三〇パックのビールを持ってこられるが、シエラネバダの商人が値段にこだわれば、二〇パックか、たぶん一五パックだけしか持ってこられないだろう。エンジェルズはあれこれ値段を比較して買物はできない。もし彼らが社会経済学を厳しく教え込まれていたなら、仲間一人の悪事に対し激しく反応するだろうと私は思った。一三五ドル分のビールを買うのに文なしの物書きを使うという事実は、フルシチョフがニクソンに言ったようなことと同じだった。「キャベツの世話をやくのにヤギを送った」ということになりかねない。

バージャーとピートが同行するのに合意したあと町へ行く途中、バージャーが言った。「あんたはおれたちのこの金を持ってサンフランシスコへ帰ることができるぞ」するとピートが笑って口を出した。「おれたちはあんたがどこに住んでるか知っている。あんたにはものすごく勝気な女房がいるとフレンチーが言ってたぞ」ピートは冗談混じりに告げたが、私の妻を強姦するのが、彼の頭に浮かんだ報復の第一手段だと気づいた。

バージャーはなかなか策士なので政治家のように話題をさっと変えた。「あんたの書いたおれたちに関する記事読んだぞ。あれはあれでまあまあだがな」

その記事は一、二か月前に掲載されていた。私は自分のアパートのある夜のことを覚えている。サンフランシスコのエンジェルズの一人がビールを飲んで酔い、にやっと笑って言うのだった。私が書いたものが気にいらなかったら、夜やって来てドアを蹴り倒し、廊下にガソリンをまきマッチで火をつけると。あのときはみんな機嫌よく、私は壁に掛けた弾をこめた二銃身のショットガンを指さして笑みを浮かべ、きみらが逃げる前にせめて二人ぐらいはやっつけてやると答えた。しかし、こうした暴力行為は起こらなかったので、彼らはその記事を読んでいなかったか、書かれていることと折り合いをつけているのではないかと憶測した。それでも私はこのことを特にバージャーが取り上げないよう気を遣った。彼の意見が自動的にヘルズ・エンジェルズの公的な行動方針になっていたからである。私は二度とモーターサイクリストのアウトローと接触することはないだろうと思って彼らを〝負け犬〟、〝無知な無法者〟、〝下劣な放浪者〟と呼んでいた。遠方のシエラネバダ地帯のキャンプ地で二〇〇名の酔っぱらった連中に取り囲まれている間は、こんな言葉を使おうとは思わなかった。

「今は何してるんだ?」バージャーは訊いた。「別なものでも書いてんのか?」

「うん、本だ」私は答えた。

彼は肩をすくめた。「おれたちが求めているのは真実だけだ。[*1] あんたはおれたちについてあまりいいことは書いてないな。どうもわからないんだ、人は真実をでっち上げる権利なんかあるのかな——何もかもくだらん、嘘っぱちな真実なんか」

私たちはウィリアムズの店の近くに来た。あの縮れ毛の自警団員が口にした強力な言葉のバリアを脳裏に浮かべた。丘陵の麓でターンし、店からほぼ三〇ヤードのところでできるだけ目立たないよう駐車した。キャンプ地の保安官補によると、ビールの購入についてはすでに手配済みとのことで、私たちとしては金を払い、ビールを積み込んで立ち去るだけだった。今バージャーが現生を持っている。私について言えば、私は単なる運転手にすぎない。

何か問題が発生してビール購入計画が齟齬をきたしたとわかるまで、ほぼ一五秒かかった。車から外へ出ると、自警団員らが私たちのほうに向かって動き始めた。あたりはひどく暑く、静かだった。私は駐車場をおおっている土埃を口の中に感じた。マデラ郡の護送車がショッピングセンターの向こう側の端に駐車していて、前の座席には警官が二人座っている。暴徒が護送車の近くで足を止め、ビールを売る店の外にできた板張りの道で人間が群がった壁を作っていた。彼らはビールの取引がペンディングになるらしいとはっきり知らされていなかった。バージャーとピートがビールを受け取りに行っているんだろうと思い、自分の車のトランクを開けた。事態が深刻になれば、トランクの中へ飛び込んでロックし、後ろの座席を蹴り倒し、ことが済んだら走り去ることができる。

エンジェルズは誰一人として店のほうへ動かなかった。交通の流れが止まり、観光客が安全な距離を保って立ち、見物している。このシーンはさながらハリウッド映画のような気配を漂わせていた。『真昼の決闘』、『リオ・ブラボー』のような。しかし、撮影機材もなくBGMもないので、まったく同じというわけではない。静寂が長い間つづいたあと縮れ毛のやつが二歩前へ進み、叫んだ。

「あんたたちここから出て行ったほうがいいぞ。勝つ見込みはないんだから」

私はビールの売買には了解ができていることを説明しようと思って、縮れ毛のやつと話し合いに行った。私は暴動には特に異議を唱えていなかったが、私の車がそれに巻き込まれ、私が暴動に加わることになるかもしれないので暴動が起こってほしくなかった。暴動が起こっていたら見苦しい事態になっていただろう。二人のエンジェルズと一人の物書きがシエラネバダの土砂が舞う街路で一〇〇人の地元住民と争うなんてことはとんでもないことだ。縮れ毛のやつは私の道理を尽した話に耳を傾けていたけれども、首を振った。「ウィリアムズさんは気が変わったんだ」このとき私の後ろで「何てことだ！　おれたちも気を変えるぞ！」とバージャーが怒鳴っているのが聞こえた。彼とピートが言い争いに加わろうとして歩いて来たのだ。自警団員たちが縮れ毛のやつを応援するため前へと足を進めた。縮れ毛のやつはまったく平然としている。

もううんざりだと私は思った。護送車の中の二人の警官は身動き一つしなかった。あわててことを起こすようなことはしたくなかったのである。暴徒に打ちのめされたら、大変恐ろしい経験を味わうことになる……まるで荒波に襲われたような経験――そこで生き延びる以外どうしようもないような。これに似通った経験を私はニューヨークとサンファンで味わったことがある。バスレークでも数秒以内にけんかが起こりそうだった。これを防いだのはタイニー・バクスターのうさん臭いタイムリーな登場だった。人だかりが二手に分かれて、車上で赤いライトをピカピカ光らせているでかい車を通した。「町から出て行くよう言ったと思うがね」バクスターはきっぱり言った。

「ビールを買いに来たんです」とバージャー。

バクスターは首を振った。「だめだ。ウィリアムズは売るものがなくなってきていると言ってる。湖の向こう側に行ったらどうかな。いっぱい売ってるぞ」

私たちはすぐ立ち去った。最初話に出たキャンプ地同様、この最初に出たビール売買の話は仕組まれた小細工のようだった。バクスターは自分の行なったことを知っていたかもしれないし、知らなかったかもしれないが、知っていたなら巧妙な戦略を巡らせたことで成果を上げたことになる。バクスターはこの週末の間、たまにしか姿を現わさなかったけれども、現われるときは危機一髪の事態が生じたときで、いつも解決策を持ってやって来たのだった。ビールの一件が落着したあと、エンジェルズはバクスターのことを隠れシンパだと思い始めた。そしてキャンプ地の一日目の真夜中になる頃、バージャーはバスレークにいるすべての人たちの幸福、安寧に関して、ほとんど個人的にだが責任を持たされたような気持ちになったようだ。バクスターが問題をうまい具合に処理するたびに、エンジェルズに恩を着せた。心にうずく奇異な重荷のせいで、ついにバージャーの休日はだいなしになってしまった。拘禁治安法と、この保安官と交わしたあわただしい多くの同意事項についてバージャーはたえず悩んでいた。彼の数少ない楽しみの一つといえば、バクスターもまったく不眠状態に陥れられていることを知ることだった。

湖の周辺で車を走らせている間、どんな地元の連中が次に行く店で待機しているのか、私たちは推測した。「やつらはおれたちを襲ってくるぞ」ピートが言った。

「ま、そういうこともあるな」バージャーがつぶやいた。「あの保安官のやつは戦争が間近に迫っていることを知らないんだ」

私はバージャーの言葉を軽く受け流したが、週末が過ぎ去るまでには冗談を言っていたわけではないと知った。もしバージャーが地元の暴徒に襲われたら、武装した民兵隊でさえ、主だったアウトローの集団が報復を求めて町へなだれ込んでくるのを抑えることはできない。エンジェルズのボスへの攻撃は悪い事態をもたらすだろうが、今の状況――例えば警察の企んだビール走行事件――は最も邪悪な背信行為、裏切りの証拠だったかもしれない。エンジェルズがみなバスレークへやってきて、やろうと思っていたことをやったなら、拘置所か病院で週末を迎えるかもしれない。むしろこれを期待していたのだ。都合のいいほどほどの暴動ですんだだろうが、あとから思えば当初想定されていた暴動は調和がとれているとは私にはもはや思えない。自警団員の多くは、敵が本気になって手当たりしだいに誰にでも危害を加えるとわかった途端に、闘争意欲を失っていただろう。

一例を挙げると、サンフランシスコのビッグ・フランク[*2]は空手の黒帯の保持者で、相手の目玉をえぐり出そうとしてどんなけんかへもおもむく。これは伝統的な空手の技で、これを知っている者なら難しくはない……だが、専業主婦、実業家、そして顔に砂を投げつける暴漢に耐えられない短気な事務員のための〝自己防衛術〟を教える道場では、この技は教えていない。この技の意図していることは敵を盲目にすることではなく、敵のやる気をそぐことだ。「目玉をえぐり出しやしない」ビッグ・フランクは言った。「ひょこっと飛び出させるんだ。目玉をはずすんだよ。激痛に襲われるから、たいていのやつは気を失っちまう」

　血の気が多いアメリカの若者は、普通こんな戦い方はしないし、背を向けた相手に対しチェーンで叩くようなまねはしない。けんかがそんな事態になっていることに気づいた時、自分が不利な立場に立っていると感じるもっともな理由がある。鼻を殴られるのと、目玉が飛び出たりレンチで歯をぐらぐらさせられるのとは別問題なのである。

　その日の午後、全面的な戦いになったら、地元住民は最初の衝突でおそらく敗走するはめに陥るだろう。警察が戦力を寄せ集めるまで時間がかかるかもしれず、その合間にアウトローはありとあらゆる破壊手段を用いてウィリアムズの所有物に損害を与えるだろう――窓を壊し、ビールのクーラーを略奪し、現金が入っているレジをライフル銃で撃ち砕くだろう。数名が縮れ毛の自警団員と彼の仲間に撃たれるだろうが、ほとんどのアウトローらは、本格的な警察の行動を目にするや、一目散に逃げようとするだろう。厳しく追跡され、小競り合いが生じるはずだ。しかし、バスレークはエンジェルズの縄張りからかなり離れたところにあるから、道路が封鎖されていた場所で捕えられずに家路につくことができる者は少ないだろう。

バージャーはこのことを知っていて暴動を起こしたくなかった。しかし彼はまた、キャンプサイトを与えてくれたのは、もてなしの気持ちや社会正義のためではないことも知っていた。タイニー・バクスターは両手に爆弾をかかえ、それが爆発しないように用心深く足を運ばねばならなかった。これがバージャーの持つ影響力だった。とことん追いつめられると、バージャーと彼の仲間は野獣のように振る舞うと信じていた。だが、事態が平穏さを保っている間だけ彼らはおとなしい態度をとりつづける。ジョン・フォスター・ダレス（アメリカの外交官。一八八八－一九五九）だったら、双方がくつがえしたくない膠着状態を〝恐怖のバランス〟と呼んだかもしれない。これが樹木の多いアメリカの地域社会にとって、正当なあるいは望ましい状況であるかどうか問うのは見当違いもはなはだしい。バスレークでの地元住民とヘルズ・エンジェルズとの対決は、ニューヨークやシカゴのラジオの聴取者にとっては不気味で非現実的だと思えようが、現場にいる者は、目に見えるものが何であるか疑いようがなかった。善悪はさておき暴動は起ころうとしていた。エンジェルズがウィローコーブに落ち着く頃には、地元で制定された拘禁治安法さえ無関係だった。アウトローらは刻一刻と移り変わる現実にそくして対応しなければならなくなった。

私はこのような状況に物理的にも巻き込まれるつもりはなかったけれども、ウィリアムズの店からかろうじて逃げたあと、私はエンジェルズと同一視されていたため、中立的な立場に戻ろうとしても無意味だった。パージャーとピートは当然私を仲間として認めていた。湖の周辺を走っているとき、二人は熱心にカラーズの重要性を説明していた。ピートは私にどうして重要なんだと質問されると困惑した素振りで言った。「まあ、そういうことだ」

他のマーケットは主たる観光エリアの中心にあり、そこへ着いたらひどい人混みだった。駐車できる場所は、ガソリン注入ポンプと車の乗降用のドアの間しかなかった。トラブルが発生したら私たちは監禁され、どうしようもなくなる。一目見て、この場面は前に私たちが救われた時よりさらに悪いように見えた。

ところが、今の時点で集まっているのは違う人種だった。ここの群集はエンジェルズのパフォーマンスを見るため何時間も待っていたのである。バージャーとピートが車の外へ出ると、満足のつぶやき声がもれた。彼らは地元住民ではなく観光客――平野や沿岸地区から来た都市の住民だったのである。店にはロサンゼルスにおけるヘルズ・エンジェルズの強姦事件を書き立てた新聞が溢れていた。アウトローらが、短身でまん丸い顔をした店主とやりとりしていると、好奇心旺盛な人たちが集まって来た。店主が言った。「いいですよ、私があんたたちのお世話をしますよ」店主は友好的な態度で客に接し、バージャーとピートがビールの収納庫へ行く途中、ピートのいかつい肩に腕を回すほど親しげに振る舞っていた。

私は新聞を買い、店の奥の隅にある、酒を飲んだり、昼食をするカウンターに行った。私が強姦の記事を読んでいると、後ろで幼い女の子の声がした。「あの人たちどこにいるの、マミー？　あの人たちを見に行くと言ったじゃない」私は振り向いて女の子を見た。永久歯が生えたばかりの、がにまたの妖精のようだった。私の子供が男であることにふたたび感謝した。母親をちらとながめ、こんなすてきで富裕な時代に彼女の好みがどうフィットしているのかなと不思議に思った。母親は穏やかな三五歳ぐらいの女性で、短いブロンドの髪の持ち主で、タイトなバミューダ・ショーツの中に袖なしのブラウスの半分をたくし込んでいる。まぎれもなくペプシ世代（青少年層。ペプシ社が宣伝のため使った）のタブローだった。暑いカリフォルニアの午後、サントロペのサングラスをかけている、腹のたるんだ女性が小学生を引き連れ、熱心な群集の中に混じって『ライフ』で喧伝された無法者のサーカスの到着を待っていた。

私は昨年の春のことを思い出した。ある日の夜、サンフランシスコからビッグ・サーへ向けて車を走らせているとき、大津波が真夜中頃カリフォルニアの沿岸を襲ってくるというラジオのニュース速報を耳にした。一一時になる少し前にホットスプリング・ロッジ――海に面した断崖の上にあった――に着いて中に走り込み、この警報を伝えようとした。夜は長く、まだ起きていた人たちは六名の地元住民で、ワインのボトルをのせたセコイアのテーブルを囲んでいた。彼らは嵐が襲ってくるのを待っていた。同じ夜、対応に苦慮している警察の報告によると、一万名以上の群集がサンフランシスコのオーシャンビーチに集まって、コースト・ハイウェイに長々と車がつながる交通渋滞を起こしていた。この群集もまた好奇心旺盛で、もし大津波が予定どおり押し寄せてくれば、ほとんどが命を失うはめになっていただろう。幸いにも大津波はホノルルとウエストコーストの間のどこかで消えてしまったようだ……。

およそ五〇名が集まり、私たちがビールを車へ運んでいる姿を見つめていた。ティーンエージャーが数名、大胆にも協力してくれた。そしてマドラスショーツと黒い靴下をはいた男が、バージャーとピートにポーズしてくれるよう頼み、後ろに下がって小型のムービーカメラで全景を撮ろうとしていた。バミューダショーツをはいた他の男が私の横ににじり寄って来て、穏和な口調で「あんたたち本当にナチスなの?」と訊いた。

「いや、私は違いますよ。私はキワニスです」

この男はすべてわかっているような様子でうなずいた。「じゃ、あんたが読んでる記事は何なんです？　それナチスのかぎ十字についてでしょう」

私がバージャーに声をかけた時、彼はティーンエージャーに向かい、ビールのケースを後ろの座席にどう積んだらいいのか教えていた。「ねえ、この人はきみがナチスかどうか知りたいんだって」彼は笑うと思ったが、笑わなかった。かぎ十字章や鉄十字勲章については彼はいつものように否定的な応答をした（「そんなものは何の意味もないんだ。そいつは安売りの店で買った」）が、男はこれは単なる悪ふざけだと思って満足した。バージャーはベイエリアの報道記者の間で彼を人気者に仕立てたアドリブを言い放った。「しかしね、おれたちが尊敬しているものがあの国にはあるんだ」彼は戦前のドイツについて話した。「ナチスには規律があった。威張りちらしてはいなかったぞ。正しい思想は抱いていなかったが、少なくとも指導者をうやまい、たがいに信頼することができたんだ」

これを耳にした人たちは、もっとこの言葉を考えたいような仕草をしていたが、一方私はウィローコーブへ戻ったらどうかと言った。今にも誰かがダッハウ（ドイツの南部にあったナチスの強制収容所）のことで怒鳴り声をあげ、立腹したユダヤ人が、折りたたみ式の椅子でバージャーを打ちのめすだろうと私は思った。だが、そのような兆しはまったく見られなかった。この場の雰囲気は心地よかった。そこで私たちはすぐ店の中へ戻り、ハンバーグを食べ、生ビールを飲んだ。くつろいだ気分でいるとバイクの音が聞こえ、グループが外からさっとドアへ駈け寄るのが見えた。数瞬後、リッチモンド支部のスキップが現われ、ビールを待つのに耐えきれなくなり、自分でここへ来ようと決めたんだ、と言った。さらに数名が同じ理由でやって来た。すると店主がそそくさとカウンターの後ろへ行き、一心にビールをマグに注いだ。「さあ、気楽にビールを飲んで下さい——長い間走っていたから、喉がかわいているんでしょうね」

店主の態度はひじょうに奇妙だった。私たちが店を出るおり、店主は〝他の仲間たち〟とすぐに戻って来てくれと言ったのである。私は現況を考慮しながら、声に狂気がこもり軽快なリズムに弾むおしゃべりをじっと聞いた。こいつ店主じゃないなと感づいた……たぶん店主は家族といっしょにネバダに逃げ、間抜けなこの男に店をまかせ、無法者らの応対をゆだねたのだ。この男が誰であれ、この小柄な男は一ドル五〇セントのワンパックを八八パック売り、これからの週末の時間内でうなぎ昇りの売上げを請け合ったのであろうか……彼は一セントも費さずにウエストコーストのけだもののような連中を定着させ、伝統的な湖岸の花火を黒ずんだ闇に変えてしまうような、大衆を喜ばす自信満々な仕掛人になったのである。彼がただ心配しているのは、行動が混乱をきたしておかしくなる状況と、利益を台なしにし、顧客の怒りを爆発させる可能性だった。明くる日の新聞にこんな記事が載ることになるのだろう。

バスレークで強姦、山のリゾート地で火事とパニック、警察官とヘルズ・エンジェルズが乱闘、地元住民逃げる。

地元住民は忍従しているようだった。彼らが武装して、不機嫌な様子なのを見ても驚くにはあたらない。また警察が異常なほど緊張していても不思議ではなかった。今度はモンテレー以来初めての大集会で、マスコミが大騒ぎしたことで、アウトローも警察も対処せざるをえなくなる事態となった。道路封鎖や拘禁治安法は両側の人間にとって新たな問題となった。きちんとキャンプ場を確保しておこうという考えは以前も実行されはしたが、アウトローが動き回らない深夜を除いて効果はなかった。しかし本当に衝撃的だったのは、ビールをめぐる状況だった。エンジェルズは、訪れたどんな地域社会にも少しは貢献したという誇りを抱いている。地元住民に恐怖を植え付けたにもかかわらず、酒場などに多額のドルを残したのである。ビールを売らないという公式な警告が特になされていたら、地元住民は都会からトラック一台分のビールを持ち込んで来ていただろう。

しかしバスレークのシーンは違っていた。地元住民は一週間近くの間苛立ちをつのらせていたが、土曜日の朝までには最悪な事態に備える覚悟を決めていた。地元住民は以下のことを理解した。エンジェルズに大量の酒類を提供しなければ、あまり危険ではないということを。これは関係者全員、ビールを売る者にとってさえ明らかだった。その上、金銭的には悪影響をおよぼしそうだった。なぜなら、腐ったマスコミが盛んにアウトローを取り上げたので、多数の行楽客がどこか別の場所へ行くことになるかもしれないからである。自分の家族を戦場に、邪悪なやくざ者らがほぼ確実に侵入する場所に誰が連れて行くものか。

今この時点ではこのような問題があったが、バスレークの素朴な田舎が与える逸楽を味わうため週末にカリフォルニアじゅうから来た人びとがやって来たという事実は変えられない。彼らがモーテルや、いつも行くキャンプサイトから追い出されると、道端や荒れ果てた峡谷で寝た。月曜日の朝になると、湖に面した土地は、アンドリュー・ジャクソン大統領による恒例の舞踏会が終わったあとの芝生のような様相を呈していた。行楽客の群集は長期の夏期休暇となると精神に異常をきたすのである。

カリフォルニアは、アウトドア活動が好きな者がいることで知られている。一九六四年、ロサンゼルス近くで何千人ものキャンパーが山火事で燃え尽された地域へ入れないように、障害物が設けられた。火災がおさまり、バリアが取り除かれると、黒く焦げたキャンプサイトはたちまちキャンパーで満杯になった。取材しに来た記者は「キャンパーはまだ煙の出ている木株の間にテントを張っている」と述べていた。家族を連れて来たあるキャンパーは「他にいくところがなく、休日は二日しかない」と言った。

救いようのないコメントは、やはり救いようのない感情をもたらす。が、バスレークに群集がやって来たが、この事実を単純にはっきりと説明することはできない。アウトローとかかわりたくないと思っていた者は、もっと安全な休暇スポットを見つける時間はたっぷり持っていたはずである。〝ヘルズ・エンジェルズが攻撃して来そうだ〟という警察の報告のために、バスレークは観光スポットのあらゆるリストのトップを飾った。

ゆえに、バスレーク商工会議所にとって、ヘルズ・エンジェルズの存在は疫病ではなく、実は観光事業には大いなる恩恵をもたらすとわかったことで、めくるめく天啓となったにちがいない。この意味を考えると不気味で恐ろしい気持ちがしてくる。例えばヘルズ・エンジェルズが立見席を占めるだけの観光客を惹きつけるとすれば、少しばかり流行に敏感な娯楽担当の理事は論理的に飛躍して、翌年は、ワッツから競い合っている二つのギャング連中を連れて来て、大きな岸辺の一つで戦わせるだろう……地元の高校生にボレロや〝ゼイ・コール・ザ・ウインド・マリア〟を演奏させ、頭上に盛大に花火を打ち上げて。

＊1　数か月後、彼らは真実はそれだけでは充分ではない、と判断した。金銭問題が起こった。これが緊張状態を生み、恨みを買い暴力沙汰になった。

＊2　あるいはフランク・ナンバーツー。元アウトローで支部長だったあの伝説的なフランクではない。

13

ポーターヴィルで困ったことになったんだ――そこの繁華街で四〇〇〇名の人たちがおれたち二〇〇名を見張ってた。

――テリー・ザ・トランプ

ビール市場で最後に買ったものは、ピートの飼っている大きな赤毛のレッドボーン（米国原産でかつてアライグマ狩りが得意だった中型犬）が食べる馬肉の缶詰一二個だった。この犬は他の走行にも加わったことがあり、エンジェルズの精神がどういうものかわかっているようだった。たえず食べ、全然眠る様子はなく、はっきりした理由もないのに遠吠えの発作に襲われ、長い間咆哮する。

かなりゆっくりと時間をかけてキャンプ地へ戻った。車の中はばらけたビールのパックがいっぱい転がっているので、私は運転するのにかろうじて腕を動かせるくらいだった。車が上下に激しく揺れるため、スプリングが後方の車軸に当たった。ウィローコーブへ行く脇道に着いたとき、車は松林につづく土砂だらけの山道を登ることができなくなった。そこで車をバックさせ、砲弾よろしく車を山道へ猛スピードで突っ込ませた。そのはずみで山道の突出部を飛び越えたが、右のフェンダーがタイヤに食い込んだ。車は、山道をかなりよろめいて下って山道を完全にふさぐ格好になり、例の店へ行く途中、一二台ほどのバイクに衝突する寸前に止まった。車をふたたび動かすバンパー・ジャッキを荒っぽく扱い、前輪をはずしているとき、むらさき色のトラックが山頂から下りてきて、私の車のリアバンパーにぶつかった。この週末のテンポが速くなった……大量のビールがみなに配られ、缶を開ける金属音が響いた。バージャーがウィリアムズの店での出来事を話すと、貪欲な笑いと興奮した気配がみなぎった。

　私たちは二時間ほどキャンプ地から離れていたが、暫定的な平和状態が車数台分の女性とビールの到来によって保たれていた。六時までに、空地全体は車とバイクで沸き立っていた。私の車は真ん中に置かれ、共有の冷蔵庫の役を務めている。

　バージャーの不在中、他支部のボスたちは焚火用の薪集めを指図していた。この仕事は各支部の一番新しいメンバーに割り当てられた。これが当たり前の伝統なのである。タイニーが言っていたように、結局エンジェルズは他のどんな協同団体とも似通っている。エンジェルズも儀式、階層制、組織に関してすばらしいセンスを持っている。と同時にエンジェルズはある種の独自性、エルクスやフィ・デルツという慈業協同団体とは違う人生に対する明確な方向性に誇りを抱いている。他の協同団体のメンバーは当然エンジェルズの伝統について疑問を持ち、エンジェルズはエキセントリックだとか、犯罪に手を染めていると語っている。議論の的になるのは強姦、襲撃、体臭である。一般大衆にとってあまり反発を買わないことは家の電話と一定した住所への強烈な軽蔑心である。まれに例外はあるが、この現実をどう見るかをさまざまな妻、〝ママ〟（前述したが、誰とでも寝る女）とガールフレンドにまかせている。彼女たちは自分たちの住いを、カラーズを身に着けた誰にでも昼夜解放している。

　エンジェルズは、自分が近づきがたい存在であることにかなり心地よさを感じている。借金取り、復讐を誓う者、いつもの警察の嫌がらせから遠ざけてくれるからである。彼らは望むがままに身を隠せるが、たがいに所在を突き止めることはそんなに面倒ではない。バージャーが航空機に乗ってロサンゼルスに降り立つと、オットーが空港へ迎えにくる。テリーがフレズノへ行くと、フレズノの支部のボス、レイをすぐに探し出せる――レイはある種の神秘的な地獄の辺土にいて、たえず変わる秘密の電話番号によってのみ彼の所在を探し出せる。オークランドのエンジェルズはバージャーの電話番号を使うのが便利だとわかり、ときどきメッセージをチェックする。自分が常連だと知られているいろんな酒場を利用する者もいる。連絡してもらいたいと思っている者は、会う場所を電話で決めるか、あるいは指定された時間に電話する約束をする。

ある夜私は、かつてディスク・ジョッキーをやったことのあるロジャーという名の若いエンジェルズに連絡をとろうとしていたが、それができなかった。今日から明日にかけてロジャーは自分がどこへ行くかまったく考えていなかった。「おれをロジャー・ザ・ロッジャーと言ってもだめなんだ。おれはどこにいようと消えちまうんだな。どうでもいいんだ。あんたが心配してくれても電話を切っちまうんだよ。それでお終い、あんたはおしまいだ」もし彼がその夜殺されても、生きていた痕跡、証拠は残さなかったろう。彼のバイク以外の私有物も。そんな私有物は他のエンジェルズがさっさと処分していたかもしれない。エンジェルズは遺書を残す必要はないと思っている。死んでも書類による死亡手続などはあまり必要としない……運転免許証は失効し、警察の記録から消され、バイクは持ち主が変わる。二、三枚の〝個人用カード類〟は財布から抜き取られ、ごみ屑かごの中に捨てられるだろう。

ジプシー風の生き方のせいで、逆に彼らのネットワークはきちんと機能してなくてはならない。

メッセージがうまく伝わらないと、深刻なトラブルを招くことになる。逃亡したかもしれないエンジェルズは逮捕されるはめになるだろうし、盗んだばかりのバイクはけっして買い主の手元には届かない。一ポンドのマリファナがあっても重要な麻薬密売人のところにはたどり着かないかもしれない。支部のメンバー全員に走行やビッグな集会の情報は事前に届かない。

走行の目的地はできるだけ長期間秘密にされている。支部のボスは長距離電話をかけて目的地がどこかを探り、走行前日の夜に支部会でそれを仲間に直接伝えるか、あるいは少数のバーテンダー、ウエイトレスか、連絡係として知られている女の子に地名を伝えてくれるよう依頼する。このシステムはかなり有効だが、一度たりとも秘密漏洩は防ぐことはできなかった。一九六六年になるまでに、実際に走行が行なわれている最中まで目的地を知らせないのが望ましいとエンジェルズは決めていた。バージャーは一度そうしてみたけれども、警察はある地点からある地点まで無線通信を使ってエンジェルズを追跡することができた。無線通信による追跡は警察に活力や自信、管理能力を与える手段にすぎず、間違いを犯さない限りは有効ではあった。しかし、人が群がる休日に、エンジェルズのコンボイ隊がレーダースクリーンの端にさっと映って、すぐに消えてしまうブリップのようになると推測するほうが無難だ。アウトローらがたえず探し求めているものは人目につかない隠れ場、つまり、牧場か大農場——そこに友好的なオーナーがいればいいが——で、そこが警察の手が届かない田舎の縄張りになる。そこで彼らはみな酔っぱらって裸になり、食べざかりのヤギのようになってがつがつ食べ、ついにぐったりしたりして眠る。

警察が使っているような無線通信機は買う価値があるかもしれない。パニクった声を聞くために。

「八〇名のグループがサクラメントを通り過ぎ、国道五〇号線を北へ向かっています。暴力は振るっていません、ターホー湖方面へ向かっていると思われます……」五〇マイル北のプレースヴィルで警察署長は部下に檄をとばし、市の境界の南、高速道路の両側にショットガンを持った警官らを配置する。二時間後、彼らがまだ待機していると、情報の送信を担当するサクラメントの通信係が、この危機をプレースヴィル側はどう対処するのか、報告をしきりに求めている。プレースヴィルの署長はまだエンジェルズとはコンタクトしていないと苛立って報告し、休息をとっていない部下が帰宅して休日を楽しんでいいかどうかと尋ねる。

通信係はサクラメントのハイウェイパトロール隊本部の通信室に座り、チェックしている間はそちらは待機してほしいと告げる……数瞬後スピーカーから通信係のがなる声が響く。

「このブタ野郎！　嘘つき！　やつらはどこにいる」

「ブタ野郎と言わんでくれ。やつらはこっちに来ていない」とプレースヴィルの署長。

通信係はノーザンカリフォルニアじゅうをチェックするが、結果は出てこない。パトカーが高速道路を右往左往して酒場を全部捜査する。何も出てこない。カリフォルニアで最も凶暴な無法者らはサクラメントとリノの間のどこかで酔ってたむろし、強姦と略奪に飢えている。無法者のバイクの編隊を幹線の高速道路で見失うだけで、カリフォルニアの法執行機関にとっては頭痛の種なのだ……確実に首が転がる。

すでに無法者らは〝オウル農場、立入禁止〟の掲示板のところで高速道路を出て、私道の奥深くにいる一方、五〇名の別のグループは同じ近隣のどこかへ消える。捜査員らは高速道路を徘徊し、唾、垢、血の痕跡を調べている。通信係は依然としてマイクを使って怒りの声を吐き出している。報道担当の警官がサンフランシスコとロサンゼルスのラジオの取材記者に応えている。「すみません。言えることはこれしかありません。彼らは……えー……われわれの情報としては……彼らは消えました、いなくなってしまったんです」

右のような事態にならなかったただ一つの理由がある。ヘルズ・エンジェルズは辺境の地にある私有地にアクセスできなかったからである。エンジェルズの二、三名は農場を持っている親戚がいると述べているが、ピクニックに招かれたという話は出なかった。エンジェルズには土地所有者とのつき合いはあまりない。彼らは肉体的にもそうだが経済的にも精神的にもシティボーイなのである。少なくとも一つの世代の、ときには二つの世代の何も所有していない、車さえ所有していなかった人びとから生まれた。

ヘルズ・エンジェルズは下層階級がもたらした現象であることはかなり明白であるが、現在の彼らを形成した過去の環境は必ずしも貧しいものではなかった。彼らの親は世人から嫌がられる時期を過ごして来たにもかかわらず、信用はされていたようだ。エンジェルズの大部分は、第二次世界大戦以前か、その最中にカリフォルニアに移住した人びとの息子である。息子の多くは家族との接触を断っていた。自分には故郷があると言ったエンジェルズに私はこれまで出会ったことはない。故郷という言葉を使う者が故郷がどういうものかわかっているという意味でだが。例えば、テリー・ザ・トランプの〝出身地〟はデトロイト、ノーフォーク、ロングアイランド、ロサンゼルス、フレズノ、サクラメントである。子供の頃、テリーは貧しい暮らしをしていたのではなく、アメリカじゅうを移住していたのだ。他のエンジェルズと同様にテリーにはルーツがない。すべて現在に、瞬間に、パフォーマンスにかかわっていただけである。

　高校卒業後、安定した一番長いテリーの職といえば、沿岸警備隊に三年間勤務していたことだった。それ以来テリーは植木職人、機械工、ちょい役の俳優、肉体労働者、故買屋として心ならずも働いたという。二、三か月大学に通ったが、結婚するため退学した。二年後に子供が産まれたが、夫婦げんかばかりして離婚した。再婚した妻にまた子供が産まれたが、やはり結婚生活は長続きしなかった。二度ばかり大々的に新聞沙汰になった強姦事件で逮捕され、今テリーは自分のことを〝好ましい独身男〟と称している。

　はなばなしい前科歴があるにもかかわらず、テリーの全刑期は約六か月だと算定されている。すなわち住居不法侵入罪の九〇日間と残りは交通違反。テリーはすべてのエンジェルズの中で最も逮捕されやすい者の一人だった。警官は彼の姿を見ただけで腹を立てたのである。一九六四年と一九六五年の年月で、彼はざっと計二五〇〇ドルを保釈保証人と弁護士、交通裁判所に支払った。ほとんどのエンジェルズもそうだが、おれをプロのアウトローに仕立て上げたのは警察だと言って、彼は〝警官〟を非難した。

　エンジェルズの少なくとも半分は戦争中に生まれたウォーベビーだったが、彼らはひじょうに幅広い分野に存在している。平和部隊（米国から開発途上国に派遣された産業などの援助者）にも合同軍事教練プログラムにもウォーベビーがいるし、ベトナムでも戦っている。第二次世界大戦はエンジェルズの出自と関係があるが、戦争の時期うんぬんは四〇歳代前半のダーティ・エドと、オークランド支部のクリーン・カットをカバーするほど裾野は広くない。クリーン・カットはエドより二〇歳若い。ダーティ・エドはクリーン・カットの父親になれるほどの年輩者だが、そうは見えない。エドは記憶していないほど多くの〝種〟を異性に植え付けてはいたけれども。

エンジェルズの神秘性を解明するのは容易である。彼らの名前と徽章でさえ第二次世界大戦とハリウッドから由来してきたものである。だが、彼らの遺伝子と真の経歴はさらに過去までたどれる。もともと第二次世界大戦のおかげでカリフォルニアは高度成長期を迎えたのではなく、一九三〇年代から始まった事態が復活したのであって、戦争経済がカリフォルニアを新たなヴァルハラ（北欧神話で神のオーディンの殿堂。戦死した英雄の霊を招いて祀る所）にした時は高度成長は先細りしていた。一九三七年フォーク作曲家兼歌手のウディ・ガスリーは〝ド・レ・ミ〟という歌を書いた。

カリフォルニアはエデンの園
あなたとわたしの楽園
でも信じようと信じまいと
ホットであるとあなたは思わない
もしあなたにド・レ・ミがわからないと

この歌は一〇〇名以上におよぶオーキー（オクラホマの放浪農民）やアーキー（アーカンザスの放浪農民）やヒルビリー（アパラチアの奥地に住む人々）の挫折感を表現している。彼らはゴールデン・ステート（カリフォルニア州のこと）へ長い歳月をかけて移動し、ここは金になることを発見した。彼らが到来したとき西部移住運動は定着しかけていた。〝カリフォルニア的生き方〟は、いわば昔と同じ椅子取り合戦だった――しかし、こうしたニュースが東部の奥地に到達するまで時間がかかった。一方、ゴールド・ラッシュがまだ続いていた。ここでいったん、第二次世界大戦が終わるまで、新住民らはカリフォルニアに数年住むうちに子供をたくさん産んだ。彼らは結集し、ブームで沸き立っている労働市場で仕事を得た。いずれにせよ、戦争が終わったときに彼らはカリフォルニア人だったのである。旧来の生き方をしていた彼らは国道六六号線沿いの土地に散らばって住み、彼らの子供はこの新しい世界で育った。リンクホーン一家はついに〝ホーム〟といえるものを見つけたのである。

ネルソン・オルグレン（米国の作家。一九〇九―八一）は『荒野を歩め』の中でリンクホーン一家について書いたが、この一家がロッキー山脈を越える以前のことを題材にしていた。頭がおかしくなったフィッツの息子、ダブ・リンクホーンは新しい人生を切り開こうとしてニューオーリンズへ行った。一〇年後だったらロサンゼルスへ行っていただろう。

オルグレンはこの小説をアメリカの貧乏白人の歴史を最もすぐれた筆致で描くことから始めた。[*1] オルグレンがリンクホーン一家の先祖を、時をさかのぼって追跡すると、ニューオーリンズの沿岸地方に到着し、奴隷になった下僕の第一波だとわかった。この第一波はイギリス諸島じゅうから集まった社会の屑――社会に適合できない者、犯罪者、債務者、あらゆる種類の生活破綻者――で、みな新大陸へ渡航させてもらうのと引き替えに強制労働に従うといった契約を喜んで、将来の雇用主と交わしたのである。彼らは奴隷状態に一、二年間――雇用主に食と住を与えられた――耐え、年季が明けると解放され、生きる道を探った。

論理上でも、歴史的見地からながめても、状況は雇う側にとっても、雇われる側にとっても有利ではあった。が、まず奴隷として自分を雇ってもらいたかった者はみな、旧世界で有り金を使い果たしていたため、新世界に足掛かりを求めるチャンスは簡単には得られなかった。重労働とみじめな生活の時期を過ごしたあと、豊かな自然の産物が無限にありそうな土地で、手に入るものなら何でも手に入れようとした。何千というかつての奴隷たちがカリフォルニアに流れ込んで来たが、彼らが自由の身になるまでに、沿岸の土地は先住民のものになっていた。誰にも所有されていない土地はアレゲーニ山脈を越えた西にあった。そこで新しくできた州、ケンタッキーやテネシーへ流れて行った。息子たちはミズーリ、アーカンソー、オクラホマへ。

　放浪生活は断ちがたい習癖になっていた。旧世界にもルーツがなくなり、新世界にもルーツがないリンクホーン一家は、定着して土地を耕作することなど考えていなかった。奴隷の身分もまた習癖となっていたが、一時的なものだった。彼らは開拓者ではなく、最初の西部移動運動に連なる自堕落な同調者なのである。彼らがどこかへ移動する頃には、すでにその土地は誰かに占有されていたので、しばらく働きまた移動した。彼らの世界は絶望の落し穴とビッグ・ロック・キャンディ・マウンテン（放浪者が楽園を歌った歌。またウォレス・ステグナーの小説のタイトル）との間にある酔いどれがつどう地獄の辺土だった。彼らは西へと放浪を続け、仕事か噂話を追い求め、人家を襲って略奪し、あるいは先行して定着した血縁者に出会う幸運を願っていた。大群で移動するヨトウガの幼虫のようになって地表に生き、何でもできる限り奪い去ってまた移動する。まさにその日暮らしだった。いつも西のほうにはもっと多くの土地があった。

　居残って定着する者もいた。直系卑属の者らは未だにカロライナ、ケンタッキー、ウエストバージニア、テネシーにいる。彼らは脱落者でヒルビリーになり、オーキーになり、アーキーになっていた。全部が同じような人びとだ。この種族にとってテキサスは生ける記念碑なのである。サザンカリフォルニアも。

オルグレンはこの種族を〝凶暴なものほしげな若者〟と呼び、〝社会に欺かれた思い〟を抱いていると書いている。武装している酔った略奪者――ギャンブラー、乱暴者、女たらし――が多くいた。マフラーはなく、ヘッドライト一つない、すり切れたタイヤを付けたがらくたのA型フォードに乗って町へ入り込んで仕事を探すが、質問されても答えず、税金が天引きされていない賃金を要求する。現金を手にすると、安っぽいガソリンスタンドでガソリンをタンクに注入して道路へ出る。座席には一パイントのビール瓶を置き、〝ホーム、スウィートホーム〟などとカントリーミュージックを歌うエディ・アーノルドの声がカーラジオに流れている。〝ブルーグラスを歌う恋人が未だに待っている、ママの墓標にバラが〟。

オルグレンはリンクホーンの血縁者たちをテキサスに残していたけれども、西の高速道路上で車を運転している者はみな彼らがもうテキサスにいないことを知っている。彼らは移動を続け、ついに一九三〇年代の後半のある日、低い樫の木が生えた丘陵の尾根に突っ立ち、道路の果てに広がる太平洋を見下ろした。カリフォルニアでの生活はしばらくの間は厳しかったが、他の多くの場所ほど厳しくなかった。そして、戦争が始まった。都市は繁栄し、リンクホーンたちでさえ大金を得た。

戦争が終わると、カリフォルニアは軍からもらった退役手当ての使い道を探している復員軍人で溢れた。その多くはウエストコーストにとどまることに決め、新しいラジオがヒルビリーの音楽を流している間に外出し、はっきりした理由もわからずに大型のバイクを購入したが、当時のにわか景気で湧き立つ雰囲気の中で、これこそ当を得た選択のように思えたのである。彼らは必ずしもリンクホーンたちの血統者ではなかったが、四年にわたる戦時中の強制された民主主義社会が、かなり多くの差別を撤廃したので、リンクホーンたちでさえ戸惑った。血族結婚という様態は一掃され、彼らの子供たちは暴力に訴えずに自由に他民族と交わった。一九五〇年になるまでに数多くのリンクホーンたちがマネーゲームに参入し、立派な車、そして家屋さえも所有した。

しかしながら、責任の重圧に心を病み、持って生まれついたリンクホーンの遺伝子の呼び声に応えた者も現われてきた。ロサンゼルスで裕福なカー・ディーラーになったあるリンクホーンのストーリーがある。彼は美しいスペイン人の女優と結婚し、ビバリーヒルズの邸宅を買った。ところが、贅沢な暮らしを一〇年続けたあと、全身が汗まみれになる病に苦しみ、夜眠ることができなくなった。召使用の出入口からこっそり抜け出し、二、三ブロックを走ってエンジンパワーを強めた、フェンダーを付けていない三七年型のフォードが置いてあるガソリンスタンドへ行った。それから安酒場をうろついたり、トラックの停車場へ行って夜を過ごした。身なりは汚れた作業着、背中にバーダル社（エンジン用、工業機械用潤滑油メーカー）の徽章を付けたみすぼらしいグリーンのTシャツ。ビールをねだり、むちゃくちゃなポーズをしろと言ったら鼻であしらわれた売春婦をベルトで叩いて喜んだりした。ある夜、長い間値段がどうのこうのと言い争ったすえ、密造のウイスキーがいっぱい入っている保存用のメーソンジャーをいくつか買い、それを飲んでビバリーヒルズを猛スピードで走り抜けた。中古のフォードのロッドが壊れるとフォードを捨ててタクシーを呼んで、自分の自動車修理工場へ行った。サイドドアを蹴破り、チューンナップされるのを待っていたオープンカーの点火装置をショートさせてエンジンをかけ、これに乗って高速道路一〇一号線を走り、何人かのパサデナのアウトローとドラッグレースをやった。負けて腹が立ち、交通信号で止まるまで他の車を追いかけ、時速七〇マイルのスピードを出したまま、その車の後ろに激突した。

　このことが派手に報道されて罪を問われることになったが、有力な友人たちが、彼は精神に異常をきたしたと証言しろと精神科医を口説いて金を払い、刑務所入りを阻止した。彼は更生施設で一年過ごした。噂によれば、彼は現在サンディエゴ近くでバイクのディーラーをやっているという。彼と面識のある人たちの話では彼は幸せに暮らしているようだ。彼の運転免許証は数々の交通違反のために失効している上に、ビジネスのほうも破産状態に近い。色香がうせたウエストバージニア美人コンテストの元女王の新しい妻は、少し頭が狂い、アルコール依存症にかかっている。

　モーターサイクリストのアウトローはみなリンクホーンの遺伝子を持っていると言うのはフェアではないだろうが、アパラチア山脈に住むアングロサクソン部族とともに時を過ごした者なら、ヘルズ・エンジェルズとともに二、三時間以上いっしょにいなくとも強烈な既視感、つまりこの部族もヘルズ・エンジェルズではなかったかと思うだろう。〝外部の者〟に対し同じように敵意を抱き、気質と行動は同じように極端だし、同じような名前、同じような険しい顔つき、何かに寄りかからなければ不自然に見える同じ長身の体つきをしている。

　ほとんどのエンジェルズは明らかにアングロサクソンであるが、リンクホーン的な態度は伝染する。メキシコ人やイタリア人の名前を持つ数少ないエンジェルズは、他のエンジェルズのように振る舞うばかりでなく、顔形も似通っている。サンフランシスコの中国人メルでさえ、オークランドの若い黒人チャーリーでさえリンクホーンと同じような足取りで歩き、行動する。

＊1　ウィリアム・フォークナーの『納屋は燃える』という短編小説は貧乏白人を描いたもう一つの古典である。この作品はオルグレンにはない人間性の特徴や深みをえぐり出している。

14

要するにやつらはニグロに似ている。一人でいるときは普通の人間のようにトラブルは起こさない――しかしグループの中へ入った途端はちゃめちゃになるんだ。本当に。

――サンフランシスコの警官

今週末の一日目の午後、夕暮れになる前、キャンプ地に突然緊迫した気配が襲ってきた。これまでの数時間、人の出入りが激しかったが、緊迫感は漂っていなかった。ビール市場で奇妙な歓迎を受けたせいか、保安官が下した〝観光客に近づくな〟という布告は無視された。アウトローの多くは、どのくらい歓迎してもてなしてくれるのかを試すために、ビール市場へ行った。ウィローコーブはお祭り気分にみなぎっている。新来者は歓声とキスに迎えられ、抱きつかれ、ビールをかけられた。保安官補たちは盛んに写真を撮っている。初め、私はこれは証拠を残すためだなと思ったが、彼らがエンジェルズに派手なポーズをとらせたり、服を着たまま湖に飛び込ませたりしているのを目にすると、彼らは初めてブロンクス動物園を訪れた者と負けず劣らずエンジェルズに魅了されているなと気づいた。ある保安官補があとで私に言った。「ムービーカメラを持ってくればよかった。こんなすごいのは見たことない。写真を見なければ信じられないだろうな。うちの子に写真を見せるのが楽しみだ」

昼食前はっきりした理由もなく、キャンプ地のテンポが急に変わった。バージャーとほか数名がひそひそと二名の保安官補と話し合ってから、バイクに飛び乗って山道を下って消えた。約一〇名のアウトローがグループを作り、みなこわばった顔つきでキャンプ地を去った。数秒後パトカーが二台去った。アウトローのほとんどは起こっているすべての事態の対応をバージャーにゆだねて満足していたようだが、およそ二〇名が空地の真ん中にいるタイニーのまわりに集まり、〝あるモーターサイクリストが襲われた〟という警察の無線通信機のニュースについて暗い表情を浮かべ、つぶやき合っている。それが誰なのか、仲間の一人なのかどうか彼らにはわからなかった（バイクによる登攀レースのイベントが翌日ヨセミテ近くで催される予定になっていて、堅気の人たちが乗るバイクがたくさん駐輪されていた。セブンス・サンズのカラーズを身に着けたグループをマリポサ近辺で見かけたと誰かが言ったが、エンジェルズはそんなカラーズのことなど聞いたことなかったし、そのグループがアウトローかどうかも知らなかった）。

エンジェルズと盟友グループにとって、〝あるモーターサイクリスト〟が襲われたとの知らせは、敵が動いているという不吉なシグナルとなった。バージャーと彼の取り巻き連中が一時間いなくなってしまった。もしタイニーがこれからの情報を待とうと言い張らなかったら、他の多くの者はバージャーたちを探しに行っただろう。誰かが味方を守れない自分の立場を呪って言った。「ちきしょう、おれたちがどういう立場にいるか見てみろ！　おれたちここで罠にはめられたんだぞ！　あの一本の道以外に道はないんだ！」

ウィローコーブは自然の中に作られたダンケルク（フランス北部のドーバー海峡に臨む市。第二次世界大戦で英軍がここから撤退した）のようだった。私は居残っている二名の保安官補に目をやった。この二名が立ち去った瞬間、私も立ち去ろうとした……保安官補が立ち去ったということはどこかで事態が紛糾していて、次にエンジェルズが襲われるという意味しかない。自警団が大声をあげて樹間をくぐり抜けて現われたとき、私はここいいたくなかった。

しかし、この二名は立ち去っていなかった。あたりが暗くなりかかった寸前、バージャーのパトロール隊が元気よく戻って来た。ダーティ・エドが言うには、湖のそばをおとなしく走っていると、五名の親しげな様子をした若者らが手で合図をしてバイクを止めさせたのだという。いつも広報活動を意識しているエドはバイクを止めて彼らとしゃべった。ある見解に従えば、次に起こった出来事はあくどい待ち伏せということになる。

「あす山のレースに出場するの?」と若者の一人が訊いた。

エドがノーと答えようとする間際、六人目の若者がそっとエドの後ろに忍び寄って来た。

「あの野郎おれを殴ってバイクから落としやがった」エドはうんざりした口ぶりで言った。「長さ八フィート、幅二インチのパイプで殴られたんだ。おれの頭は破裂しちまった。機関車にぶつけられたと思ったよ!」

エドはぶつくさ言った。「六人の若いやつらは酒を飲んでやがった。やつらがこんなことやらかす理由を考えてみると、やつらは名をあげたかったんだよ。やつらは〝普通の市民〟で、五日連続で酒を食らってやがった。キャンプ場にいた他の市民は、おれたちが戻って来たら、やっつけられると思ったんだな。脅えきってテントをたたんで出て行っちまったよ。『戦うよりキャンプ地を変えたほうがいい』と言ってね」

この出来事についての途方もない欺瞞に満ちた記事が、この業界で〝新聞販売所のやっつけ仕事〟として知られているニュース速報として現われた。タイトルは〝ヘルズ・エンジェルズと他のアウトロー・グループの背後にひそむ真実のストーリー〟。この速報はあるカメラマンによって手早くでっち上げられたものだった。そのカメラマンは週末の終わり頃、〝虚偽報道〟を行なった罪で逮捕された。記事にはよく撮れた写真がそえられていたけれども、記事はウィタカ・チェンバース（米国のジャーナリスト。ソ連側のスパイを働いていた。一九〇一－六一）に似た人物が明らかに綴っていたようだ。

それでもダーティ・エドは一般大衆のためにこう主張している。つまり、ニュース速報の〝真実のストーリー〟はかなり真相に近いと。エドは「六人の若いやつらは酒を飲んでやがった……戦うよりキャンプ地を変えたほうがいい」という言葉をひねり出したが、自分の頭を破裂させたパイプを見もしないでパイプの正確な長さと幅を感じとったという狂った強弁を唱えて、へらへら薄ら笑いを浮かべていたのである。エドはアウトローの世界に二〇年間いたので、報道機関と、報道機関が象徴すると彼が思っている、ずる賢いスクエアの世界について、彼なりの厳しい意見を和らげることはなかった。彼は記者も警官も裁判官も信用していなかったのだろう。そんな連中は彼にとっては同じ穴のむじなで、二〇年間彼を苦しめていた極悪な陰謀をめぐらす者の手先なのだ。あの沼地の背後のどこかでメイン・コップが大会議堂の中にある黒板に彼の名前を殴り書き、そのそばにこんな注釈をほどこす。「この男を捕えろ、安心させるな、こいつは愚かな犬ころみたいに矯正できない」

エドは成人になってから、ずっとモーターサイクリストのアウトローだった。イーストベイのいくつかの都市でバイクか自動車の修理をしたりして働いているが、これを専業にする野心は持ち合わせていなかった。身長六フィート一インチ、体重二二五ポンドで太鼓腹をしたレスラーのように見えた。頭のてっぺんが禿げ、側頭の髪は灰色。もし東洋人風なよれよれの顎ひげを剃れば、若干気品がありそうだが、実際は下品だった。

その夜遅くエドは缶ビールを手にして焚火のそばに立ち、六名の若者と出くわした件について手短かに語った。頭の傷は八個所あって、いずれも縫われていた。一箇所の傷につき一ドルかかったが、払わざるをえなくなるなんて彼にとっては最悪だった。八ドルあればビールをワンケース買える上に、オークランドへ帰るガソリン代にもなる。彼よりもっと若いエンジェルズと違って控え目に行動し、しかも自分がタフだというイメージを少なくとも二倍に増幅させねばならない。他の誰よりもそうとう長くモーターサイクリストとしての経験を積んでいるため、老齢の兆しを見せ始めても全然同情してもらえないだろう。路上でタイヤをキキッと鳴らしてUターンし、侮辱の声を放った六名のパンクスと対決しようとするが、そのため後戻りする若いエンジェルズは少ししかいないかもしれない。しかし、ダーティ・エドはそれを行なおうとした。もし巨体の雄のヘラジカが自分を目のかたきにしているとエドが思ったなら、バイクに乗って川に飛び込み、そのけだものと戦うだろう。たぶん誰にとっても幸運だったのは、エドはパンクスの一人を傷つける前にパイプで殴られてバイクから振り落とされたことだった。若者たちは警察にこう告げた。なんら思いつく理由もないのに、エドがバイクに乗って襲いかかろうとしたときパニックになったと。彼らがたまたま鉛のパイプを持っていた事実を知っても誰も驚かないようだった。

ティーンエージャーの襲撃者らは逮捕された。「これでおれたちが、やつらを殺さなかった証拠になる」とバージャーは説明した。それから彼らは実家へ連れて行かれ、この週末はアウトローと接触するなと警告され、釈放された。彼らが逮捕されたことで、バージャーはこの事件は水に流さなけりゃなと思い、彼らを許すことにした。待ち伏せて攻撃してきた少年たちが拘留されなかったら、エンジェルズは復讐を誓っていただろう。おそらくすぐにではないけれども、脅迫めいた雰囲気が週末の様相を変えていただろう。実のところ形式的にも彼らが逮捕されたことでみんな満足した。バージャーはこれに喜ばなかったが、以後いかなる行動をとるべきかを考慮し、保安官のバクスターと話し合ったあと、当座をしのぐため休戦することに決めた。いずれにしろバージャー軍団はこれに同意した――たとえ彼がこの保安官の家を正面攻撃せよと命じたにしても。しかし、彼が思慮分別と平和を選び、エンジェルズにもっとビールを飲ませようと決めたとき、彼らはほっとした。戦わずして面子を保ったのである。パーティーを行なう日があと二日残っていた。

彼らにとって、戦うことが負傷する名誉を受けるよい機会を意味しているにしても、戦うことなど彼らは気にしていないが――逮捕されるとなると多額の金銭上の問題が生じる。拘置所に収監された場合、出所するには保釈金を積まねばならなくなる。定職者か財産家、多額の借金を保証してくれる友人を少なくとも持っている真面目な市民と異なって、エンジェルズは自分と親しいプロの保証人が一人いる。各支部には呼び出しに応じてくれる保証人がいる。必要に迫られれば、この保証人はエンジェルズの一人を拘置所から出すために、真夜中でも二〇〇マイル車を走らすこともある。サービスの報酬として保釈金の一〇パーセントをもらう。緊張状態がつづいている地方では、拘置所に入れられるエンジェルズは一様に最高金額が科され、ショックを受けるだろう。酩酊と暴力行為には五〇〇〇ドル、猥褻行為には二五〇〇ドル……保証人へはそれぞれ五〇〇ドルか、二五〇ドルを与える。こうした報酬は償還できない。短期の貸付けの利率だからだ。だが、エンジェルズはよい依頼人なので、保証人によっては事情に照らし合わせて報酬の利率を下げる者もいる。エンジェルズは保証人に感謝して、めったに踏み倒すようなことはしない。が、多くの者は借金まみれになっていても週に一〇ドルから一五ドル内の分割払いをせざるをえなくなる。

かつてサンフランシスコ支部の保証人は、一晩で四六名逮捕されたエンジェルズを担当したことがあった。彼らの保釈金は各人一〇〇ドルから二四二ドルにおよぶ額になった。[*1] クラブハウスが急襲され、逮捕された者たち——一八名の女性が含まれている——は一律に告訴された。訴因は(一)窃盗、(二)有害な武器による襲撃、(三)マリファナ所持、(四)逃亡者隠匿、(五)逃亡者隠匿の共謀、(六)未成年者に非行を促したこと。上記の各容疑で告訴されたのである。

これは大がかりな逮捕劇で、各新聞・雑誌には派手で大仰な見出しが掲げられた。だが、エンジェルズが誤認逮捕だと反訴に乗り出すと告訴は却下された。四六名のうち誰一人も裁判にもかけられず、有罪にもならなかった。しかし、この急襲で逮捕された者は全員、拘置所から出るために保釈金の一〇パーセントを保証人に支払う署名をしなければならなかった。他に選択の余地はなかったのである。真夜中あるいは翌日に、二五〇〇ドルの現金か資産を喜んで積んでくれる金持ちの友人はいなかった。小切手では保釈されない。これまで裁判所は誓約書だけではエンジェルズを釈放したことはなかった。拘置所から出る唯一の方法は保証人に金を払うことなのである。保証人は信用できる者の呼び出しに応じるだけだ。過去に借金を踏み倒したアウトローはいつまでも拘置所にいることになる。

オークランド支部の〝保証人〟はドロシー・コナーズという名のプラチナブロンドの髪を生やした、きれいな中年女性である。彼女は松の板のパネルを張ったオフィスを持ち、白いキャデラックを運転し、やたらつっぱっている子供を扱うような態度でやさしくエンジェルズに接する。「こういう坊やたちは保釈保証業界のバックボーンなんですよ」彼女は言う。「普通の依頼人も出入りしますけど、エンジェルズは規則正しくきちんと毎週私のオフィスへやって来て、お金を払ってくれます。オフィスにかかる諸経費はあの人たちが払ってくれているんですよ」

バスレークの状況は拘禁治安法のためさらに複雑な様相を示していた。警察は、この法律には、保釈金の一〇パーセントを積んでも釈放される可能性はまったく含まれていないと述べた。にもかかわらず、キャンプ地であるウィローコーブ日没時のムードはおおらかで、ハッピーな気分に包まれていた。危機はことごとく過ぎ去り、大酒宴が始まりそうだった。

何に対しても過激に反応する自分らの倫理に従って、エンジェルズは人間とは思えないような獰猛さを発揮して酒を飲む。飲んで大騒ぎする。家ではめったに酔っぱらうことはないが、パーティーでは異常なほど狂乱状態になり、わけのわからない言葉を発し、洞窟のコウモリのようにたがいに体をぶつけあう。焚火がいつも思いがけない出来事を招く。テリーはバイクに乗ってひどく火傷し、病院へ連れ込まれた。焚火を避け、車のフロントガラスに拳を突っ込むようなまねをしまいと思っている連中は、いつでもバイクに乗って自分の走行テクニックを見せびらかすことのできる、人が集まっている地域を探しに行く。

一九五七年、数百名のアウトローがエンジェルズのキャンプ地へ、災害を起こしかねない猛烈な勢いで走行してきた。そこではアメリカン・モーターサイクル連合会（ＡＭＡ）が例年のカエル飛びコンテストと連携してレース大会を催すことになっていた。アメリカの最も優秀なライダーの多くが、あらゆるタイプの約三〇〇〇名のライダーとともに出場する。エンジェルズは招かれていないが、行けば暴力沙汰になるのを知りながらやって来ていた。

ＡＭＡにはあらゆる種類のライダーが含まれている。五〇ＣＣのホンダに乗る者から熱愛する正装したハーレー七四に乗る者まで。エンジェルズのキャンプ地に来ているのはプロとアマチュアのレースに加わるライダーで、バイクについてかなり真剣に受けとめて終始考えており、多額の金を注ぎ、年柄年中乗り回している者たちである。みなで集まって、ギアシャフト比からオーバーヘッドカムシャフトがどうのこうのと議論するのが最高の楽しみだと思っている。アウトローと違って、まともなライダーはしばしば一人か、二、三人のグループで長い間走行する。バイクに乗っている者は誰だろうがエンジェルズとして扱われる地域に何となく入り込む場合が多い。野蛮なけだものにとって、教養があり洗練された人びとと混じって飲み食いするのはふさわしくないのだ。こうした人びとのほとんどは憎しみに満ち、エンジェルズが話題になると必ず立腹する。この二つのグループはフクロウとカラスの関係ほど険悪でないが、相手を目にした途端いがみ合って攻撃しあう。だが、双方の基本的な態度にあまり違いはない。一般大衆と異なって、レースに出場する多数のレーサーはアウトローに関わって悲痛な経験を味わったことがある。両方とも同じ小さな世界で動いているからである。バイクの修理店、レース場、夜遅くまで営業しているハンバーガー・スタンドですれ違う。まともなモーターサイクリストによれば、自分らのイメージが悪いのはエンジェルズのせいだと言う。バイクの所有者が遭遇する好ましくない現実――警察の嫌がらせから一般大衆の軽蔑、高額な保釈金までの――はアウトローのせいだと言って非難する。

ＡＭＡに属する人びとの〝尊敬に値する〟態度はかなり相対的なものである。多くはヘルズ・エンジェルズにひけをとらず野卑で不誠実だ。中には強硬派――主にレースのライダーと整備工だが――がいて、故意にアウトローと争う。ＡＭＡの役員は、はっきりした理由があってこれを否定しているが、一方でエンジェルズは犯罪者だと言って罵倒している。警官はエンジェルズを〝最低なやつらの中で最も最低なやつら〟、〝この世のくず〟だと言っているのを私は聞いたことがあるけれど、ある程度自制心を働かせてそう言っている。警官の大部分はエンジェルズがマスコミに大々的に採り上げられてブームを起こしていることを喜んでいた。これとは対照的に、AMAの人びとは怒っているだけである。それはまるでカラスの将軍がノーベル平和賞を勝ち取ったニュースに反応するフクロウの一団のようだった。

一九六五年の秋サクラメントで一握りのヘルズ・エンジェルズが全国レース選手権大会に参加したのち、駐車場で二人の男と短い間けんかした。この二人の男がエンジェルズを怒らせるようなことを言ったのである。どちら側も負傷しなかった。五人のエンジェルズは車に乗り、サンフランシスコに向かった。遠くに行かないうちに、まともなライダーと整備士が大勢乗った二台の車により、停車を余儀なくされた。まともな連中はアウトローたちを車から引きずり降ろした。まともな一人はあとでこう言った。「あいつらをぶちのめした。立ち上がれなかったほど。あいつらは泣いていた」

一九五七年エンジェルズのキャンプ地への大走行の際、アウトローのほうがまともなライダーより一〇倍多く数でまさっていたが、敵対者はエンジェルズに真正面からぶつかるに足る屈強な男を充分かき集められなかった。エンジェルズは早めに到着し、四軒の酒場のビールを全部買い占め、レース場から数マイル離れた原っぱでビールを痛飲した。夜になるまでにほとんどの者が泥酔し、誰かがAMAのキャンプ場を調べてみようとなにげなく提案するや、みんなで行こうという反応が自動的に出た。雄叫びが町の住民を脅やかし、保安官を自分の車に向かって走らせた。アウトローの一群が狭い道路の二車線に溢れ、エンジンの爆音を轟かせ、ヘッドライトの光線が樹木の間を突き抜けベッドルームの窓に当たった。バイクを左右に揺らしてひた走った。パーティーへ行っただけだと彼らはあとで言っていたが、パーティーは始まっていなかった。先導のバイク数台が時速一〇〇マイル以上で丘陵の頂上を走り、道路わきのライダーのグループに闇雲に突っ込んだ。血にまみれた玉突き衝突で二名のアウトローが死に、すぐに野次馬を惹きつけた。現場をコントロールする警官の数は少なかった。あちこちで乱闘が起こった。悲惨事の中サイクリストがど突き合いし、絶叫している間、ライトがきらめき、サイレンが鳴り響くと混乱はいっそう増した。広がった乱闘は一晩中つづき、ほとんど翌日までつづいた。本格的な暴動ではなく、地元の警官たちがある地点からまたある地点まで走る程度の、一連の小競り合いがある程度だった。

死傷者のリストには死者が二名、重傷者が一二、三名載っていた。遠方の地域社会は地理的に都市から切り離されているから〝都市問題〟とは関係ないという古い考え方は消滅したのである。エンジェルズのキャンプ地は、相互に助け合おうというコンセプトを育てる、主たるいわば刺激剤となった。闘争の場がそこかしこに移動することに関して警察は考慮し、カリフォルニアのどんな町、どんな村落がいかに孤立していようが、緊急事態が発生した場合、近隣を管轄する警察から援助を求めることができるようになった。何が緊急事態かを示す公的なリストはないけれども、それがあるとすれば、ヘルズ・エンジェルズが襲って来たという噂だけでもリストのトップに挙げられるだろう。

＊1　これは全額支払われなかった。サンフランシスコのエンジェルズは保証人を替えた。新保証人は一〇パーセント分を請求した。

15

人びとが貧乏だとか、差別されているという事実はあるが、こうした事実は正義や高貴さ、慈悲、同情といった特質を必ずしもその人びとに賦与するわけではない。

——ソール・アリンスキー

エンジェルズが夜キャンプ地を出て行き、町で酔って騒ぐことを防ぐためにバクスターとハイウェイパトロール隊は午後一〇時以後の夜間外出禁止令を宣告した。キャンプしている者は外へ出てはならず、誰も入って来ることはできない。この禁止令は暗くなってから宣告された。保安官補たちは未だにエンジェルズと親しくなろうと努め、外出禁止令はあんたたちの身を守るためにあると伝えた。また「町民が鹿を狩るライフル銃を持って、森からここへやって来る」と話した。町民にそうさせないため、警察はウィローコーブの山道が高速道路と接する地点に司令所を設けた。

やがて六缶入りのビールのパックがキャンプ地の真ん中に山のように積み上げられた。私の車の中にある二二ケースにさらに加わったビールである。暗くなるまでに車の中のビールは半分ほど飲まれたため車のスペースは少しばかり広くなり、残ったビールを後ろの座席に置き替え、私の大切な物をトランクに入れ、ロックした。それを誰の手にも触れさせないことで表面的に疎まれても、これを失うリスクを冒すよりましだと思った――たぶん失われていただろう。時を経ずしてこのキャンプ地は動物が荒れ狂う檻のようになったからだ。『ロサンゼルス・タイムズ』の記者が明くる日に姿を現わし、「まるでダンテの地獄のような有様ですね」と言った。しかし、記者が来たのは昼頃で、エンジェルズのほとんどは穏やかな様子で、昨夜のすさまじい狂乱のせいで神経が麻痺していたのだ。もし真昼の小康状態がけたたましく思われたにしても、焚火のシーンのほうが永久に記者の心にダメージを負わせていたかもしれない。

おそらくそうはならなかったろう。というのは、一〇時からの外出禁止令はエンジェルズのパフォーマンスに激烈な影響を与えていたからである。キャンプ地から口論とかちょっとした諍いなどの末梢的な要素を追い払ったために、エンジェルズは自らの悦楽に耽らざるをえなくなった。キャンプ地を立ち去った者のほとんどは女たちだった。保安官補が午後一〇時までに立ち去るか、夜中じゅういるかどっちかにしろと宣告するまで、女たちは楽しく過ごしていたようだった。この宣告に含まれる言外の意味はあまり心地よいものではなかった――一〇時になると警察側は退出してキャンプ地を立ち入り禁止にし、乱痴気騒ぎを始めさせるつもりだった。

フレズノやモデスト、マーセドのようなところから車で六台から一〇台分の若い女たちがやって来たので――午後じゅうは明るい雰囲気になっていた。女たちはエンジェルズの集会があることを噂で聞き、それに加わりたいと念じていたのである。女たちはその日の夜あるいはまる一週間キャンプ地に滞在するとばかりエンジェルズは思っていたため、女たちが消えてしまったことでひどいショックを受けた。その日の朝ラリーとピートとパフに近づいて来た三人の看護婦は、その日は早くから勇敢にもここにいようと決心していたが、土壇場になって逃げてしまった。「おい、おれは我慢できねえ」女たちが乗った最後の車が不意によろめいて山道を下ってゆくのを見て、あるエンジェルズが叫んだ。「すげえ、プッシーだ、やっちまったぜ。赤い靴をはいたかわいこちゃんを、おれはものにしたぞ！　おれたちはご機嫌だったのに、どうして行っちまったんだ？」

ほとんどどんな基準に照らし合わせても、堕落したショーが繰り広げられていた。尻が上に持ち上がっていてストレッチパンツをはき、袖なしのブラウスのボタンが半分ばかりずれている女たちがいた……ミツバチのような髪型の女、まぶたに青いアイシャドーを塗った女もいた……成熟した無知なかわいい女たちと午後じゅうエッチな話をしていた（「やあ、ベス、バイクに乗ったらやりたくなるぜ」）。ああ、ベイビー、広々とした道にくるとしたくなるぜ、という言葉を聞いた女たちは警笛を聞いた修道女みたいになってキャンプ地を去った。一方、悲しみに打ちひしがれたエンジェルズは茫然とたたずんでいた。多くの者はトラブルを恐れて家に自分の女を置き去りにしていた。だが、トラブルの気配がなくなってしまったのに、セックス相手の見知らぬ女たちは消えていなくなってしまった。

一番打撃を受けた者はテリー・ザ・トランプで、彼はすぐさまＬＳＤをしこたま飲み、パネルトラックの後ろの座席に閉じ籠り、ほとんど忘れかけていた彼の〝神〟に見つめられて、ギャーギャー泣き叫んでいた。彼の神はその夜は木のてっぺんのところまで降りて来ていた。「あいつはじっと見ていたんだ。おい、おれをだよ。おれは小さなガキみたいに怖くてしかたなかった」

他のエンジェルズは、最初に外出禁止令を宣告されるや例のビール市場へ突入した。しかし、観光客といっしょにパーティーをやる希望がくじかれた。一〇時きっかりにビール市場は閉鎖された。キャンプ地に戻って酔っぱらう以外に何もすることがなかった。キャンプ入りが遅くなった者には警察は寛大だったが、いったん入ったら出ることができなかった。

一〇時と一二時の間はやたらと飲み食いの時間に費やされた。一一時頃私はひょいと自分の車に入り暫時テープに吹き込む仕事をしたが、私の独白は後ろのウインドウから手を差し入れてトランクをねじ開けようとする連中に中断された。ビールは何時間飲んでもいいほど大量にあったため、誰もビールが尽きる心配をしなかったけれども、それが突然なくなったのである。缶ビールを一つだけ取る代わりに、私の車に手を突っ込んだ者はみなワンパックもぎ取っていた。隠匿が始まっていたのだ。銀行の取り付け騒ぎのようだった。数分もたたないうちに、後ろの座席はからっぽになった。それでもまだ焚火の近くに二〇個から三五個のパックが積み上げられているが、これは別に隠匿されたものではない。一缶一缶つかみ取られて飲まれた。みんなのビールをストックするため誰も走行したくなかった。そうなったら、悪い事態になったろう。もしビールが大量にどこかに隠されてストックされていることがおおっぴらになったら、一晩じゅう飲もうと思っていた連中は荒れまくるだろう。

この時刻になると様々なドラッグ反応がアルコール反応と混じり合い、誰が何をしでかすのかわからなくなった。とち狂った絶叫や爆発的な行為が暗闇で炸裂していた。ときどき誰かが湖水に飛び込んだ音が聞こえ、そのあとに叫び声が響き、水を蹴る音がした。唯一の明かりは幅一〇フィート、高さ五フィートの、丸太と木の枝で作られた焚火だった。この焚火が空地全体を照らし、暗闇の端に駐輪してある大きなハーレーのヘッドライトとハンドルを光らせている。揺れ動くオレンジ色の明かりの中では、すぐ隣にいる者以外の者の顔を見分けるのが難しかった。人体が様々なシルエットになり、声だけが同じように聞こえた。

キャンプ地にはおよそ五〇人の女がいたが、ほとんどが〝オールドレディ〟で、〝ママ〟や〝どこかのギャル〟と混合してはならない。深刻なリスクをともなわない場合を除いては。オールドレディという呼称は、真面目につき合っているガールフレンドや、妻のことをいう。アウトローの一人が好んでいる淫らな売春婦でさえオールドレディってこともありうる。関係はどうであれ、彼女はそうでもあると推測されている。オールドレディとしての態度をはっきり示さなければ、誰からも相手にされない。放っておかれる。エンジェルズのメンバーは他者のものである女の尊厳を犯してはならないと主張し、男女関係にはかなり厳しい。これは本当だが、ある程度までである。オオカミと異なって、オールドレディは生きるために交接しない。ときには一か月も。多くは正式に結婚していて、数人の子供を持ち、乱交とはまったく関係なく存在している。ときどき気を変える、どっちつかずの場合もある。組織内部の地位を失わずに貞節を尽す相手を替え、以前と同じように一人のエンジェルズと強固な関係を作る。

こうしたことは場所の移り替わりが激しい流砂のようである。美しさと誠実さもそうだが、乱交はよくものが見える者から見れば存在する。少なくともエンジェルズの間では。しょっちゅう、あるいはたぶん一度だけ気を変えるオールドレディはママ……みなの共有財産を意味するが……として再分類される。

大なり小なりのどんなエンジェルズのグループにもママたちがいる。彼女たちはウシツツキ[*1]のようになってグループの一員として走行におともする。何が期待されているか充分わきまえている。いつでもどこでもエンジェルズ、その友人、気に入られた客でも利用できる——個人、団体にも応対する。グループの仕来たりが嫌になったら、すぐ離れていく。彼女たちのほとんどは二、三か月アウトローとつき合い、そのうち別のことに関心を持ってふらりとどこかへ行ってしまうことができるとわかっている。数人は何年間も留まっているが、こういった種類の献身は、いくら虐待され屈辱を与えられても耐えることができるほとんど超人的な寛容さを必要とする。

〝ママ〟という言葉は元々「誰かをママにしよう」という表現の名残である。のちに「ママにしよう」と縮められた。他の暴走族グループは別の言い方をするが、意味は同じである――つまり、いつでも利用できる女なのである。リンチ報告書の広く引用されている個所で、こうした女は〝シープ（羊）〟と呼ばれているけれども、エンジェルズがこの言葉を使っているのを私は耳にしたことがない。この言葉は片田舎で強烈なエンジェルズ体験をしたことを記憶している警部が使ったと思われる。

ママたちの中には、美しくはないが、新たに加わってきたもっと若い女たちのうちで一種痴呆症的な美しさを持っている者がいる。痴呆症があまりも早く侵食してくるのでその姿を見ざるをえなくなり、数か月たつと悲劇的な思いを抱くことになる。彼女たちがそれなりに将来を見通し、エンジェルズから軽く見られるようになるのは当然だった。ある晩サクラメントで、あるエンジェルズはビールを買う金がなくなり、酒場でママのロレインをオークションにかけた。最高の付け値は一二セントだった。ロレインはみなといっしょにげらげら笑った。またある場合マグーはママのベバリーとともにベーカーズフィールドへ向かって走行しているときガス欠になった。マグーは回想する。「ベバリーとやらせてやるかわりに一ガロンただで入れてくれそうなガソリンスタンドの従業員は見つからなかったよ」公表された印刷物には〝自分らの女を高く売りつけて〟自慢する男の証言がいっぱい溢れているが、自分らの女は一ガロンが一五セントの値打ちもないことを知っている男の証言は、載っていない場合が多い。普通彼らは日誌などは残さない。私が聞いて面白かったのは、何らかの目的にかなうママを競売場所へ連れて行き、一二セントまで値段を下げられたとき彼らがどう感じるのかだった。

ママの大部分はそれについて語りもしないし、考えもしない。彼女たちの会話の範囲はゴシップからあからさまな当てこすりまで様々あるが、嘲りを寄せつけず、少額の金のことでも押し問答する。しかし、ときおりあるママは何かについてぺらぺらとしゃべる。性格のいいブルネットの髪を生やしたずんぐりした体型のドナは、バードーからみなといっしょに北へと脱出して来て、何もかも狂わせてしまったことがある。ドナはこんなことを言っていた。「みんな何かを信じているのね。神様を信じてる人もいるわ。私はエンジェルズを信じてる」

各支部には二、三人ママがいるが、オークランド支部だけが同時に五、六人ものママをキープしていた。他のアウトローのグループでは状況が変わる。ジプシー・ジョカーズはエンジェルズほどママ指向ではないが、サタンズ・スレーブズは共有の女をタトゥー・パーラーへ連れ込み、〝サタンズ・スレーブズの所有物〟という文字を左の尻の肉に永遠に刻み込ませる習わしに、かなり熱心に従っている。烙印は女に安心感と所属感を与えるとスレーブズは思っている。同一の価値観を持つグループに受け入れられないのではないかという懸念はこれで抹消される。烙印を押された個々人は、コミットしているという力強い瞬時の感情、組織との一体感を抱くようになる。一段と高いところへ昇った少数者がエリートを形成するというわけである。エンジェルズは自分らの女に烙印を押すようなまねはしないが、この習わしはたぶん人気を博するだろう。〝一流の品格を表わす〟と思う者がいるからである。*2

「だが、それにはふさわしい女が必要だ」ある者が言った。「女は本気にならなきゃだめだ。目的を追求しない女だっている。サタンズ・スレーブスに所属していることを示すでっかいタトゥーをさらして小児科医のところへ行きたい女がいるものか。それから、いつかアウトローから身を引いて結婚したいと思っている女ならどうなる？　なあ、おまえ、新婚初夜のことを想像してみてくれ。彼女がパジャマを脱いだら、タトゥーが見えるんだぞ、ワォー！」

バスレークにはおよそ二〇名のスレーブズがいたが、あまり他のアウトローとは交歓しなかった。空地の片隅を確保し、そこにバイクを駐輪させ、週末のほとんどを女たちといっしょに無為に過ごし、持ち込んできたワインを飲んでいた。ジプシー・ジョーカーズはそんなに厳しく行動が抑えられていないが、大勢いるエンジェルズの前にくると妙におとなしくなった。スレーブズと違って大部分のジョーカーズは女たちを連れてこなかった。この両グループは、ドラッグ常用者のエンジェルズの一人が入り込んできて、エンジェルズが勝たねばならないけんかを仕掛けにくるんじゃないかと、たえず同じ悩みに頭をかかえていた。理論上ではヘルズ・エンジェルズ連合体は他のすべてのアウトローとは親しいが、実際のところは六つのエンジェルズ支部は縄張りをめぐって様々なグループとたびたび衝突している。サンフランシスコではジョーカーズとエンジェルズは長年反目しあっていたが、ジョーカーズは他のエンジェルズ支部とは仲がいいことが知られている。似たような状況がロサンゼルスで何年もつづいていた。ここではバードーのエンジェルズがスレーブズとコマンチェロス、コフィン・チーターズと散発的に抗争していた。とはいえ、この三つのグループはカリフォルニアのヘルズ・エンジェルズのことを賞賛しつづけていた。他グループの縄張りに強引に割り込んでくるバードーの卑劣なエンジェルズはこの限りではないが。しかしながら、モンテレーの強姦事件のためにすべてが変わった。この事件は圧倒的な非難を浴びる結果になり、バードーのエンジェルズはスレーブズと、経済的にあまり豊かでない他のロサンゼルスのグループとの絶望的な共存状態に追いやられた。

サタンズ・スレーブズはそれでもまだアウトローの世界では有力なグループだったが、一九六〇年代初期の獰猛な姿勢はなくなっていた。[*3] スレーブズは彼らの伝説的なリーダーであるスマッキー・ジャックを失ったことで、かつての威光を取り戻していないとアウトローの間で言われている。エンジェルズでさえ畏敬の念を抱くほどレベルの高いアウトローだった。無法者の部族が集まるといつでも、スマッキー・ジャックの話が伝えられて広まっていく。私はノーベットという名のサクラメントの穏和なあるエンジェルズから、初めてジャックについての話を聞いた。

「そう、あのジャックは消えちまったんだ。彼はときどきドラッグをやり、ワインを飲んで三、四日荒れ狂うんだ。さびたプライヤーを持ち歩いてどこの誰ともわからない女をへこましているのを(原文のママ)、おれたちは見たんだ。女を地面に押えつけ、プライヤーで女の歯を抜き始めたんだよ。おれはある時ある店で、やつといっしょにいたら、ウエイトレスのやつがコーヒーを持ってこないんだ。そしたら、ジャックはカウンターに飛び乗ってプライヤーでウエイトレスの前歯を三本抜き取ったんだよ。やつがやらかすことで胃がむかむかするんだ。一度やつは自分の歯を一本酒場で抜いたことがあってね。信じられないだろうな。冗談じゃないとわかって外へ出てく者がたくさんいたね。ついに歯を抜くとそれをカウンターの上に置いて、飲み物と交換できるかと訊くんだ。フロアに血をぺっと吐いたら、バーテンのやつ気が動転して口がきけなくなった」

スマッキー・ジャックによる波乱万丈の三年にわたる統治が一九六四年に終わった。アウトローの間でジャックに何が起こったのか知っている者はほとんどいないようだった。「あいつは転落の一途をたどっているとおれは聞いたよ」ある男が言う。「誰よりも激しく図に乗りすぎたんだよ」モーターサイクリストのアウトローはよからぬ最期を遂げたかつての仲間について話すのを嫌がる。ひどく憂鬱な気分に襲われるからだ。フリーランサーの歯科医もどきのスマッキー・ジャックは穏やかに引退するようなタイプの男ではなかった。何が起ころうと――拘置所に監禁されようと、殺されようと、名をかたって逃亡せざるをえなくなろうと――ジャックはアウトロー伝説の中でにぎやかで陽気に、つねに敵を負かす、行動が予測できないモンスターとして存在している。彼の失踪はサタンズ・スレーブズにとって士気をくじく打撃となった。スレーブズの闘争心はたえまない警察の圧力によっておとろえつつあった。一九六四年の末になるまでにこのグループは解散の憂き目に遭おうとしていたのである。

いくつかのヘルズ・エンジェルズの支部とともに、スレーブズはリンチ報告書にどう書かれようと、全国的な破廉恥な行動によっても消滅をまぬがれていた。そのためアウトローは生きがいを持ったけれども、同じ団体の中で抗争をやめなければ、組織を拡大できなくなった。バージャーはこのことに気づいた第一陣の中にいたし、他のグループもあまり後れをとらなかった。優劣を競う長期の抗争は突然何も生み出さなくなっていた。マスコミに派手に取り上げられたエンジェルズは威信を与えられたゆえ、他のグループはこれに便乗するか消滅せざるをえなくなった。一九六五年、グループの合併が行なわれることになった。これがバスレークへの大走行の時期に当たり、合併の第一段階だった。アメリカの一二グループかそこいらのちゃんと機能しているアウトローグループの中で、ジョーカーズとスレーブズだけがかなりの力を持ってバスレークへ登場する自信があった。

個々のエンジェルズの支部はばらばらになって行動したら覇権を失ったかもしれないが、支部が全部集結したら、どのグループがパフォーマンスの指揮がとれるかは自明だった。万事を考慮してみると、スレーブズが自分らの女たち——みな細っそりして弱々しく、金髪で色白——といっしょに登場するには不安定な時期でもあった。不当な性比（女一〇〇に対する男の人口比。エンジェルズの方が男の数が多い）の理由について酔っぱらっていながらぶすっと考えているエンジェルズにとって、女たちは魅惑的な光景だった。

一一時までにキャンプ地内の女はすべて言い寄られたばかりでなく、犯されてしまっていたのは明白だった。藪の中でのくすくす笑いや淫らなうめき声、小枝が折れる音が聞えてきた。焚火のまわりに残った一〇〇名ほどのアウトローは、慎み深く気づかないふりをしている。多くの者は伝統的な闘争ゲームで精力を使い果たしていた。大走行に先んじたいくつかの集団の間で、二つの秘密の闘争集団が形成されていた。「ロッジ」と「U-ボート13」である。あらかじめ決められた合図の音が響くと、今にもU-ボートの暴徒が不運なロッジの一員に向かって突進し、相手を集団で自分らの体の下で押しつぶす。すると、他のロッジたちが助けに来てまた体の塊が大きくなる。プロのシカゴベアーズとグリーンベイパッカーズ（両者ともプロのアメリカンフットボールのチーム名）の試合でのスクランブル（ボールを奪い合う）のようだった。ただバスレークでは積み重なった人間の塊は五〇名から六〇名。私は、体重二二五ポンドのパフが両手に缶ビールを持ち、約二〇ヤード全力疾走して頭から人間の塊の中へ突っ込む姿を覚えている。なぜか負傷者は出なかった。誰でもが元々すぐれた運動選手だという意味ではアウトローは運動選手ではないが、ほとんどのアウトローは体調がいい。そうなるよう努めてはいないが、生き方を見ているとその必要はないようだ。どんな仕事をして金銭を得ているかといえば、通常は肉体労働である。働いていないときはハンバーガーやドーナツ、手に入るものは何でも食べて生きている。多くの者はビールで腹を膨らませている。事務職に就いている者の比較的スマートな太鼓腹とはまるで似ていない。数少ない肥満体のエンジェルズでさえ水風船よりビヤ樽のほうに似ている。

アウトローはみな覚醒剤を飲んでいるから食べ物は不必要だ、と主張する手合いがいるが、これは少しばかり拡大解釈である。代用食品を食べた誰でもが言うように食べ物の代用品は不毛である。潜在しているエネルギーを刺激する薬物があるけれども、まず第一にエネルギーが内在していなければ、それは無価値だし、気力をなえさせる。空腹時に覚醒剤を過度に摂取すれば、疲労感、鬱、悪寒、発汗が伴うある種の神経麻痺を誘発する。エンジェルズはブラックマーケットで自由に取引する。もし薬物が本当に食べ物の代用品になれば、それを大量に食べる。なぜなら、食生活がそうとうシンプルになりそうだからである。実際はできればどこでも栄養を摂取する。女が食べ物を料理してくれるし、脂が滲んだ食堂でウエイトレスが〝つけ〟で食べさせてくれる。メンバーにはいつも既婚の男がいて、その妻が昼夜どんな時間でも仲間四、五人分の食事をすすんで作ってくれる。掟によると、一人のエンジェルズが他のエンジェルズに何かを強要してはならないことになっているけれども。腹をすかしたアウトローは食べ物を持っている者からいつも恵んでもらえる……収入がとぼしくなると、略奪団がスーパーマーケットを襲い、運ぶことができる物なら何でも盗む。ハム二個とミルクのクォート瓶を三本持ってドアの外へと突進する危険なごろつきを止めようとする店員はほとんどいない。プライドとは関係なく、食べ物を盗んだことで弁解がましいことは言わない。その必要はないと思っている。しかし、弁解するときは堂々としている。一人がハムやステーキ用の肉をかき集めている間に、もう一人が店員の注意を惹きつけるため騒ぎを起こす。三人目が向かい側の棚へ行き、リュックサックに缶詰やら野菜をいっぱい詰め込む……そして同時に別々の出口から逃げ去る。全然難しいことはない。必要なのは図々しさと人を脅やかす外見だけである。人が思うかもしれないことをすべて傲然と無視する。警官が犯行現場にやって来るまでに盗んだ食べ物は二〇ブロック離れた場所ですでに料理されている。

自分らがそれなりの役目を果たす社会の長所と短所については漠然としかわかっていないが、本能が磨きあげられていて、鋭くこれを察知する。どの犯罪が処罰され、どの犯罪が処罰されないか経験で学んでいる。例えば、長距離電話をかけたいあるエンジェルズは公衆電話へ赴く。最初の三分間の電話代をブラックボックスに入れ、三分が過ぎるまぎわにこの事実を交換手に告げ、好きなだけ長く話す。やっと話し終わると、交換手はブラックボックスにコインを何個入れればいいか伝える。しかし彼は料金を払わずに、笑い声をあげ、送受話器に向かってエッチな言葉を吐いて電話を切る。正常で勤勉な中産階級のアメリカ人と違って、モーターサイクリストのアウトローは交換手の声によって具現されているシステムに既得権益は持っていない。このシステムは彼とはまったく関係ない。悪いことをしたと思わず、その上電話会社につかまらないことがわかっている。だから、電話を切り、交換手を罵倒し、心地よい疲労感を味わって立ち去る。

＊1 ウェブスター辞典ではウシツツキをこう定義している。これは小さな、ねずみ色の鳥で、病に感染した家畜や野獣の背中

にいるダニなどの虫を食していると。

＊2　一九六六年二月上旬、テリーと、ジョージ・ザーンという名のサンフランシスコのエンジェルズは一五歳の少女を〝非行に導いた〟かどで逮捕された。彼女は肩甲骨近くの背中に〝ヘルズ・エンジェルズの所有物〟と記されたタトゥーを彫っていた。また、淋病を患い、エンジェルズを悩ませていた。

＊3　一九六六年の夏、スレーブズは報復行為を行なったことで著名になった。三〇名のスレーブズがロサンゼルス郊外のバンヌイスにあるアパートを略奪した。八月六日土曜日の朝、立ち退きの通告を受け、一週間占拠していたアパートを強制退去させられた。同じ土曜日の夜三名が仲間を大勢引き連れて戻り、数時間暴れまくった。恐れおののいた居住者たちはドアに鍵をかけ閉じ籠っている間にアウトローは窓を一六枚壊し、三〇あまりの家具をプールに投げ込んだ。警察に電話するなら、さらに破壊行為をするとかつての隣人たちを脅し、新たな寝ぐらを探しに夜闇に消えるまで誰も電話しなかった。が、結局誰かが電話した。

16

精神病質者は子供に似て、欲望を充足させて得られる歓びを少しでも早く得ようとして、あとまわしにすることはできない。この習性は精神病質者の根底にひそむ全般的な特徴の一つである。性欲をあとまわしにして楽しむことができないから人を殺す。だから、まず強姦しなればならない。社会の中で威信を確立させることなどうでもいいのである。自己中心的な野心が大胆な行動をとらせ、彼は新聞に大きく取り上げられる。そくざに欲望を満たそうとするメカニズムが、赤い糸のようになって根強くすべての精神病質者の人生に結びついている。このメカニズムが彼の振る舞いばかりでなく、彼の暴力の性質を解明している。

——ロバート・リンドナー
『理由なき反抗』

走行してみな疲れている。真夜中が近づいてくるにつれウィローコーブのキャンプサイトは混乱の気配が濃厚になった。どんよりとした目つきの者たちがふらりと湖水に入り、腰を下ろした。バイクを背にして倒れる者、判別のつかない友人に向かって無意味なののしり声をあげる者がいた。私は焚火のまわりの錯乱した人の群れにまぎれ込まずに、暗闇の片隅に置いた自分の車のほうへ戻り、ジプシー・ジョーカーズのグループに加わった。彼らは依然として控え目な態度をとることにして、エンジェルズにショーをはなばなしく展開させることにしていた。

ジョーカーズのスポークスマンであるハッチは哲学的な気質の持ち主で、話したがっていた。私が「モーターサイクルのギャング連中がやっていることにどんな意味がある?」と訊いた。わかっているとは言い張らなかったが、これを解明したいと思っているようだった。「おれたちは悪くもないし、良くもない。本当のところおれにはわからないんだ。おれはときどきこんなシーンを好ましく思うけど、嫌になることもあるんだよ。おれをうんざりさせるのは新聞なんだ。おれたちはパンクスか何かだと新聞に書かれていても気にはしていない。嫌なことをやらなくても記者たちはそれを悪いことだと思っている。新聞なんかを読むと、おれは自分が何者かわけがわからなくなるんだ。あんたは記者だから、けつを蹴とばさなきゃな」

他の者たちはにやにや笑ったが、アルコールが効き始めてきたら、違った反応を見せるかもしれないと私は思った。もしアウトローが報道陣を相手にしたくなければ、私などとっくの前にキャンプ地から追い出されていただろう。暗くなる寸前、タイニーはCBSから来たというカメラマンを二人追い払った。それ以後タイニーは私にテープレコーダーを使うな、それを見たら焚火の中に放り投げるぞ、と警告を発した。ポーズをとったり、打ち合せした場合を除き、ほとんどのエンジェルズは写真を撮られ、録音されることに用心深く対処した。ノートを手にしている者に話す時にもである。テープとフィルムは特に危険だと思われていた。自分たちの主張が否定される可能性があるからだ。平穏な状況下でさえこれが当てはまる。なにげなく撮られた写真が、まだ犯されていない犯罪の現場に犯人がいたという証拠になる。オークランドでの殺人の容疑で逮捕されたエンジェルズは、その夜はサンフランシスコにいたと証言してくれる証人をいつだって見つけることができる。だが、彼が命がけのけんかをする一〇分前に被害者に話しかけている写真がどの新聞にも載っていれば、彼はこれでおじゃんになる。録音されたテープもまた有罪の証になる。特にアウトローの一人がアルコールやドラッグを常用していて、マーフィー上院議員が述べている〝凶暴な行為と良識に対する挑発的な態度〟について得意げに話していたとするならばである。あるときこんなことが起こった。バージャーは三時間録音されたテープを記者から奪い取り、たん念にその中味を調べ、有罪になりそうな個所を除去した。それ以来彼はまず自分に問い合せをせずに誰に対してもインタビューするなと警告した。

　ジョーカーズはしかし、この警告に応じなかった。その時点でジョーカーズは、アウトローとしての地位を押し上げてくれそうなジャーナリストに自分たちの言い分を聞いてもらいたがっていた。ハッチは身長六フィート二インチ、濃いブロンドの髪を生やし、アーサー・マーレイ（米国のマルチタレント、エンターテイナー）が持っているようなスタジオなら、ハッチを一目見ただけですぐ雇い入れるような賢明な男だった。ときおり肉体労働者として働いたが、アウトローのサークルで52‐26クラブという名称で知られていた失業保険の有資格者でありつづけた。彼は二七歳で、労働市場の片端にいて生活が苦しくなったときにだけ働いた。私は数週間後、サンフランシスコの経済的に豊かな人びとが住む住宅街にある彼の両親のアパートで彼と会ったとき、彼は報道機関の見解などと合致しがたい客観的な見方でモーターサイクリストのアウトローについて語っていた。私はしばらくして気づいたが、アウトローは偏見に満ちたマスコミの酷評とマスコミの無視のうちでどっちを選ぶかと迫られたら、アウトローはためらわずに前者を選ぶだろう。

ハッチと私が話している間に、ジョーカーズがもう一人加わった。ブルーノだったか、ハーポだったか思い出せないが、そういったたぐいの名前を告げて自己紹介し、私に名刺をくれた。アウトローの多くは名刺を持ち歩く。精巧に作り上げた名刺もあった。サンフランシスコのフレンチーは黒地にぴかぴか光る銀色の文字を刷った名刺を渡す。名刺を持とうというアイデアは、彼らのイメージが悪いのを嘆いたことから生まれた。大衆を味方にしようと決めたのだ。車が故障して困っている運転手を探して助け、名刺を渡した。その表に「あなたはヘルズ・エンジェルズのメンバーによって救われた。サンフランシスコ」裏に「いいことをした時は誰も覚えていない。悪いことをした時は誰も忘れない」と記されていた。あとに銀の弾丸（問題解決の特効薬）やクローム合金でめっきされたヘッドボルトを残すほど格好よくはないが、何もしないよりましだと彼らは思っていた。数年間サンフランシスコ支部のエンジェルズは、路上で車が故障して途方に暮れている運転手に機械を操る才能を提供することにしていたけれども、これはマスコミに騒がれる前のことで、今同じことをすれば危険なことになりかねない。

屋根のふき替えと壁の取り替えを勧める仕事をしている、ある中年男の反応を見てみよう。妻と二人の子供をマイカーのムスタングに乗せ、高速道路の一〇一号線をかなり行ったところでエンジンが変な音を響かせたので、路肩にムスタングを止め外へ出た。と突然バイクの爆音が轟くのが聞こえ、一二名ほどのエンジェルズが歩み寄って来た、中年男はとっさにエンジンの計量棒を抜き、それを無法者たちに向けて振り回した。恐怖に駆られた妻は車から飛び降り、近くのとうもろこし畑に駆け込み、トカゲみたいになって体をくねらせてこの畑の中へ逃げた。怖がってかがんでいる子供のそばで父親は殴られたが、数分後ハイウェイパトロール隊の車が到着した。彼らエンジェルズは加重暴行と強姦未遂ということで拘置所にぶち込まれ、保釈金は三〇〇〇ドルと決められた。

一週間後に事情聴取が終わって告訴が取り下げられ、父親が謝罪した……しかしエンジェルズ各人は三〇〇ドル分貧乏になった。今度こんな罪を犯したらム所入りの〝優待カード〟を送るぞと脅された。エンジェルズは未だに名刺を持っているが、そんなに凝った名刺ではない。たいていはグループの徽章と仲間うちで呼びあう名前とワンパーセントのサインのみが記されていた。住所と電話番号は載っていない。それがときおり載っているのは名刺の裏だったが、住まいなどが頻繁に変わるため名刺は信用できなかった。私が持っている名刺の多くには三けたか四けたの電話番号が書かれていたが、料金不払いのせいか通じなかった。

なぜか私はブルーノ（またはハーポ）の名刺はもう持っていないが、彼を覚えているのは彼が私からまだ満杯の缶ビールを盗んだからである。私にはこれが信じられなかった。私がジプシー・ジョーカーズについて悪い印象を持っていないことを確かめようとして彼は長々としゃべっていた。私たちは寄りかかっていた車のトランクの上にときおり缶ビールを置いていた。彼が立ち去る前に栓をあけた私の新しいビールと彼のからの缶ビールとを巧みに取り替えているところを見た。これをハッチに告げると、ハッチは肩をすくめて言った。「これは単なる癖なんだろうな。飲み屋で飲んで一文無しになったとき覚えたトリックの一つだよ」

こうした癖はアウトローの社会に広がっている。アウトローは外部の者に対して友好的に接することができるが、みながみな友情とたがいの信頼を同等に考えているわけではない。純然たる癖か強迫観念にとらわれて無意味な盗みをする者がいる一方、仲間の手癖の悪さから純真な外部の者を守るのに骨を折る者がいる。[*1]こういったたぐいの仲間は気の毒がられないし、非難もされない。ただ警戒されるだけである。

こういった話がある。あるエンジェルズが訪ねた見ず知らずの人の家でバスルームを使った時の話だ。彼が医薬品の入った戸棚の中を探ったら、デキセドリンに似たオレンジ色の錠剤が入っている瓶を見つけ、中味を飲んでしまった。あとで薄気味悪くなりその家の主人にその錠剤のことについて話し、自分が間違いを犯したのかどうかおずおずと尋ねた。彼は、膝関節炎を治す特性があるが、予測不可能な反応と不気味な副作用があることでよく知られていたコルチゾンを過量摂取したのである。この錠剤を飲まれてしまった主人は悲しくなり、腫れ物とおできがたぶんでき、何週間も苦しむことになるだろうと客のエンジェルズに語った。これを聞いてすぐに彼は自分が使っていたベッドに恐る恐る戻った。腫れ物こそできなかったが、気分がすぐれず、体力もおとろえ、およそ一〇日間「全身が異常をきたした」と言った。回復したおり、この出来事は貴重な教訓を与えてくれたと彼は述べた。つまり、どんな種類の薬剤を飲んでも心配する必要がなくなったのだ。彼の体は彼が飲み込んだものをうまく処理することができたからである。

ビールが盗まれたので、私は空地を横切ってエンジェルズのビールをもらいに行った。この頃までに、焚火のまわりで立っている者たちは、ビールの山がほとんど消えているのに気づいていた。一時間ほどたったら、ビールを買い溜めしていなかった者たちは喉が乾ききるはずだった。そうなったら険悪な情勢になる。買い溜めした者たちは、ふたたびビールを買いに行ったらどうかと言い張った。さもないと、貯えたビールを分け合うことになるか、けんか沙汰になる。ドラッグで酔いどれた者たちはビールのことなど放念しているが、一晩中しっかり突っ立って事態を見守っている約五〇名の中心勢力は、金を集める辛い仕事を始めていた。今キャンプ地は混乱の淵にあった。バージャーは樹木が生い茂っているどこかへ消えていた。焚火の周辺にいた者たちは金を持っていいそうもなかった。

バスレークの商店が全部閉まっているという事実は、とるにたらない出来事だった。タイニーが言った。高速道路沿いで食料品店を経営している〝友人〟がいる、その店の裏手へ行ってその友人のベッドルームの窓を叩けば、夜のどんな時間だろうと店を開けてくれると。私がタイニーの言うことにじっと耳を傾けたのは、ビールを買いに行ってくれそうな者を知っていたからである。警察はエンジェルズをこのキャンプ地から外へ出そうとしないはずだし、ここでエンジェルズでない者は私と、早くからふらりと現われ、家へ帰りたいと悩んでいた男の子だけだった。男の子が家へ帰りたいと告げるまで、みなはこの子は誰かの友人だと思っていたが、実のところこの子はいわば密航者だったのである。誰も特にこの子をここから出してあげようと気を遣っていなかったけれども、男の子は、自分を探しに高速道路を走り回っている友人に会わねばならないと言い張っていた。しばらくの間、彼は焚火のそばでタイニーと並んで突っ立っていた。二人は思わずどきっとさせるような奇妙なコントラストをなしていた。白のTシャツを着、チノパンをはいた一六歳ぐらいの身だしなみのいい少年が、下劣さを絵に描いたような毛むくじゃらの大柄な放浪者といっしょに山の空気を吸っている。この放浪者のジャケットのパッチには、「おれは地獄で刑期を務めたから今度はきっと天国へ行く」と記されている。この二人は不吉な気配を漂わす絵画の中の人間像、最後の審判の日にぶつかった人間動物のようだった――あたかも黄味が二つ入っている卵が孵化して、にわとりと野獣が生まれたようだ。

タイニーなら優秀な記者か、俳優のエージェントになれるだろう。〝連絡先〟に関してすぐれた判断力を発揮する。何が起こっているかについて最新の極秘情報に接しているからだ。いつも電話をかけまくる。長距離電話など問題にしていない。オークランドでは公衆電話を使い、ボストンやプロビデンス、ニューヨーク、フィラデルフィアから、またどこことも知れないところからコレクトコールを受ける。逮捕されない大物の犯罪者で、つねに内外の活動や機会、何かが起こりそうな可能性をチェックしている。酒場ではドアに向かって座る。他のエンジェルズが酒を飲み、だらだらしゃべっている間、タイニーはまだ不明の連絡先について深く考え、もつれた情報をつなぎ合せていつでも突き止めることができそうだ。

タイニーの身長は六フィート五インチ、体重は精神状態によって二五〇ポンドから二七〇ポンドの間を行き来している——だが、精神状態の変動が激しいのでエンジェルズの中で最も危険になるし、最も愛想がよくなる。他のエンジェルズはすぐにけんかするが、タイニーの半分も相手を傷つけられない。タイニーが怒り出すと、まったくコントロールが効かなくなり、巨体が凶器になる。彼が偉大な社会（一九六五年ジョンソン大統領が提起した国内改革）でどんな役割を果たすのか判断するのは難しい。

ビールのストックが底をついてしまった時、車のヘッドライトが樹木の間を照らし、突き抜けてきた。一〇時以降バイクが二、三台入って来たが、車がやってきたのは初めてで、これを見てみんな騒いだ。サンフランシスコの元支部長フィルシー（不潔なという意味）・フィルだとわかった。フィルは、高速道路に一五歳の女の子を隠した、道路封鎖をくぐり抜けて彼女を連れてくる手助けをしてくれないかと言った。

これで意見が一つに固まった。いっぺんに何もかもやってしまおうということになったのである。フィルと私はビールを買いに行き、道路封鎖された場所から少年を外へ連れ出し、ピートとパフを森の中のある地点に置き、少女の居場所を突き止めさせるようにした。フィルシー・フィルは不潔どころではなかった。ドレッシーなスラックスをはき、白いシャツと青いカシミヤのセーターを着ている。おれはキャンプ地に入るために苦労した、なぜなら警官どもがおれがエンジェルズだということを信じなかったからだと言った。フィルは非番の警官か、サンセット・ストリップ（ロサンゼルスの大通り）のナイトクラブの筋肉たくましい用心棒に見えた。車は新車の白いシボレーインパラで、衣服同様に場違いだった。

高速道路から離れて五〇フィートあたりで、フィルは少女が隠れている場所を指差した。二人のエンジェルズが森の中を通り抜け、少女を見つけに行った。私たちは山道を通り、道路が封鎖されている場所へ行った。車が三台止まっていて、警官が少なくとも一〇人いた。ハイウェイパトロール隊の白髪の隊長が責任者になっている。密航者の少年は後ろの座席に腰を下ろしていた。隊長がおまえたち何を企んでいるのかと訊いている最中、別の車が通りかかったとき、少年が叫んだ。「あの人たちだよ、あの人たちだ！」私は手を伸ばし、クラクションを鳴らした。その車が止まると少年は外へ飛び出し、数瞬後にはもう消えてしまった。警官側は欺かれたと思っていたようだ。「あの子だが、ずっとキャンプ場にいたのか？　怪我してないのか？　何かがあっちで起こっていたのか？」警官の一人が訊いた。

私は言った。「別に何も。あっちは退屈なんです。行って調べてみたらどうです。驚きますよ」

隊長は私が渡した偽の記者証を見てじっくり考え、ここを出てはいけないと言った。報道の自由だとか、まともな時間にビールを買うのは国民の権利だとか、もし追い返されればエンジェルズはそれぞれ勝手にビールを探しに行くかもしれないという話題について言い争いが始まった。

「どこで買うんだ?」隊長が尋ねた。「店は全部閉まってるぞ」

「遠くまで行かなくちゃ。時間はたっぷりありますから」私は答えた。

彼らは素早く集まって協議し、行ってもいいと告げた。私たちが六〇マイル走ってまだ店を閉めていない酒場を見つけにマデラまで行くのだろう、と彼らはきっと思っていたはずだ。私たちが去るおり、警官の一人が言った。「楽しんで行ってくれ」

一〇分後にタイニーの友だちの店と思われる建物のそばに車を止めた。本当にその店かどうか確認するのは難しかった。タイニーが言っていた場所からかなり遠くにあり、店も大きかった。そのため、裏手にまわって暗くなった窓を叩くのを少しばかりためらった。違う店だったら、大変な間違いを犯すことになる。しかし試してみる価値はありそうだった。銃の撃鉄をおこす音が聞こえたら、店の角を曲がって突っ走る心構えで窓を叩いた。誰も返事しない。ふたたび叩いた。今にも女の金切り声が聞こえそうだと思った。「ヘンリー! あいつらが来たわよ! ああ、何てこと、あたしたちを襲いに来たの! 撃って、ヘンリー! 撃って!」たとえヘンリーが私の頭を撃って吹き飛ばそうと、必ず警察に電話する。真夜中に店をぶち壊そうとした咎と強盗未遂で、私たちは逮捕されるだろう。やっと人の動きが中から聞こえて来た。何者かが叫んだ。「誰なんです?」

「タイニーの友人ですが」私は間を置かずに言った。「ビールがほしいんですけど」

明かりがつき、親切そうな顔が現われた。バスローブをはおった男が店を開けた。狼狽した様子ではなかった。「そう、なつかしいな、いい男だよ、タイニーは。あいつよく酒飲むだろう?」私は同意してうなずくと、エンジェルズが焚火のところで集めた三五ドルをヘンリーに渡した。フィルはそれに五ドル加えた。八個のケースを持って立ち去った。ヘンリーはタイニーを非常に尊敬していたゆえ、他の店で一ドル五〇セント払って六缶入りのパックを買わなければならないところを、彼は一ドル二五セントで売ってくれた。封鎖された道路へ戻ると、ハイウェイパトロール隊の隊長が懐中電灯で車の中を照らし、ビールを見て驚いていた。三〇分もたたないうちにビールを手に入れたので「どこで手に入れた?」と訊いた。

「この道を下ったところで」と私。

隊長はむっつりした態度で首を振り、キャンプ地へ行けと手で合図した。どうせ不正行為したんだろうと明らかに思っていたようだった。私は若干隊長に同情した。一晩中高速道路に立ち、バスレークの市民を守ろうと心に誓っているのだ。エンジェルズが酔って凶暴になり、数々の略奪を行うかもしれないのに、まさかその手助けをしているとは。

私とフィルは拍手喝采で迎えられた。八個のビールのケースが狂気の度合を強めた。ビールを蓄えた連中は賢明にも自分たちのビールを持ち込んで転がり込んで来た。午前四時頃南のほうから大勢の分遣隊がさらに数ケースのビールを持ち込んで転がり込んで来た。これから先の時間は悦楽より忍耐の問題だった。マグーはオークランドの二六歳のトラック運転手で、ずっと焚火のそばにいて焚火の面倒を見ていた。誰かが、最初の晩に何でもかんでも燃やしてしまうな、と忠告すると、マグーは答えた。「それが何だっていうんだ? ここは全部森だぞ。薪などたくさんあるじゃないか」マグーはエンジェルズの中で最も面白い男の一人である。なぜなら彼の心は二〇世紀アメリカ人の生活のあり方や信条を受けつけないからだ。エンジェルズのほとんどと同じように高校を中退したが、トラック運転手の仕事はけっこうな収入をもたらし、あまり心配事もない。頼まれればいつでもトラックを運転する――ときには週に六日、ときには週に一日だけ――特に長期間レイオフになったあとはこの仕事を楽しんでいると彼は言う。オークランドでのある夜、彼はカラーズの下に白いシャツを着、得意満面の素振りで姿を現わし語った。「長い間働いてきたが、おれは初めて立派で正しい仕事を今日したんだ。三五〇〇ポンドの冷凍したにわとりを運んだんだぞ。一羽かっぱらったがね。仕事して気分爽快だったよ」

マグーは麻薬の錠剤を常用し、ラリるとぺらぺらとしゃべりまくる。クロマニオン人の風貌をしているにもかかわらず、自分勝手に振る舞う独特な威厳が備わっている。人から侮辱されやすいが、他の何人かの連中と違って偶然の侮辱と故意のあからさまな侮辱を彼は区別している。体格のすぐれたメキシコ人で、オークランド支部の殴り合いの名人ファット・フレディの流儀にのっとって、嫌いな連中を攻撃するのではなく、マグーは単に背を向けただけである。彼が述べる意見には、経験で学んだというより本能のように思える道徳観が含まれている。万事に対して非常に熱心で、彼の話の多くは不可思議でとりとめがないけれども、原始キリスト教らしきものとダーウィン理論らしきものが満ち満ちている。マグーは一九六三年のポーターヴィル暴動を起こす発火点になった。彼は報道雑誌によると、酒場にいた老人を〝残酷にも殴った〟という。彼はこう言っている。

「おれは、U字形のカウンターに座ってビール飲んでたんだ。誰にもちょっかい出さずにね。そしたら、じいさんがやって来て、おれのコップをつかんでビールをおれの顔にぶっかけやがった。『何すんだ!』おれは怒鳴って立ち上がったよ。じいさんは、『あっ、おー、間違いました』と言ったよ。そこでおれは、じいさんを右手でぶん殴ったら、よろめいたよ。またぶん殴ったら、倒れたんだ。また一発喰らわし、じいさんをフロアに残したままおれは出てった。それだけの話だよ。けたくそ悪いやつがあんたの顔にビールかけたら、あんたどうする？」

ある晩オークランドでマグーと私は銃について長い間話し合った。〝ダムダム弾〟、〝銃撃戦〟、〝拳銃で人を殺す〟といった当たり前のことが話題になると思ったが、マグーはオリンピックのピストルチームの候補者であるかのごとく語った。私はなにげなく人間大のターゲットのことを告げたら、彼はそっけない口ぶりで言った。「人間を撃つなんてことは話題にしないでくれ。おれはマッチ棒のことを言ってるんだ」彼はルガー二二口径のリボルバーを使っている。それは高価で銃身が長く、ならず者なら考えもしない、正確に当たるのを目的に作られた銃である。働いていない日にごみ捨て場へ行き、マッチ棒の頭を撃つ練習をする。「ものすごく難しいんだが、ときどきうまい具合に当たって、火がつくこともあるんだ」

マグーはたいていのエンジェルズより無口である。別に気にすることなく自分の本名を名乗る数少ない者の一人である。リンという名の成熟して落ち着いた女性と結婚しているが、ワイルドになりそうなエンジェルズのパーティーへはリンをめったに連れて行かない。通常一人で行き、ドラッグを飲まないときはあまり口をきかない。ドラッグを飲むとロード・バックリー（俳優、歌手、コメディアン。ヒッピー詩人。何にでも手を出すマルチタレント）のように荒れ狂う。

バスレークでマグーはアンフェタミンの錠剤をポップコーンみたいに口にほおって食べる者のようにひたすら熱心に焚火の面倒を見ていた。炎が彼のめがねとナチスのヘルメットをぴかぴか光らせていた。この日の昼頃、彼はリーバイスのジーンズの膝あたりの布地をハンティングナイフで一〇インチほど切り取っていて、するりと太くて青白い股がさらけ出された。が、すぐにバイク用の黒いブーツに隠れた。その効果はバミューダショーツを淫らなまがいものに見せた。

夜明け前のいっとき私は焚火のそばに立ち、マグーがすてきな提案をしているのを耳にした。彼は二人のエンジェルズと女の子に話しかけ説得しようとしていた。「おれたち四人でやぶのところへ行ってマリファナ吸おう。はちゃめちゃなことやろうぜ。困ることないよ。彼女が、セックスしたくなりゃ、やったらいい」彼はしばらく待ったが、返事がなかったのでしゃべりつづけた。「あんたエンジェルズだろう、違うか？　おれは無理強いしたことなかったぞ。苦しめたことはなかったぞ。やぶのところへ行ってマリファナを吸おう。この子、エンジェルズの女だろう。フリーセックスを楽しまないとな」

そのときマグーは返事を待たずに足を動かさず、尻から上の体を傾け、いきなり焚火の中へ排尿した。大きなジューという音がし、燃えさしが黒くなった。嫌な臭いがしたので何人かが焚火から遠ざかった。おそらくマグーにとっては一発やりたいという合図、仮面をはぎ取るのが目的の欲情のジェスチャーだったんだろうが、単なる奇天烈な行為にしかならなかった。自分の女がマグーに言い寄られたエンジェルズは、この場の雰囲気に嫌気がさした。マグーの心ない排尿騒ぎがみなに焚火から離れる口実を与え、風上のほうへ行かせた。

あとになって焚火の向こう側、私の後ろから数フィート離れたところで二人のエンジェルズの話し声が聞こえた。二人は一台のバイクに背を寄りかからせて座り、マリファナを回し吸いして真剣に話し合っていた。私はこの二人に背を向け暫時耳をすませたが、聞こえてきたのは私の共感を呼ぶ一言だけだった。「おれは頭の中のくそを出して頭をきれいにできれば、マリファナなんか人にくれてやる」私は自分の姿が見られぬよう素早く立ち去った。

数人が私の車の後ろの座席に手を突っ込んでビールを探していた。彼らはしばらくの間森の中にいて、ビールが運ばれて来ていたのに気づいていなかったのである。そのうちの一人はフレズノの支部のボスで、謎に包まれたレイだった。仲間でさえレイの正体がわからなかった。外部の者にも非常に友好的で、きちんと自己紹介し、いつも握手する。身長六フィート三インチ、体重二〇〇ポンドの体軀を除いて、人を威嚇するような雰囲気は漂っていない。ブロンドの髪はエンジェルズの基準から判断して短く、顔はボーイスカウトの手引き書の表紙みたいに健康そうだった。アウトローの何人かは社交会の名士のようだと言う。彼のエンジェルズとの関係は向こう見ずというよりディレッタント的だった。おそらくこれは本当だろう。彼には選択肢がいっぱいあるといった印象を与える。だから彼はもっと将来性がある仕事か何かに就くと考えている者もいる。事務職か自動車整備工場での安定した仕事に。レイは二五歳でエンジェルズであることを楽しんでいるが、完全にこれにいれ上げているわけではない。このため、選択肢が他にあるとは夢にも思っていないアウトローにとって〝喉にひっかかった骨〟になっている。もし彼がオークランドに引っ越すなら、極悪非道な行為を行なわなければ、バージャーの支部へは入れない。大衆の面前で警官を打ちのめしたり、食堂のカウンターの上でウエイトレスを強姦しなければならなくなる。そして次に、スクエアの世界に渡る橋を燃やしたあと、アウトローの軍団に歓迎されることになる。

しかしレイはフレズノにいることに満足し、ここでワイルドなパーティーを催し、ブームになったバイクの売買をする。かなりのバイクマニアなのでロサンゼルスとベイエリアのエンジェルズは彼を一種の情報センターとして利用している。たえず旅行し、いつもバイクに乗っている。週末にはフォンタナのブルーブレーズ・バーへ行き、バードーのパフォーマンスをチェックし、次の月オークランドのルアウかシナーズクラブへ行き、陽気な素振りでアドバイスし、握手し、集団を組織する。アラバマ州の公民権運動が頂点に達したときレイはバイクにまたがり、はるばるセルマまで行った――デモ行進に加わるのではなく何が起こっているのかを調べるためだった。「あいつら黒い連中はますます手に負えなくなっていると思ったんだ」レイはにこにこ笑って説明した。「そこであいつらをチェックしに行ったんだ」

レイはフォンタナでビル・マーレイに会い、マーレイが『サタデイ・イヴニング・ポスト』に寄稿していると知り、フレズノにマーレイを招き、自分の連絡先を特別にこっそり教えた。「あんたがフレズノへ来たら、ラトクリフ・スタジアムを見つけるまでブラックストーン・アベニューを通って下さい。そこの道路の向かい側にあるガソリンスタンドで私のことを訊いて下さい。私を見つけるのは大変な時があるんですよ。私の居場所はスタンドの人が知ってますから」

ところが、まずいことになった。マーレイはレイの居場所を調べたが、うまくいかず不毛な半日を過ごした。すべて偽りだったのである。レイの人間アンテナがマーレイを警官だと思わせていたのだ。だが、マーレイはフレズノのエンジェルズが最近パーティーを催した家を突き止めた。その家はこんな印象を与えたため、彼はそそくさとフレズノをあとにした。彼はこう記述していた。

その家は、ヨセミテの北へとつづく幹線道路であるブラックストーン・アベニューから一〇〇ヤードか二〇〇ヤード奥に引っ込んだところに建てられていた。近隣にはよく似た家が多数あって、そのうちの一軒だった。平屋で窓枠は白く、狭い前庭付きの三部屋あるバンガローで、全般にわたって荒廃した雰囲気が支配している。にもかかわらず見のがすのが難しいほどの外観だった。塀の一部が倒れ、窓が全部叩き割られ、フェンスの支柱の一つがドアから中へ押し込まれ、前庭の低い二本の樹木の枝が幹からちぎり取られ、地面の上で引きずられ、グロテスクな姿をさらしていた。幹と幹の間に安楽椅子が引っくり返されて置かれ、肘掛けが砕かれたその椅子の後ろに赤いインクで綴られた言葉が書かれていた。

ヘルズ・エンジェルズ
13卐69er
ディー――バード――

私は家の中に入り、かつてはリビングルームだったにちがいないと思われる場所の真ん中に立った。が、本当にここがリビングルームであったかどうかの判断は難しかった。こんなめちゃくちゃな混沌とした有様を、私は見たことがなかったからだ。家具類はすべて壊されていた。残骸が床に散らばっていた。割れたグラス、引き裂かれた衣服、空缶、ワインとビールのボトル、陶器類、箱。ドアはことごとく蝶番からはずされていた。持ち去られたエアコンがあった個所にはぽっかりと大きな穴が空いていた。凹んだベッドわきの壁の上方に大きな赤い〝ポリ公〟という文字が殴り書きされ、それがボトルや手に触れた物を投げつける標的として使われていた。この標的の下に別のナチスのかぎ十字章が記され、その上に〝万歳、フレズノ〟と書かれていた。壁は全部汚されていた。

すぐそばの隣人たちはまともな人間だが、住んでいる家は二、三ヤード以上離れていなかった。その家は、きちんとしていたらしい独身の女に貸し出されていたようだ。彼女が入居した翌日の朝、モーターサイクリストらがやって来た。彼らの女を含めて二〇名から二五名におよぶ人数がいたらしい。二週間近くパーティーがつづき、呼ばれもしないのについに警官隊が来た。隣人たちは抗議せず、助けを求めなかった。その家の裏に住んでいて全然眠れなかった男が、なぜ文句が言えなかったかその理由を説明した。「近所の人たちは軍隊には逆らうつもりはなかったんですよ。やつらと公然と戦えなかったんです。やつらはけだものの群れのようでした」

＊1　エンジェルズと比較的気楽につき合った一二か月の間に、二つだけ盗まれたものがあった。一つはリンチ報告書、もう一つは古めかしく、ずっしりと重いイタリア製の飛び出しナイフだった。私はこれをマントルピースの上に置き、ペーパーナイフとして使っていた。

17

rapere: to seize（捕える、奪う）enjoy hastily（大急ぎで楽しむ、享楽する）……

――羅英辞典

フレズノのエンジェルズはあまりニュースの対象にはならないが、ニュースの対象になったものは、スクエアが大切に思っているものすべてに対して行なう異常で残酷で侮辱的な行為であった。その一つがセントラル峡谷のフレズノ近くに位置するクロービスと呼ばれる小さな町で行なわれた、情容赦のない〝強姦〟である。この記事が新聞に載ると、近隣の市民は怒りに燃えた。

三六歳の未亡人で五人の子持ちの母親が訴えた。ある女性といっしょにおとなしくビールを飲んでいたところ、酒場から連れ出されて、その酒場の裏手にある見捨てられた掘っ建小屋に行かされ、一五名から二〇名におよぶヘルズ・エンジェルズに二時間半繰り返し犯され、その上一五〇ドル奪われたと。こうした趣旨の記事が翌日サンフランシスコの新聞に現われた。さらに二、三日間新聞をにぎわしたのは、もしエンジェルズに不利な証言をすれば、命が危うくなると脅す電話を受けたという彼女の主張だった。

この事件が起きてから四日後に被害者は〝性倒錯行為〟のかどで逮捕された。真相が解明されたとクロービス警察署の署長が語った。「目撃者がこの女性と対面したんです。捜査してみると、強姦されていなかった模様です。少なくとも三人のヘルズ・エンジェルズと酒場で淫猥な行為に耽っていましてね、エンジェルズを口説いて裏の廃屋に連れ込んだわけでして。酒場のオーナーから追い出されました……金品は奪われていませんでしたが、連れの女性によれば彼女は夕方五ドル持って酒場をはしごするため自宅を出たんですな」

この事件は検事総長の報告書には記載されていなかったけれども、記載された事実と同様に妥当性がある。これはエンジェルズにまつわる古典的な話の一つだった。プロットの中のO・ヘンリー的な仕掛けが現実性を帯びたのである。フレズノでは誰かが世論調査すべきだった。そうすれば、最初の〝強姦〟が起こった以後の一連の反応が得られ、切羽詰まれば虫でも反撃する、といった別の反応が得られる。モンテレーの強姦事件のように、クロービスの強姦事件は、証人が脅迫されて沈黙していたなら検察官はもっとうまくことを運んでいたはずの一つの例だった。

クロービスの事件で興味深いのは、それが起こったことではなく、告訴と現実との間のいちじるしい不均衡があったからである。昔からいる恐ろしい化け物、つまりレイプマニアの存在がヘルズ・エンジェルズ現象を解く鍵になっている。

誰も強姦に関しては客観的にはなれない。たちまちのうちに強姦は恐怖になり、快い刺激になり、謎になる。女性は強姦されはしまいかと怖がっているが、あらゆる子宮の奥のどこかに、強姦という言葉が言及されると好奇心がうずく反抗的な末梢神経がある。この神経がさらに恐ろしいのは危険な堕落と色欲を暗に示しているからである。男性は嫌悪感に駆られて強姦者について語り、強姦された女性には悲劇の烙印が刻まれたかのように話す。男性は同情するが、つねに意識している。つまりこうした女性は夫に離婚されていて、本当は強姦ではなかったと思われる可能性を心に秘めて生きることに耐えることはできないことを。これが問題の骨子、つまり言うに言われぬ謎なのである。羽根ペンとインク壺を利用し、強姦罪で訴えられた依頼人を無罪にする弁護士についてのジョークを、誰でも耳にしているはずだ。弁護士は陪審員に向かって強姦のようなものはなかったと告げ、証人が羽根ペンをインク壺に突っ込ませる（沈黙させる）ことによって無罪を証明した。弁護士は巧妙に法廷を操ったので証人はついに証言するのをあきらめたのである。

これはコットン・マザー（米国の会衆派の牧師。一六六三－一七二八）のジョークか、彼によく似た何者か――両肩甲骨の間で片腕を上に曲げられなかった者の知恵のように思われる。強姦はなかったと言ういかなる弁護士だろうが、三人の大柄な性倒錯者によって公的な場所へ引っ張り出され、真昼間に依頼人が見守る中で肛門性交させるべきだ。

カリフォルニアでは毎年三〇〇〇件以上の強制強姦の事例が報告されている――一日に約三件が報告されているということになる。これが無意味でないとすれば脅威的な統計である。例年と同様、一九六三年度では強制強姦の事例が三〇五八あった。だが、たった二三一の事例が裁判に付され、たった一五七名の強姦者が実際有罪になった。どのくらい多くの強姦が現実に行なわれたのか知ることはできない。多くは報告されないか、公表されるのを恐れ、裁判になると屈辱を与えられそうな被害者は口を閉ざす。人に知られるのを懸念する強姦の被害者は往々にして告訴するのを拒否し、この被害者に証言を強制する検事はほとんどいない。自分の性欲を満足させてくれる対象を上中流階級のご婦人に限定する強姦者は、かなり安全な立場に身を置くことになる。しかし、強姦されても不名誉だと思っていないような女性を餌食にするとき、強姦者は危険と知りながら命がけで、やる。公開の法廷で好んで証言する被害者がいると、きちんとものが言える検事ならかなり生き生きと詳細に〝現場〟を再現できるため、いくらおとなしい被告でさえ陪審員には荒れ狂ったフン族のように見えるだろう。裁判にかけられる強姦の事例のパーセントが少ないという事実は、カリフォルニアでは確実に勝訴するわけではないことを示している。にもかかわらず、カリフォルニアの強姦の七〇パーセントが有罪の判決になった。他の重罪の裁判では八〇パーセントが有罪になっている。

　レイプマニアは非常に複雑な社会現象なので、結局は大統領命令によって処理されなければならなくなるだろう。精選された委員から成る委員会は、たがいの協力と古風な行動様式によって厳密に取り調べなくてはならなくなる。一方、ヘルズ・エンジェルズは強姦の罪で特に変動もなく逮捕されつづけている。これは彼らの特性の一つとして知られるようになっている。特に痛々しい野蛮なたぐいの集団強姦は。メンバーのほとんどは一度か二度強姦のかどで逮捕されたことがあるが、一五年間で六名以下の者が有罪の判決を受けている。アウトローは強姦はしていないと主張しているが、警察はいつもしていると言う。有罪の判決を得るのは容易ではないと警官たちは言う。なぜなら、たいていの女性は証言するのを嫌がり、すすんで証言する女性はエンジェルズ――あるいは彼らのママ（愛人）――がグループ全体のために〝体を切り刻んでやる〟とか〝輪姦〟すると脅されていつも気を変えるからである。

　一九六六年の七月、四名のエンジェルズが強制強姦の罪によりソノマ郡で裁判にかけられた。一九歳のサンフランシスコに住むモデルがエンジェルズが催すパーティーで犯されたのである。一九名のエンジェルズが告訴されたけれども、郡の検察官は犯人の数を――テリー、タイニー、モールディ・マービン、マグー二世[*1]――の四人に絞った。この四名は有罪になると確信して入廷した。二週間後エンジェルズ側の三名の弁護士が被害者に対し反対尋問を行ったあと、十一名の女性と一名の男性から成る陪審員は、無罪に賛成する投票を行なった。全員一致の無罪の評決に達するのに二時間もかからなかった。

脅迫罪の告訴にはある程度真実が含まれているが、なぜエンジェルズが頻繁に告訴され、ほとんどが有罪にならないのかという理由は充分説明されていない。真実の大部分は現実に起こったことが強姦といえるかどうかという、強姦という言葉の定義の問題にある。もし女性が街頭から連れ去られ、その意思に反し淫行を迫られれば、それは明らかに強姦である。が、エンジェルズはこんなことはしていないと言う。

「強姦なんかして五〇年の懲役刑をくらうような危険なんか冒すものか」あるエンジェルズは語る。「とにかく強姦なんか楽しくないんだよ——現実にうまい具合にやれたにしてもだ——じっとしていてもパフォーマンスはやれるんだよ。停止信号で止まっているとき女がおれに誘いをかけるように仕向けさせたんだ。おれはろくにあいさつしないで飲み屋でおれのズボンのチャックを開けさせたよ。たまたま何も起こらなけりゃ、あちこち電話してやりたくてたまらない女を見つけるんだ」

「そう、おれたちは手に入れられるものなら何でもものにしちまう」他のエンジェルズが言う。「しかし、やり終わるまで女は強姦だと言って騒ぎたてないな。終わったあとでいろいろ考えるんだ。いいかい、多くの女は一人の男とやっただけじゃうまくいかないか、快感が得られないんだよ。だが、困ったことに女はときどき、おれたちがやらないうちに行為をストップしたくなるんだ。女がピックアップトラックの後ろで一五人の男を相手にしている間に、誰かが女の財布から二、三ドル盗む——すると女は頭がおかしくなり、警察を呼ぶんだ。おれたちが逮捕されたとき女はエンジェルズの真っ只中で丸裸、と突然女は強姦されたってことになる。おれたちに何が言える？　自動的にぶち込まれちまうんだ。でも、おれたちにできることは弁護士を雇って、裁判になったら表沙汰になると女に言うと、女は告訴を取り下げる。強姦の告訴は裁判にはならないんだ、けっして」

二人か三人のエンジェルズと性交したことを認めたが、以後性交するのをやめた女性たちに関する警察の報告書がある。最初の相手と性交したのは愛のため、二番目は快感のため、あとの相手からはすべて強姦されたという趣旨の証言を陪審員はどう判断するだろうか。オークランド在住の、自分は強姦の被害者だと申し立てた女は、昨夜会った男といっしょに夜バーへ行き、奥の部屋にあるビリヤード台の上でセックスをしようと言った。エンジェルズの一人が部屋の中を覗くと、何が起こっているのかを知り当然、数秒突っ立っていた。すると女は抗議したが、彼女の本当の恋人がぶん殴ると脅したら、納得した。三度目のセックスが終わったあと、女は自分が何をしているのか気づいてヒステリーを起こし、バーテンダーに警察を呼んでほしいと頼んだ。

ある女がロサンゼルスからバイクに乗って来てグループに入りたいと言い張った。エンジェルズは入れると告げたが、何かパフォーマンスをしたあとならと条件をつけた。「すごいいメスだ。頭が狂いやがった」あるエンジェルズが言った。「翌日の夜でっかいセントバーナード犬を連れてやって来たんだ。とんでもないことをやらかせてくれたぞ！」彼は悲しげな笑みを浮かべた。「それでおれは頭がぶっとんだ。そのあとあの女、みんなとセックスしようとしたんだ。何て女だ。グループに入れてもらえないとわかると、気が狂って、ばか、間抜けなどと言っておれたちを非難し、公衆電話のボックスへ行き、警察に電話しやがった。おれたちは強姦したということで逮捕されたけど、尋問されなかった。次の日、女は逃げちまったからな。それ以来誰も女を見なかった」

〝強姦〟という言葉が出ると、テリー・ザ・トランプはある頭の狂った女の話をした。「ものすごく美人の女がある晩タクシーに乗ってエルアドベへやって来て、タクシー代を払い、おれたちをじっと見てるんだ。それから駐車場の所有者のようなふりをして駐車場を横切り、『あんたたち何を見てるの？』と訊くんだ。で、女のやつはげらげら笑って、『いいわ、わたしファックしてあげる、あそこをしゃぶってあげる、マリファナいっぱい吸ったの、さあ、やりましょう』と言うんだ。わぉ！　信じられなかったな。彼女、嘘ついてたんじゃなかった。おれたちは、当時持ってた中古のパネルトラックの後ろに彼女を乗せたよ。バーが閉まったとき、もっとファックしてくれと叫んでなかったかな。田舎のほうへ連れ出さなけりゃいけなかったんだ」

エンジェルズを求める女たちにまつわる話はいくつもある。エンジェルズは自分たちの行動や女のことを大げさに飾り立てるが、まったくの嘘ではなく、ちゃんとした根拠がある。私は長い夜を彼らとともに過ごしたあと、少なくとも一人の女が男の群れや、やりたいと思っている誰にでも近づいて行く例はかなり多かったと記憶している。普通そうするのはママたちだが、エンジェルズが〝変な女〟とか〝新しいプッシー〟とか呼ぶ女がときおり現われた。そんな女たちはエンジェルズの一人と関係があるという印象を与える。ときどきそんなふうになった。新しいプッシーは少しダンスし少しビールを飲み、愛しい男と闇の中へと消える。しかし、パネルトラックの中へ連れ込まれ、何時間も姿が見えない女たちもいる。まれに例外があるが、このトラックの近くで、またこのトラックの後部座席で輪姦が行なわれるが、あまり騒ぎを起こさない。週末の夜エルアドベの三〇名ぐらいのアウトローのうち半数以下の者が、駐車場を横切ってセックスしてくれる女をわざわざ探しに行く。ある女は何時間もやられっぱなしかもしれない。一〇名ぐらいがまわすこともあるからだ。自分のオールドレディがそばにいると、いさぎよくセックスシーンを無視する。女房やガールフレンドはこうしたシーンには我慢できない。アウトローはママたちを怒らせないようにしているが、本当は厳しい道徳の防壁を越えないようにしているのだ。オークランド・エンジェルズのオールドレディに属する一人で、ジーンという名の髪の毛が黒い美人が、ママたちは悲しい生まれつきの負け犬だと思ってこう言っていた。「ママのベバリーのような女の人たちは、かわいそうだとわたしは思っているの。エンジェルズのような男たちのそばにいるために何でもしなければと思っているのね。でも、そういう女たちはいっぱいいるわ。リッチモンドでのパーティーに、誰も見たことがない女が入って来て、自分のヌード写真を見せびらかした。それから五、六人の男といっしょに裏の部屋へ行ったの。エンジェルズと走行しているときに、エンジェルズだという理由だけで女が群がってくるのを見るべきね。エンジェルズに強姦されたと言い張る女がいても、たいていは自分がそうしてもらいたがっていたのよ」

いささか厳しい見方ではある。通例、ヘルズ・エンジェルズを追いかける女は性欲のとりこになっているか、精神が錯乱したふしだらな女だが、集団強姦を望んでいる者はほとんどいない。集団強姦は不快な経験だけれども、エンジェルズはこれを懲罰の一形態だとそれとなく認めている。エンジェルズを密告したり、裏切ったりする女は、彼らが言う〝列車を引っ張る〟つまり、次々とセックスする相手を変えられて〝輪姦〟される。ある夜、何人かがそんな女を捕えて、他に何もすることなく座っている男たちがいる部屋へ連れて行く。そして魔女を粛清する儀式に似た儀式を行なう。女は衣服をはぎ取られ、床に押え込まれ、年長の男が女の体の上に乗る。ママやオールドレディを含めたみんなで見ることができる場所で懲罰が実行される。エンジェルズの女のほとんどはこのようなショーを見るのを避けようとするけれども。懲罰は普通、たちの悪いエンジェルズやこうした懲罰を趣味にしている一握りの者によって行なわれる。すべての支部には輪姦の愛好者が二、三人いて、彼らは最も下劣なやつらで一番タフで、あらゆる状況で昼夜おかまいなくどんなことでもするという気まぐれな悪意に満ちているやからである。

初めてエンジェルズと出会って何か月かが過ぎ、私の存在を受け入れてくれた頃、あるパーティーでこんなシーンに出くわした。つまり、親しく交わっている性の狂宴とも、徹底した集団強姦とも思えるシーンが繰り広げられ、それが未だに私の脳裏にちらついている。それはエンジェルズのパーティーではなく、エンジェルズが二〇名ほど招かれて、二日間にわたるお祭り騒ぎに変わった。すぐさま数名のアウトローがある女、他のゲストの元妻に目をつけた。母屋から離れたところに建てられた丸太小屋で女は性交するのに同意した。女は、選ばれた三名とともに嬉しそうに交わった。これで〝新しいママ〟ができたことがいち早く伝わり、まもなく観客の大グループに囲まれた……酒を飲み、笑い、女の体から男が退くといつでも次の男が交わる。

私はその夜のことをメモした、しわくちゃの黄色い紙をまだ持っている。全部は判読できないが、このように記されている。「二五歳ぐらいのきれいな女が木の床の上に寝転がっている、いつも二、三人の男が女にとりついている、一人が股と股の間にしゃがんでいて、もう一人が女の顔の上に座り、誰か別の男が足をつかむ……歯、舌、陰毛、丸太小屋の薄明かり、汗と精液が女の股と腹の上で光っている。赤白模様のドレスが女の胸のあたりまでまくり上げられ……人びとが叫んで立ち、パンツをはいていない、一番目、二番目、三番目の順番を待っている……女は体を突っ張らせて、うめいている、争ってはいない、しがみついている、酔っぱらっているようだ、わけのわからないことを言い、何も知らずに溺れているようだ……」

特に性的なシーンではなかった。私が得た印象では、復讐しているシーンのように見えた。部屋には刺激的で、あぶない、病的に興奮した雰囲気が漂っていた。たいていの男は一回交わるだけで母屋のパーティーに戻った。だが、八名から十名におよぶしつこい連中が女を数時間離さなかった。女は全部で五〇もの、いやそれ以上の様々な体位で刺し貫かれていた。ある時点でこのパフォーマンスの進行が遅くなると、数名のエンジェルズが外へ出て、泥酔してふらついている女の元夫を捕まえた。彼らは元夫をその小屋に連れて来て元妻とのセックスを強要した。部屋に緊張が走った。そこまでやりたいと思っているエンジェルズはほんのわずかしかいなかったからだ。しかし、元夫を目にすると女は眩惑状態から覚め、部屋にみなぎった沈黙状態を破った。女は肘を曲げ、体を前へ傾けて一息つき、元夫にキスしてほしいと頼んだ。彼はそうした。声援を受け元夫はふらつきながらも元妻と交わった。

のちほど女はしばらく休息し、茫然としたまま母屋のパーティーに現われて、あちこちをさまよい数名とダンスした。そのあと、別のセッションに加わるため小屋に戻された。彼女がふたたび母屋のパーティーに姿を現わし、元夫とダンスしようとするのを私は見たが、彼の首にしがみつき、体を前後に揺らすことしかできなかった。ビートのよくきいた、ロックンロールのバンドが奏でるミュージックも聞こえていないようだった。

以上のことを陪審員たちはどう判断するだろうか——彼らはすべての事実、状況、結果を知ることができただろうと私は推測する。この女、強姦されたのならなぜ抗議しない、なぜ誰かに助けを求めないのか。エンジェルズはこのパーティーでは圧倒的多数を占め、ママ志望の女のためにパーティーを中止したくなるようなたぐいのパーティーではなかった。多種多様なパフォーマンスが行なわれたが、もし誰かが輪姦に抗議したら、輪姦をやめただろう。が、誰もそんなことは全然気にせず、エンジェルズでない者がついに一人か二人、輪姦に加わった。女にはパーティーを去り、警察を呼ぶ機会がいく度かあったはずだ。だけど、それは不可能だった。ヘルズ・エンジェルズのパーティーで輪姦された女たちは、警察に身を守ってもらうことなど屁にも思っていない。

しかし、セックスは、強姦という言葉の幅広い定義の中の一つの様相にしかすぎない。この言葉はラテン語の rapere「力ずくで奪う」に由来する。ウェブスター辞典によると、現代の訳語は(一)「同意もなく力ずくで成人の女性や少女と性交する犯罪」、(二)「暴動によって物を奪い、持ち去ること」、(三)「戦争中に略奪し、破壊すること」になっている。ゆえに、ヘルズ・エンジェルズは彼ら自身の定義を含めたいくつかの定義によると、すさまじい強姦者である……われわれの生きているこの二〇世紀後半はますます状況が悪化しているが、そんな中でときどきエンジェルズはわれわれと違っているように見えるが、われわれとはあまり違っていない。彼らはよりいっそう目立っているだけである。

＊1　別のマグーで、オークランドのマグーではない。

18

ところでボニーとクライドは
バローのギャングだ
おまえたちみな読んだろう
どうやって奪いかっぱらったかを
密告するやつらはふつう死にかかっているか死んでいる
記事には嘘っぱちがいっぱい書かれている
ボニーとクライドはそれほど残酷じゃない
彼らは憎んでいる、すべての法律を
警察のスパイを探偵を密告者を
彼らは冷酷な人殺しだと仕分けられ
情け知らずで卑しいと言われた
でも正直で公正で清潔だった時の
クライドを知っていると、誇りをもって言おう

——ボニー・パーカー。テキサスの警察が彼女をついに殺した時、彼女は自分のピストルに刻み目を九つ付けていた。

昼と夜――
誰もがクラッシュし、色を塗られ、火をつけられた。
しかし！！！
ある日彼はクラッシュした、そして火をつけられた――
そして色を塗られた
しかし！！！！！
いまやつは逃亡中
強い――
やつは恨んでいない。
どうかやつを誤解しないでくれ。
なぜなら、もしおまえがクラッシュしたら
おまえは確かにくそったれだ。

――ヘルズ・エンジェルズのパーティーの時、
壁に書かれていた詩

ウィローコーブでは誰も強姦されなかった。外部の女が不足していたので、ほとんどのアウトローはやけになって酔いどれていた。今夜はもう寝ようと私が思った頃、キャンプ地にはしらふの者はいなかった。五〇名かそこいらのアウトローの半分以上が焚火のそばで突っ立っていたが、まったく現実と接触していなかった。何名かがゾンビのようになって、虚ろな表情をさらし、炎をながめている。他の者はしばらくの間むっつりしていたが、突如わけのわからないことをしゃべり始めた。その声が鳥のアビの鳴き声のようになって湖水を横切ってこだました。ときたま赤いかんしゃく玉が焚火の中で破裂し、火花と燃えさしを四方八方に飛ばした。

眠って無意識状態になる前に、私は念のため車のドアをロックし、誰にも手を突っ込ませないようにウインドウを閉めた。エンジェルズはパーティーで意識を失った者をひどくいじめる。彼らが最も誇っている伝統は、走行初日の夜を不眠で過ごすことである。私が誰かを探していると、「あいつはクラッシュしたため隠れている」と何度か言われたことがある。しばらくの間、クラッシュという言葉は麻薬の過量摂取と関係があると思っていた――病に冒された動物のように森の中にこっそり逃げ込んだ頭が狂った犠牲者は、他の者の迷惑にならぬよう自分の譫妄状態を乗り越えようとする。しかし〝クラッシュ〟は大酒を飲むか単なる疲労のため居眠りするという意味であるが、これほど不吉なものはない。クラッシュした者に運悪く安全な隠れ場所が見つからなければ、他の者がただちに痛めつけ始める。クラッシュに対する最も共通した罰は小便のシャワーである。まだ立っていることができる者が眠っている者のまわりにそっと集まり、その者の頭から足まで小便でびしょ濡れにさせる。他の罰はもっと複雑である。モールディ・マービンはクラッシュした者に仕掛ける業によって高く評価されている。マービンはテリー・ザ・トランプの体に電線を這わせ、それをコンセントにつなげ、テリーのリーバイスのジーンズにビールをかけた。穏和なエンジェルズであるオークランドのジミーは、サクラメントへ走行したおりクラッシュして、火をつけられたことがある。ジミーは回想する。「あいつは、おれのめがねを黒く塗り、体じゅうに口紅で字を書き、おれを燃やしたんだ」彼はにやっと笑って言った。マグーはパーティーの最中ふと目を覚ますと、手錠を掛けられ、足枷がはめられているのに気づき、膝の上でマッチ箱が二つ燃えていた。「誰かおれに小便ぶっかけてくれ、と言ったよ。おれは燃えてたんだぞ！」マグーは言った。

夜明けが近づいてくると二〇名以下の者がキャンプ場で体を動かしていた。ちょっと前に私が話しかけたことがあるジョーカーズの者が〝シャント〟（わきへ向ける、そらす、車を衝突させるなど多くの意味がある）という言葉にすっかり魅せられていた。私が、よくないキャンプサイトに押しつけられた（シャント・オフ）と言ったとき、この言葉が彼の耳を捕えたのである。彼はこの言葉をへらへら笑って口にし、当分の間この言葉と戯れるためにどこかへ行った。数時間後、彼が別のジョーカーズのメンバーに向かって「おい、町へ行って誰かをシャントしようぜ」と言っているのを私は聞いた。朝の四時になるまでにこの言葉が彼の意識の中で腫瘍のようになって肥大化し、焚火のまわりをうろつき、誰かを引き留めて長話をした。「おれがあんたをシャントするぞ、と言ったらどうする？」とか、「朝までシャントを貸してくれないか。おれは痛いんだよ」とか言っていた。そして彼は狂ったようになって笑い、残ったビールの山へふらつきながら向かって行った。この頃になるとほとんどが空缶の山だった。ときどきアウトローの一人が中味が入っている缶が見つからないと怒って空缶をあらゆる方向に蹴とばしていた。誰かが助けにくるまで。いつものように他のあらゆる音の背後にバイクのエンジン音が響いている。エンジェルズの何名かがつかの間バイクにまたがってアイドリングさせ、エンジンを切ってふたたびみなと社交活動を行なう。彼らはバッテリーの充電のように新しいエネルギーを与えられたようだった。私がその夜最後に耳にした音は、私の車のそばにあったバイクの穏やかなアイドリングの音だった。

翌朝私は同じ音で目が覚めたが、今度は耳をつんざくような音だった。明らかに敵対者が夜間に忍び寄って来てキャブレターの調節装置を一つ残らず壊し、再度チューンアップさせるはめに陥れたのだ。まだくすぶっている焚火のそばに人だかりができていた。その真ん中にバージャーがいて、舞踏病を患っているように見える禿頭の小柄な男に向かってしゃべっている。男は『ロサンゼルス・タイムズ』の記者で、数名の保安官補がいるのにものすごく不安げな様子だった。人食い人種の砦に飛び込んで来て酋長の娘をもらい受けようとしている者のように体をねじり、汗をかいていた。記者はジェリー・コーヘンだと名乗り、何をしてもらいたいのか説明していると、タイニーがさっとバージャーに駆け寄り、両腕でバージャーを抱き締め、彼の唇にちょっとキスした。こうすることでスクエアは必ず気が動転する。こうしたスクエアの反応によりエンジェルズは大喜びする。「スクエアのやつら、こんなキスに我慢できなくなるんだ」テリーが言う。「それでやつら頭が狂っちまう——特に舌をからめているところを見るとね」カメラマンの姿を見るや必ずエンジェルズは熱狂してキスしまくった。だが、ショックを受ける者がそばにいないときは、キスしあう場面を私は目にしたことはなかった。このような行動には、単に派手だというのとは違う面がある。ときたまエンジェルズの一人がキスについて真面目に説明する。「このようなキスは、おれたちは兄弟なんだということを世間に知らせる態度の一つなんだよ」

こんな挨拶のされ方は相手の落ち着きを失わせる。何か月かエンジェルズとつき合ったのちのある晩、私はサンフランシスコのホテル、ハイド・インに入り、バーで群れている一団に加わった。ビールの飲み代を取り出そうとしてポケットの中を探っている間、すっ飛んでくる体のせいでノックダウンされそうになった。その体は私にからみつき、誰なのかわかった。何もかもが真っ暗になった。初め思ったのは、ついに彼らは私を襲った、これですべておしまいだということだった。次にひげの感触がし、キスされ、笑い声が聞こえた。オークランド・エンジェルズの幹事ロニーは、期待どおりに私が宙で彼をつかまえないことで腹を立てたようだが、私は心をこめたキスを返した。社交上のひどいミスで、私が少しばかだというさらなる証になった。彼らは、私のことを学ぶのが遅いやつで、潜在能力のかけらしか持っていないどっちつかずの人間だと思っていたのだ。私が初めて愚かなことに首を突っ込んだのはイギリス製のバイクを手に入れたことだった。これを猛スピードで走らせて何かに衝突して壊してしまい、頭が割れそうな怪我をしたことで部分的に敬意を表されていたが、それ以外は侮辱があるだけだった。この事故で私は最小限のステータスを与えられていた――キス行為にしくじってしまうまでこのステータスにとどまった。それから以後彼らはつかず離れずといった態度で私に接してきた。私が不治の病に冒された幼い弟であるかのようにである――「あのかわいそうなばかにはやりたいようにやらせろ。おれたちにできるのはせいぜいそのくらいのことだ」[*1]

彼らは『ロサンゼルス・タイムズ』の記者を私と同じように扱ったが、彼は誰かが後ろから忍び寄って来て、彼の脳髄をタイヤレバーで潰すのではないかという思いを克服できないようだった。かなりおかしな場面になっていた。私は記者のコーヘンが「あなたはバージャー支部長ですね、たぶん」と訊くよう望んでいた。だが、コーヘンはあまりにも神経質すぎた。彼は警官に話しかけていて、その頭の中には残虐行為のストーリーが充満しているのだ。おそらく彼は誰かが彼の死亡についての書いている記事を自分の頭の中で組み立てているのだろう。「……記者は戦ったが、そのかいもなかった。ドラッグで精神に異常をきたしたライダーたちは記者を四つ裂きにし、その肉を串刺しにした。彼らの飲み騒ぐ声が湖水をよぎって漂ってきた……あるいは彼は生き残って……」

本当に不思議なことだが、コーヘンは、バージャーがこれまで誰とも交わしたことがない一番長くて率直なインタビューをものにして、バスレークを去ったのである。エンジェルズのボスはその日の朝ひどく機嫌がよかった。陽光は暖かく、部下は信頼でき、昨夜手に入れたものはみなすばらしかった。コーヘンはけっして敵意をあらわにしなかった。ほとんどの記者はアウトローを支援するか、リンチ報告書から得たと思われる辛辣で独善的な質問をした。私はオークランドで、ある夜イーストベイの新聞社の記者が一度に二つの過ちを犯したのを突然目にしたことがある。この記者はエルアドベに入ってくると、いきなり大麻を買いたいと頼んだのである。この男が有害なやつなのか麻薬取り締り官なのかアウトローが判断する前に自分の大麻をみなに配り始めた。自分一人で大麻を巻いて吸えば、堅苦しい雰囲気が解けたかもしれなかったが、そうはならなかった。でたらめのスラングをたえず口にして、ビールを買いたいと申し出た。エンジェルズはつかの間我慢をしていたが、記者はビールを数缶飲んでからヒトラーや集団強姦、同性愛について質問を浴びせた。バージャーはついに頭にきて、三〇秒もたたないうちにおまえなんか消してやる、今度また来たらチェーンでおえまの頭をぶっ叩くと脅した。

他にもどうしようもないジャーナリストがいて、エンジェルズにかなり同情的になり過ぎたために追い出された。「あいつは薄気味悪い」バージャーが私に告げた。「あいつはポリ公か、精神異常者だ。どっちでもないにしても、あいつはおれたちにはわからない何かのためにおれたちを利用してるんだ」これは本当だった。彼のエンジェルズとの関係は不快なものから批判的なものへと変わった。彼と言葉を交わした最後のとき、自分は追跡されている、心配だから三五七マグナムのリボルバーを買ったと言った。「あんたが言うとおり、おれは怖いぞ。ここへ来たら撃ち殺してやる」

こんなことがあってエンジェルズは満足した。「あの気のふれたくそったれ野郎、自分から脅されたくてあんなことをしやがったんだ。たぶん今度しゃっきり改心するだろうな」とあるエンジェルズが言った。

コーヘンは過ちを犯さなかった。汗をかき、へり下った態度でひじょうに短い質問をし、落ち着いて立っていた。テープレコーダーが応答を録音していた。バージャーが話し始めた際、私はまるで詩を聞いたように思えた。「おれたちエンジェルズはおれたち自身の世界に生きているんだ。個人主義者になりたいんだから、放っておいてもらいたい」

その日の朝コーヘンが集めた貴重な発言がいくつかある。ほとんどがバージャーからのものである。

実はおれたちは順応主義者なんだ。エンジェルズになるにはおれたちの社会のルールに順応しなきゃいけないんだよ。だいたいエンジェルズのルールはものすごく厳しい……まずバイクがおれたちとともにある。おれたちはバイクに乗ってほかの誰もができないことをする。人はやってみるが、できやしない。しかし、エンジェルズは大型のバイクを解体でき、二時間のうちに元どおりにすることができる。ほかに誰ができる?……こういうもの(ナチスの徽章とヘッドギア)は人にショックを与える。おれたちは個人主義者であり、エンジェルズであることを人に知らせるためにこんな格好をしているんだ……放っておかれるなら、トラブルは起こさないよ。暴力を振るうときは追いかけまわされているときだけだ。いいかい、エンジェルズが二人バーに入り、何人かの客が酔っぱらってけんかをしたら、非難されるのはおれたちなんだ……この二人は、客の五人をやっつけることができるがね……あんたエンジェルズになりたいか。誰でも受け入れるわけにはいかないよ。おれたちのルールを守れるかどうか判断しなければならないんだから……。

バージャーはテープに録音され、カメラに撮られているのを充分意識しながら一時間近く穏やかに話した。この時点でエンジェルズの一つの時代が終わった。というのは、彼が述べた見識とカメラのためにとったポーズが、金銭を得るに値するとあとで悟ったからである。『ロサンゼルス・タイムズ』の記事が現われるまでに彼のおおらかな気持ちは図々しさに変わった。

バスレークでの残りの時間は比較的に平穏だった。エンジェルズの多くは日曜日の午後をビール市場で過ごし、溢れかえる観光客のためにいろんなパフォーマンスを演じた。たがいにビールをかけあったり、市民と猥談を交わしたり、不安感を煽ったりして楽しんだ。老人が彼らにビールをおごり、中年の女性が無礼な質問を大声で彼らに言い放ったりしていた。レジが陽気な音を立てていた。

ウィローコーブの入江が三隻の大型水中翼船に侵入されると、緊張が走った。船には筋骨たくましい、海辺にたむろするような男連中とビキニ姿の女連中が乗っていた。男連中は必ずしもけんかをしに来たのではないが、エンジェルズの一人が言ったように、〝やたら強がって〟いた。しばらくの間、嫌悪な雰囲気になりそうだった。警察には入江からの襲撃に備える手段はなかった。船が着いたときキャンプ場には保安官補はいなかった。男連中は全部が二〇歳代でかなり日焼けしている。派手な色の、体にぴったり合ったトランクスをはき、水の中に入っても乱れないほど、ワックスで固めた髪を生やしている。これが男だといった形相の者が二〇名ほどいて、それからフランスのリヴィエラから来たような姿格好の女連中が五、六名いた。複数の船がアウトローのキャンプ場から離れた入江の樹木につながれていた。船から降りた者らはのんびりと遊び始めた。ダイビングしたり、女を軽く投げ飛ばしたり、ビールを回し飲みしたりしているが、アウトローを完全に無視していた。

一〇〇フィート離れた入江の向こう側では、エンジェルズが汚い身なりのまま堂々とくつろいでいた。日焼けもしておらず、ビキニも着ていないし、防水の腕時計もはめていない。ジョッキーショーツをはいている者、濡れたリーバイスをはいた者、肌が青白く、かびが生えているようなからまった顎ひげを生やしている者が岩石の多い岸辺に立ち、数名が衣服を着たまま水をばしゃばしゃ飛ばして歩いている。女の何名かはブラジャーをつけ、パンティをはいている。トレアドルパンツをくるっと巻き持ち上げている。二、三名が男用のTシャツを着て泳いでいた。モンタナ州のビュートにあるネバースウェット鉱山へ深夜から朝にかけて行く例年のピクニックのようだった。

エンジェルズはあまり泳がない。ライフスタイルに合わないからだ。泳ぎ方を知っているのはわずかしかいない。「あそこに入ったら、おれは石みたいになって沈んでしまう。泳ぎたくなったら、泳ぐ練習をするつもりだ。いや、そんなことどうでもいい。とにかく、おれだったら年に一度以上練習なんてしないな」

ふざけて生意気な冗談のやりとりをしたあと、腕っぷしの強そうな何人かのビーチボーイが優雅に泳いで入江を渡った。エンジェルズがボートについて大声で尋ねた質問に答えるためにである。エンジェルズはボートのエンジンについて知りたかったのだ。そのエンジンはあまりにも大きすぎてビーチボーイが乗るボートがなぜ沈まないのか理解できなかった。あるエンジンはスーパーチャージャー付きの四〇〇馬力のオールズモビルV―8型だった。これが両者の唯一の共通言語だった。たがいに仲間うちの話をし、ビールを二、三缶飲み合って半時間過ごしたあと、ビーチボーイの一人が湖をひと回りしてみようと申し出た。エンジェルズは戻って来て興奮して笑った。「あのボートすごいんだ。ウイリーをやらかして湖を突っ走った。とんでもないやつだ！　信じられない！」

もう一つ走行に関する事件が日曜日の夜ビール市場が閉る一〇時ちょうど前に起こった。一日中ビール市場にいたエンジェルズは走行に出発するおり、ぐてんぐてんに酔っていたが、とにかく走ろうと主張した。酔っていようがしらふであろうが、集団を形成して走るときはいつでも彼らは滑走路を離れるジェット戦闘機のように大爆音を轟かせて走る――一台一台矢継早に連続してすさまじい音を立てて発進する。そうやって発進するのは個々のバイクがぶつからないようにするというアイデアに基づくものだが、エンジェルズはこの発進の儀式を厳粛なドラマの域にまで高めている。発進の順番は重要ではなく、態度とリズムが重要なのである。バイクが最初のキックで走れるよう注意深くキャブレターにガソリンを送る。バイクが稲妻のようになって飛躍しないと恥辱を感じる。銃撃中に銃が機能しなくなったり、俳優が演技している最中鍵となるセリフを言いそこなったりするのと同じ結果をもたらす。例えばハムレット役の男優がポーの『大鴉』とごっちゃになって'To be or not to be……quoth the raven と言ってしまうように。

ビール市場ではこんなシーンが展開していた。エンジェルズの走行のフィナーレを見ようとして多くの人が車寄せのスペースに集まっていた。カメラマンが狂ったようになって走り回り、二、三秒おきにストロボをたいている。ところがエンジェルズは泥酔しているため、うまくバイクを発進させることができない。キャブレターにガソリンを多く送り込んだため、エンジンがかからない連中がいる。勢いよく何度もキックスターターを踏みながら怒声を発する。他の者はなんとか同じ瞬間に疾走し、絶叫しつつ人だかりの中へ突入する。エンジェルズの多くはビールの六缶入りのパックを手にしているので、バイクをコントロールするのがいっそう難しくなった。最初の発進時にキャブレターにガソリンを入れすぎ、これを補おうとした連中は前輪を上に上げ、エンジンをがんがん吹かし、クラッチを操作しないうちにひと塊の蒸気を噴き上げさせる。ジョーカーズの大男バックはファーストギアを入れる前に警察の車に衝突し、ただちに連行され、三〇日間拘置所で過ごした。オークランドのフリップは道路の外へぶっ飛んで木にぶつかって、膝を骨折し、湖のそばの狭い道路をふさいでしまった。

多数の人が助けたいと思い集まって来た。警察関係者で事故の現場にいたのは、護送車に乗っているマデラ郡の保安官補一人だけだったが、彼は自分には権限がないと言い張り、誰かが乗車代を支払う同意書にサインするまで民営の救急車を呼ぶのを拒絶した。このため嘲笑が起こり、抗議の声があがった。カメラマンは冷静さを失い、保安官補をののしり始めた。事故現場にいた四、五名のエンジェルズのうちの一名がウィローコーブのほうへエンジン音をけたたましく鳴らして去った。ついにカメラマンが乗車代を支払うと言うと、保安官補は救急車を呼んだ。

数分後、ヘルメットをかぶった保安官補が二人、リードを着けたジャーマンシェパードをそれぞれ連れて現場に走って来た。群集が犬から離れようとすると、にわかに叫び声があがり、押し合い圧し合いが始まった。道路を下ったところでサイレンが鳴っていたが、警察の車が交通渋滞を通り抜けることができず、数名の警官が車の外へ出て警棒を振り回し、「下がれ、下がれ！」と大声で叫びながら現場へと向かって来た。

バージャーの偵察隊が数秒たってから警官らの後ろに到着した。彼らは交通渋滞によってもストップさせられなかったのだ。バージャーたちがヘッドライトをきらめかして車間を縫うようにして走っている姿が、現場に新たな脅威を増した。私はバージャーが人ごみを抜けて、負傷したエンジェルズのほうに向かっているのをちらと目にした。ヘルメットをかぶった警官の一人が手を伸ばしてバージャーの歩みを止めようとすると、警官はダーティ・エドによって道路の先、約六フィートのところまで投げとばされた。エドがくるのが私には見えたが、自分の目が信じられなかった。警官も同じ思いだったかもしれない。エドは走りながら警官を殴ると同時に制服をつかんだ。警官はびっくり仰天し、警棒を振りかざし、後ずさりした。保安官補の一人がエドに飛びかかり、両者はつかの間取っ組み合いをしたが、カメラマンが両者を引き離した。

理由については推測することしかできないが、なぜか警官らはこのエンジェルズではなくカメラマンを逮捕した。カーン郡の警察犬パトロール隊員の二人はカメラマンをアームロックし、哀れな悲鳴を無視し、その声が途切れるまで何度もカメラマンを土砂の崖に叩きつけてから、護送車へ押し込んだ。そうこうするうちにバクスター保安官がやって来て事態の収拾に努めた。保安官はバージャーを探し出し、救急車はすぐにくると確約した。フリップが病院へ搬送されるまでバージャーと一二人のエンジェルズが現場に残ったけれども、これで一件落着のように見えた。ダーティ・エドが背後にひそみ、危険な気配を漂わせていたが、暴力行為は控えていた。警察はエドを放置していたが、タイニー・バクスターは護送車へ行き、不運なカメラマンに向かってチーターのような鳴き声をあげ始め、おまえは暴動を起こそうとしたなと告げて非難した。「この頭のおかしい野郎め、車の中に入って、おまえの首の骨を折ってやる！」と叫んだ。バクスターはきっとそうするだろうと私は一瞬思った。味方がいない唯一の敵を見つけて非難する声の中にこの週末の緊張感がこもって、がんがん響いていた。エドを捕まえれば、導火線に火をつけるはめになっていただろう。カメラマンはボクシングのジムにあるパンチバックのように無害だった。カメラマンには何が起こっても彼を支持し、彼に代わって復讐してくれるグループはいなかった。さらに悪いことに、自分がフリーランサーであることを認めてしまっていた。フリーランサーという用語を、たいていの警官は定職が得られない放浪者として解釈する。もしその日の夜、私が捕まえられたら、私はフリーランサーのライターだと言う前にオピューム・タン（在米中国人の秘密結社か）の用心棒だと言っただろう。警察はたとえ何者ながオピニーム・タンに雇われていたにしても、どこかに雇われていさえすれば誰に対してもつねに用心深く接する。さらに望ましいのは財布などに上等な証明書をたくさん入れておくことである。あらゆる種類の会員証、金線細工模様の文字と奇妙な暗号めいたものが描かれた証明書等。これらは様々な強大な企業合同体や、いくら悪賢い警官でも手が出せない地位の者と確かにコネがあることをほのめかしてくれる。

　不運にもこのカメラマンはこうしたものはいっさい所持していなかったので、三日間拘置所に入れられ、公務執行妨害罪で一六七ドルの罰金刑に処せられ、一生涯マデラ郡にくるなと警告されて釈放された。連行される前、カメラマンは私に新車サンビームのオープンカーのキーを渡し、トランクに二〇〇〇ドルの値打ちがあるカメラの装備品があると言った。彼は私とはまったく面識がなく、私のだらしない身なりを見れば、サンビームとカメラの装備品をまっ先に私が売ってしまうと思っていたようだった。しかし彼は正当な立場にいたわけではなかった。サンビームを三日間路上に置きっぱなしにするしかなかったが、幸いにも彼はその日まだ早い時刻に二人のヒッチハイカーを拾っていた。二人はロサンゼルスからフレズノまで貨物列車に乗ってきて、フレズノからヒッチハイクをしてヘルズ・エンジェルズに何が起こっているのか見に来たと言っていた。二人はカメラマンが調書を取られるマデラまでサンビームを運転して行くことに同意した。なぜか二人は私のあとを追って拘置所まで来た。脇道に入って消えることもできただろうに。誰も彼らの名前も行先も知らなかった。サンビームの持ち主は不平を唱えることはできなかった。

拘置所では保釈金が供託されるまで拘禁者に話しかけることはできないと言われた。保釈金は二七五ドルで、利用可能なプロの保釈保証人が一人だけいたが、この件にかかわるのを拒否した。この週末は放浪者が大勢いて走り回っているから面倒見きれないと言うのだ。ヒッチハイカーの二人はサンビームを街路に駐車させた。その一人が警察署に入り、受付にいた事務担当警官にキーを渡した。すると、事故現場にいた例の警官が車でやって来て、この次に私を目にしたら放浪罪で逮捕すると口走った。

口論するに値しないようなのでヒッチハイカーの二人を一〇一号線で降ろし、マデラ郡の境界線が私の背後にあるのを確認するまで約一時間北へ向けて走った。それから空港の近くで裏道を見つけ、眠りに就いた。明くる日の朝バスレークに戻ろうと思ったが、ビールをあさり、同じ単調なバイクの騒音を聞いて一日を過ごす気分にはなれなかった。

一〇一号線の食堂で農民の一団と朝食をとってからサンフランシスコへ向かった。休日の車の流れはゆっくりしていたが、唯一、交通渋滞が起こっている場所はトレーシーで、多くの群集が改造した車が疾走するホットロッドレースを見物しに来ていた。オークランドの西のどこかで二人の若者を乗せてあげたが、ジョブ・コープス（失業青少年のための職業訓練機構）のキャンプから逃げて来たと語った。どこへ行きたいのかはっきりわからないが、一人が、ユカイアに従兄がいるから当分の間そこにいると言った。私は彼らにたばこを一箱やり、オークランドの停止信号のところで降ろした。

月曜日の朝刊に暴動の記事がいっぱい載っていた。『ロサンゼルス・タイムズ』には特大の八段抜きの見出しが掲載された。

祝日の暴動――催涙ガス、警官隊が若者を鎮圧――群集と警官との闘争で中西部四個所のリゾート地壊滅的打撃を受ける。

『ニューヨーク・タイムズ』の第一面の記事。

若者の暴動が三つの州で勃発。負傷者二五名、三二五名勾留される――一夜のうちに暴動が四か所のリゾート地を巻き込む。ジョージ湖の大騒動で二〇〇名が逮捕された。

七月四日に騒動を起こさなかったのはヘルズ・エンジェルズだけだった。サンフランシスコの新聞の二紙はこれに注目した。『クロニクル』はヘルズ・エンジェルズの最前線は異状なしと書いたが、『エグザミナー』はひとひねりした記事を載せた。警官がエンジェルズの一団を取り囲むと従順なエンジェルズはマデラを去ったと。モーターサイクリストの記事がアイオワ州のスー・シティにある、UPI通信社の支局から発信された。それはかなり簡潔だった。

〝アウトロークラブ・オブ・ミッドウエスト〟と呼ばれていた三〇名のモーターサイクリストのメンバーが休日の週末、市民に嫌がらせをしたあと、現在人口九〇五〇〇名のこの市を去った。彼らは交通を妨げ、歩道を走り、パトカーと〝隠れんぼ〟のゲームを行なった。メンバーのスポークスマンはスー・シティに走行したのは「少し遊ぶためだ」と述べた。

エンジェルズに関する『クロニクル』の記事によると、マデラ郡の警察当局は拘禁治安法に対してどういう態度で臨むかについてはまだ決定していなかった。明らかに混沌とした事態が生じた。というのは、この法律を適用するとエンジェルズは七月一六日にマデラ郡高等裁判所に出頭するか、マデラ郡から永久に締め出されることになるからだ。さらにこの記事には「警察はトラブルになるのを恐れていた。なぜなら、エンジェルズは七月一六日までバスレークにとどまっているか、同日に増援隊を連れて戻ってくると脅していたからである」と書かれていた。警察の幹部はこの命令をきれいさっぱり忘れてしまうか、別の走行を支持するかどうか選択しなければならなくなった。バージャーはこれからどうするかをみんなと検討するつもりだと述べた。言うまでもなくこの命令は排除された。初めからうまくいかなかったからである。この命令をゆだねられていた警官たちでさえ、何やらさっぱりわからなかった。バスレークの冒険談についての最終的な見解が『エクザミナー』に掲載された。小さな見出しで、〝ヘルズ・エンジェルズの勝利〟と。この命令は地方検事の要請で却下された。二週間前にこの命令を策定した同じ男によってである。

あとからいろいろ考えてみると、報道機関と警察はめざましい仕事をしたと誰もが思ったであろう。報道機関を含む警察の不安と心配を正当化するに足る大量の報道、多数の警官の出現、大量のビールの暴飲。全国的に起こる暴動と市民の混乱という銀河系の中で、バスレークはまさに平和の星だった。多少不吉で不気味な意味合いを含んでいようが、バスレークが平和の星だったことについてはいかようにも説明できよう。例えば、ある警察幹部は、暴力沙汰にならなかった理由として、モーターサイクリストとほぼ同数の警官がいたという事実を取り上げ、彼はバスレーク機動隊に属する一〇〇名以上が超過勤務したことを評価した。[*2]

バスレークの平和を維持できた理由についてエンジェルズも説明した。警察の人数のほうが多かったという事実をみくびっていたのか。いや、そうではなかった。つまりエンジェルズのほうが人数が少ないので放っといてほしいと警察と市民に強談判していたのである。両者ともパワーを誇示することで危機を回避できたとも主張した。これはある程度まで正しかった。しかし実際のところはもっと複雑な要素を含んでいると私は思う。

バスレークでの対峙がその週末中きわどいながらもバランスを保っていたのは、大衆の感情にひそむ奇妙なアンビバレンスによるものだった。これが警察とエンジェルズをひどく困惑させたのである。両者とも市民の怒りの的になっている最前線で、対決するためやって来た。が、なぜか両者は理解を求め、週末の出し物の主たるショーになり、バスレークは以下のようなことを知っているという証明になった。つまり、七月四日に行なわれる真の野外劇の仕方を知っているほどワイルドであると。暴力への恐怖は劇的な緊張関係に変わったのである。群集は幸福感に満ち、エロチックにさえなった。小さな事件こそ起こったが、それほど多くはなかった……そして、すべてが終末を迎えたとき、その週末の最も重大な犯罪はロサンゼルスから来たカメラマンになすりつけられた。

とにもかくにも、その週末は自由企業にとって記念碑となった。もしアウトローがビールを買えなかったら、どういうことが起こったのかはわからないが、あの観光客市場の丸顔の男はバスレークの雰囲気の流れを変えた予言者だった。少なくとも初めてビールを買って以後、エンジェルズは歓迎されたし、少なくともウィリアムズの店以外どこでも寛容に扱われた。エンジェルズのパフォーマンスが湖の向こう側で行なわれることが明らかになると、自警団員でさえこの店を見捨てた。かわいそうにウィリアムズは市民として貧乏くじを引いたが、断固とした態度をとり、この勇敢さが彼のイメージになった……月曜日の夜エンジェルズがついにいなくなると、彼は暇をもてあまし湖水に面した土地へ行き、まるでグレート・ギャツビーのような誇り高く哀愁をおびた面差しで、湖水の向こうに横たわるグリーンのネオンがまたたく酒場をじっと見つめていた。そこでは営業主たちが売上げ金を数えていた。

＊1　アウトローたちがみなこう思ったわけではないと、私は最終的に理解した。

＊2　バスレークのスペクタクルについての論評が、すべて決着がついた約一か月後に現われた。八月中旬ロサンゼルスのワッツ地区で大規模な暴動が起こり、それが四日間続いた。三四名が死亡し、何百名かが負傷したし、財産の損害は一〇〇万ドルにおよんだ。しかし、暴動前の報道はまったくなく、ワッツでは突然暴動が始まった。ロサンゼルス市警は暴動に備えていなかったため、州兵が動員され事態の収拾に当たった。

麻薬のカバラと火の壁

19

やつらは酒を飲み、マリファナを吸い、ドラッグを口に放り込む……何が起こってもおかしくない。やつらはけだものみたいに凶暴になってチェーン、ナイフ、ビールの栓抜き、やつらの手に触れるものを何でも武器にして人を傷つけ、こま切れになるまで引き裂いてしまう。

——フォンタナの刑事

モーターサイクルのアウトローは麻薬を扱う邪悪なネットワーク、ウエストコーストからイーストコーストに至る麻薬の販売網と運送網を保持していることで非難されていた。連邦麻薬捜査官が述べているように、一九六二年－六五年の間にヘルズ・エンジェルズは一〇〇万ドル以上の価値があるマリファナをサザンカリフォルニアからニューヨーク・シティまで輸送した。〝モーターサイクル部品〟と記されたラベルが貼られた箱に詰め込まれ、航空貨物便で輸送されたのである。これは大量なマリファナで、街頭で売る末端価格では相当な金額になる。この〝ネットワーク〟は一九六五年後半に暴露された。『ロサンゼルス・タイムズ』の記事を引用する。「(ヘルズ・エンジェルズの)メンバーだと名乗った八名が、一五〇ポンドのマリファナをメキシコからサンイシドロにあるアメリカ領に密輸入したかどでサンディエゴの法廷によって有罪になった」

これらの密輸入犯はエンジェルズのメンバーだと主張しているが、どちらかと言えばエンジェルズとはほとんど関係なかった。八名のうち三名はニューヨークの出身で、ロサンゼルスの出身の五名のうち二名は女だった。残りの三名だけがエンジェルズだと思われた。私が話しかけたアウトローが言うには「あの連中のことなんか聞いたことないぞ」と言った。おそらく彼らは嘘をついたのだと私は思う。とかくアウトローたちは新聞の見出しになるようなものなら何でも自分と関係があると自慢するのが普通なのだから。アメリカの税関に務める役人の熱意と観察力の鋭さにもかかわらず毎週メキシコを越えてくるブツと較べると、一五〇ポンドのマリファナなどほんの一部にすぎないので、大げさに取り上げて犯罪うんぬんと言うのは見当違いだ。紳士的な税関の役人たちは罪を憎むように麻薬を憎んでいる。密輸品を追及するとき誰を引っ捕えればいいか知っている。ビートニックの変質者、毛むくじゃらのサンダルフリークなどである。ひげを生やしているような者なら徹底的に調べられる。私は一二、三回以上ティファナにあるメキシコの国境を越えたことがあるが、バハカリフォルニア半島で一週間スキューバダイビングしたあと、一回だけ足止めをくらい調べられた。私たち三人は顔面に一週間分のひげを生やしたままアメリカへ戻ろうとした。国境で標準的な質問をされ、標準的な答えを口にしたら、ただちに捕えられた。税関の役人はキャンプ用具とスキューバダイビングの装備品がいっぱい入っているトラックを、特殊な倉庫に乗り入れさせ、一時間半トラックの中のものを調べた。彼らはアルコールのボトルが数本見つけたが、麻薬類はなかった。役人には信じられないようだった。寝袋に触ったり、シャシーの下も探った。「次はもっと気をつけろ」と警告され、やっと解き放たれた。

一方、高速道路では大量の麻薬をさばく売人が笑顔とともに手を振られて税関を通り抜ける。ネクタイを締め、ビジネスス－ツに身を固め、電気カミソリ付きの新型モデルのレンタカーを運転していたからである。私はアウトローのモーターサイクリストがメキシコの国境へ乗り込むのを見たことがない。もし乗り込もうものなら例の倉庫へ行かされ、取り調べられる。クスリをアメリカへ密輸入して生計を立てている者は、悪党の小切手偽造業者と同じ原則で活躍する。すなわち原則としてひげを生やさず、イヤリングやかぎ十字章で身を飾らないことである。

レストランなどにいる、こうるさいボーイ長のメンタリティを持っている税関の役人のせいで、マリファナや違法の薬剤を扱う荷主なら、ヘルズ・エンジェルズを売人として利用する過ちを犯さないだろう。〝アヘン急送〟と両側に赤いペンキで塗られた車を路上に送り出すようなものだ。正義の神がある夜さっと舞い降りて来てエンジェルズを焼いて灰にさせても、メキシコの国境を越えるマリファナの運送に支障をきたすことはほとんどない。一九六六年二月、盗んだトラックに乗った三名の男が半トン――一〇五〇ポンド――以上のマリファナを積んで税関をくぐり抜けた。はるばるロサンゼルスまで運送したのだが、匿名の密告があって数日後に逮捕された。密告者は報奨金として一〇万ドル近くもらった。

エンジェルズはドラッグの運び屋としては目立ちすぎる。ブローカーとして一本立ちするには資本金が必要なのだが、それだけの金は持っていない。とどのつまり狭い空地で高値で自分用のドラッグを買うことになる。三、四名のエンジェルズはマリファナをちびりちびり吸い、かなり短くなると鰐口クリップにはさまざるをえなくなる。多くの者はマリファナのためにこのクリップを持っている。すぐマリファナが手に入る者は、大きなパイプや水パイプでぷかぷか吸う。マリファナの売買に大いに関係のある者は、ドアに鍵のかかった部屋以外の場所で吸うことはめったにない。マリファナ嗜好は利益追求型社会では成功者とは言えない。もしホレイショ・アルジャー（米国の少年読物作家。一八三二―九九）が大麻畑の近くで生まれていたなら、その人生は大きく変わっていただろう。ずっと失業状態のままで時間のほとんどをにやにや笑って何もせずにぼんやりと過ごし、友人や恩人の忠告や抗議を無視する。「うるさいな、ほっといてくれ――どうなってもいいんだ」[*1]。

エンジェルズは仲間にドラッグ常用者はいないと主張する。法的、医学的にみても、これは本当である。ドラッグ常用者は一点集中主義者である。のめり込んでしまったドラッグを手に入れたいという肉体的欲求のために一種類のものだけを選ばざるをえない。ところが、エンジェルズは一点に集中しない。バイキング料理を供された飢饉の犠牲者のように彼らはがつがつ何種類ものドラッグを喰らう。入手できるものを何でも利用する。その結果、発狂して絶叫しても意に介さない。

彼らは堂々とオープンにマリファナを吸っているのになぜ全員が拘置所に入れられないのか理解しがたいと言う人たちがいる。カリフォルニア州のマリファナ取り締り法は、アメリカの政治を最も根源的に表明したものである。丸々一本――あるいはその十分の一の長さの――マリファナを所持した罪を二度犯すと、最短二年刑務所に入れられる。所持罪で三度目に逮捕されると最短五年の刑期を務めることになる。裁判官が情状酌量の余地があるとわかっているにもかかわらず、判決自体が法によって決められている。

こうしたリスクを除けばカリフォルニアのマリファナを取り巻く状況は、一九二〇年代の飲酒を取り巻く状況とひじょうに似通っている。マリファナはいたるところにある。何千名もの人びとがアスピリンを飲むのと同じ頻度でマリファナを吸う。しかし、違法行為だという事実がカルト的な傾向と地下組織を育てた。各メンバーはスパイのようにこそこそ隠れざるをえなくなり、暗い部屋に集まりマリファナを回しあって吸う犯罪行為がもたらす快感をたがいに話し合う。マリファナを吸うというリスクのためハイになる者が多い。かなり不気味で苦しい試練を味わわずに〝きまる〟者はほとんどいない。だが、エンジェルズがいる。彼らはひじょうに長い間頻繁にマリファナを吸っていたので、神秘体験と本来の効果とを混同しない。マリファナは彼らをリラックスさせているようだが、あまり別の効果はもたらさない。彼らは〝グラス〟とか〝ポット〟等のヒッピーの用語を避けて〝ウィード〟、〝ドープ〟という用語を使う。たいていの者はビールやワインのようにマリファナを受け入れている。入手できれば吸うが、マリファナにはめったに金を使わない。金を払って快感を求める場合は、もっと速く効果が出る別のものを好む。

バスレークでハイになるために使われたのはピルだった。日曜日の夕暮れが訪れてすぐ、私が焚火のまわりに立ち、エンジェルズのグループとラコニア暴動について話しているとき、大きなビニール袋を持った何者かが現われ、その中に入っていた何かをつかんで各人に渡し始めた。私の順番が回ってくると私は手を差し出し、三〇錠ほどの小さく白いピルを受け取った。アウトローたちがそれを飲み込み、ビールでピルを流し込んでいる間、話が途切れた。これは何ですかと訊くと、そばにいた誰かが、「カートホイールだ、ベニー、ベンゼドリンのことだよ。飲んでみな。ずっとイカシテくれるよ」と言った。これ、ミリグラムあたり何が入っているんでしょうか、何が混じって入っている錠剤ですかと訊いたが、彼にはわからなかった。「一〇錠ばかり飲んでみな。効かなかったら、もっと飲んだらいい」

私はうなずき、二錠飲んだ。一粒が五ミリグラムの錠剤のように見えた。たいていの人間を眠らせず、数時間わけのわからないことをしゃべらせるには十分な量だった。一〇錠、すなわち五〇ミリグラム飲めばピル・フリークを除く誰でもが振顫譫妄症に襲われて病院送りになる。のちほど数名のエンジェルズが一〇〇ミリグラムのベンゼドリンを〝五ドル〟で買えると確言した――少なくとも彼らはそれだけの金を払っていた。彼らはけっして卸値を教えてくれなかったが、一〇〇〇ミリグラムを五三ドルで私がほしいだけ売ってやる、さもないと処方箋を持っていても薬局では二倍の金を払うことになると語った。それで五ドルで仕入れたのではなく一ドルで仕入れていたことがわかった。私が最初飲んだ二錠の効果は現われなかった。また数錠飲み、さらに数錠飲んだ。夜明けまでに一二錠飲んだ。もし彼らが本当のことを言っていたなら私はビーバーみたいに木に齧りついていただろう。ところが、おそらくベンゼドリンを飲まなかったら立っていられたであろうよりも、四時間長く自分の足で立っていられただけだった。翌日彼らに、あんたたち騙されているよと告げても、彼らは肩をすくめただけだった。一人が私に言った。「おれたちにはほかに選択肢がないんだ。闇市場で買えば、受け取るしかないよ。とにかく、どうでもいいじゃないか。効かないんなら、もっと飲むしかないんだ。クスリを切らしてしまうわけにはいかないんだ」

「ベニー（〝カートホイール〟、〝ホワイト〟）はアウトローの常食物の根底をなしている――マリファナやビール、ワインのように。しかし彼らが〝酔いどれる〟ことについて話をするとき、パフォーマンスはもう一つのレベルに移る。スケールアップした次の段階はセコナール（〝レッズ〟、〝レッドテビルズ〟）で、これは鎮静剤あるいは精神安定剤として通常使われているバルビツール酸系の薬である。またアミタル（ブルーヘブン）やネンブタール（イエロージャケット）、ツイナールも飲む。だが、彼らはレッズを好み、〝眠くなるのを防ぐため〟レッズをビールとベニーとともに飲む。この組み合せは致命的な組み合せだが、理にかなった生き方でなくとも、せめて生きつづけるために興奮剤と抑制剤を組み合せて飲む。

荷物を満載して走行する真のまっとうなエンジェルズは、ほとんど何でも消費する。量や順序におかまいなく。バスレーク以後何か月も経て催された二日間にわたるパーティーのことを私は思い出す。テリーは一日目にビールを飲み始め、昼になってからはマリファナを吸い、それからビールを飲み、夕食前にマリファナを吸い、それから赤ワインを飲み、目を覚ましつづけるために一握りのベニーを飲む……夜半に異常な感覚を求めてセコナールとともにマリファナを吸う。そして夜じゅうさらにビール、ワイン、ベニーを飲み、次に休息するためにセコナールを飲む。その前に次の二四時間、同じドラッグ、アルコール類を飲む。が、今度は倦怠感が忍び寄ってくるのを避けようとして一パイントのバーボンと五〇〇ミリグラムのＬＳＤを飲む。これはひじょうに極端な食事で、必ずしもすべてのエンジェルズが刺激、憂鬱、幻覚、泥酔、どうしようもない疲労感の全スペクトルに四八時間対処できるとは限らない。たいていのエンジェルズはビールとマリファナとセコナールの組み合せ、そしてジンとビールとベニーの、それからワインとＬＳＤのうちどれか一つの組み合せに限定している。しかしながら、ほんの少数の者ではあるが上記のアルコール類やドラッグなどを全部いっぺんに飲もうとする者もいた。さらに加えて一度にメシドリンかＤＭＴを注射し、何時間もゾンビそのものに変身してしまう。

＊1　もっと若いエンジェルズ――特にマスコミによって有名になったヘルズ・エンジェルズに加わった若者たち――は先輩たちよりドラッグの地下組織に深く巻き込まれるようになった。彼らはドラッグの販売や取り扱いに関するリスクには、あまり注意を払っていなかった。エンジェルズはつねに消費者側だが、一九六六年になると彼らは売る側にまわり、ドラッグを大量に扱うようになった。

20

この事態をストップさせるには逮捕、逮捕、逮捕しまくるしかない。

――ロサンゼルスの警察署長ウィリアム・パーカー（故人）が黒人暴動について言った

エンジェルズが麻薬のネットワークを構築する可能性があったため、エンジェルズは拡大の一途をたどるのではないかという不安がふたたび甦った。エンジェルズは東部へと広がっているのだろうか。ニューヨークの『デイリー・タイムズ』の記事によると、薄汚い無法者はすでに飛躍的に増えていたという。霧が川面に立ちこめたある日の夜、ジョージ・ワシントン・ブリッジの上に設けられた通行料金徴収所を彼らは爆音を響かせて通り抜け、門衛にチェーンを叩きつけた。彼らのサドルバッグに麻薬とセックス器具がいっぱい入っているのを門衛に気づかれたためである。『デイリー・タイムズ』は派手な見出しを載せてこのことを掲載した。**バイクの恐怖。**

男たちはヘルズ・エンジェルズと呼ばれるモーターサイクルの暴徒。セックスと暴力によって快楽を得ている。

見出しの上にバークリーの警官三名に身柄を拘束されて、笑っているタイニーの写真が載っていた。この写真の下のキャプションにはさらにこう書かれていた。ひげを生やしたタイニーのことだ。「彼の手首から血が流れ、がむしゃらなエンジェルズがベトナム反戦のデモ隊を襲った先週の乱闘で彼は棍棒で殴られた。身長がおびただしく高いタイニーと他二名のエンジェルズが拘置所に入れられ、警官が一名、乱闘で足を骨折した」このキャプションは他のページに載った「美人が自ら体を切りつけ、死亡」という記事とごちゃまぜになっていたにちがいない。「手首から血が流れる」という不思議なキャプションについてはこれ以外説明されていない。誰の手首なんだろうか。この写真には三つの手首が写っているが、血は流れてはいない。そして、なぜタイニーは笑っているのか。タイニーはベトナム反戦デモで自分の手首を切ったあと、気がふれたのだろうか。もしそうなら、彼を棍棒で殴る必要があるだろうか。どの警官が足を骨折したのか。なぜ他の者たちは笑っているのだろうか。[*1]

この写真はかなり人の心を動揺させるが、その下の写真のほうがもっとショッキングだ――ことのほかエンジェルズにとっては。撮られていたのは無許可で外出した海兵隊員一名を刺したかどでグリニッジ・ビレッジで取り調べされた、きちんと服を着こなした容疑者四名だった。彼らは海兵隊員を刺したためにグリニッジ・ビレッジで逮捕されるかもしれないが、それぞれ同じ姿格好をしていた。つまり、四名とも背中に〝ヘルズ・エンジェル〟と記されたジャケットを着ていたのだ。が、徽章も頭蓋骨も他の飾りもない。それなのに自分らはエンジェルズだと言い張っていたのだ。彼らの逮捕に関する記事は警察の逮捕記録簿をなぞっただけのジャーナリズムの典型だった。四名は犯罪を犯してから数時間後に被害者の海兵隊員が治療を受けていたのと同じ病院で――〝偶然〟と『デイリー・ニューズ』は書いているが――逮捕された。「彼らはジャケットを着込み、ブーツをはき、金のイヤリングをはめ……そのうちの一名の首から疱腫を除去してもらおうとして」ふらりとその病院へ入っていったのである。

これで動機と、主犯らしい容疑者――首に疱腫ができた男――が確認された。疱腫がこの男の脊髄の後部を圧迫し、ひどい苦痛を与えた。できるだけ長い間我慢したあと彼は自制心を失い、通りがかった海兵隊員を刺してしまった。それから四名はハイエナの一族のようにつるんでグリニッジ・ビレッジをあてもなく数時間彷徨し、その後ついに病院の前に来たとわかり、そこへ入ることにし、トラブルを惹き起こした疱腫を何とかしようとしたのである。

『デイリー・ニューズ』によれば、「警察はただちに彼らを勾留し、四名はみなナイフを所持していたと判明。二名が刺傷にかかわっていた。全員が武器不法所持罪ということになった」（四名ともバイクは所有しておらず、背中の文字を除くとブロンクスから来たボウリングのチームのように見えた）。

それから衝撃が走った。「おれたち四人はニューヨークを震え上がらせるために来た。一五名から二四名におよぶエンジェルズが『ニューヨークを徘徊している』と四人は決然と宣言した」とその記事に記されていたからである。

事実、他のエンジェルズは姿を消した。というのは彼らは〝バイクの恐怖〟という記事の中でもどの報道機関でも言及されていなかったからだ。『デイリー・ニューズ』はマンハッタンに恐怖を植えつけたあと、『タイムス』と『ニューズウィーク』に載った噂とリンチ報告書と古い新聞の切り抜きを要約した、さえない記事を掲載した。しかし、この記事は一五名から二四名におよぶエンジェルズがニューヨークのどこかにひそんでいたことを明らかにした。たぶん、ひそんでいたかもしれない。少しばかり運がよければ、包腫の激痛を抑えてくれる五、六個所ある阿片窟の一つを突き止められたかもしれない。もし『デイリー・ニューズ』が事実を突き合わせて推測し結論が出せれば、その年の秋の大停電を誰が惹き起こしたのかわかっただろう。地下鉄の運輸システムを占領し、運賃を三倍にするのがヘルズ・エンジェルズの企てだった。複雑な破壊工作と、電流が通じている線路にまた電流を再循環させてから何週間かたったのち、イェールクラブの下で最後の仕掛けをしているとき仲間の一人が邪悪なミツバチに刺されてやる気をなくしたが、地下鉄の主要な電圧線をエンパイアステートビルの避電針につなげた。その結果、爆発が生じ、これに関係したエンジェルズはみな死んだ。だが、彼らの骨はドブネズミに持ち去られ、他に証拠はなかった。いつものようにエンジェルズは難なく刑罰を免れた。『デイリー・ニューズ』は大変な記事を取り逃がした。

ヘルズ・エンジェルズ
N・H・サイクルレースで
あわや刑務所へ
——『ニューヨーク・ポスト』(一九六五年六月)

ニューヨークの停電はエンジェルズが、体裁を重んじる社会の権威者を困惑させてうまく逃げおおせた初めての事例ではなかった。彼らは信じられないほど巧妙である。法の執行機関にいる者たちは彼らの狡猾さをシギという鳥、つまり多くの人が目にするが罠に掛からないずる賢い鳥に喩えている。シギは捕えられそうになると、何かまったく別のものに変身する能力を持っている。こんな変身能力を持っている他の生き物は狼男とヘルズ・エンジェルズだけだ。両者には共通した特性がある。物理的な類似性も明らかにあるが、もっと重要なことは〝姿を変えることができる遺伝因子〟すなわち体の仕組みを変えることができる奇妙な能力を有しているということだ。だから〝消える〟。エンジェルズはこのことについてはひじょうに口が堅いが、司法関係者の間ではよく知られている事実である。

これが立派に機能した最良の実例は一九六五年六月のニューハンプシャー州ラコニアの〝モーターサイクル暴動〟に現われた。この暴動はモーターサイクル史上でのいかなる暴動よりマスコミに大々的に取り上げられた。しかも、ウエストコーストからイーストコーストに至るすべての新聞の第一面にである。『ニューヨーク・タイムズ』の見出しはこうなっていた。**モーターサイクリストの暴動鎮圧される**。**ニューハンプシャー州の暴徒一掃**。サンフランシスコでは『エクザミナー』が少し騒々しく書いた。**ニューハンプシャーのサイクルレース――警官、ガードが暴徒に向けて銃弾を撃ち込む**。テロリストのような暴徒の人数は『ニューヨーク・ポスト』では五〇〇〇名、『ナショナル・オブザーバ』では二五〇〇名。二万名多かろうが少なかろうが、あまり違いがないように思われた。人はみな、野蛮で混沌としたお祭り騒ぎだということで意見が一致した。辺境地区の市長でピーター・レサードという名の三五歳の愛国者は、ヘルズ・エンジェルズにまつわるすべてを非難した。「彼らは前もって計画を立て、暴動のためにメキシコで訓練していました」と市長は述べた。月曜日、暴動の片がついて二日後に、ラコニアの主だった市民がタバーンホテルに集まり、何が起こったのかを市長が説明するのを聞いた。市長と安全警備委員のロバート・ローズによると、ヘルズ・エンジェルズはその地域全体を競技場にした。「誰も立ち去らせようとしなかったんです。何分もたたないうちに思いがけなくあんな事態になりました。マリファナもありましたよ、そこいらじゅうに。共産主義者が背後にいたんでしょうかね」

記者たちは右記の言葉を漠然と面白がって取り上げたが、少なくとも一か月過ぎてから、ラコニア暴動の当初の過激すぎる記事は、報道関係者にすぐ取材されないような人びとによる赤裸々な証言によって影が薄くなった。『ライフ』の記事をたん念に読むと、〝暴徒〟の多くは自己防衛的な行動をとっていたと指摘している。警官と州兵が総力をあげて襲いかかり、催涙ガス、銃剣、警棒、岩塩をも撃ち砕くショットガン、ナンバーシックスの鳥猟用の銃で無差別攻撃したのである。掃討中に逮捕された者の大多数はモーターサイクルを持っていなかったし、乗ってもいなかった。サミュエル・サドウスキーという名の男は、暴動が起こる雰囲気のかけらもなかった駐車場で逮捕されたのち、刑期一年の刑罰が下った。ある目撃者によれば、サドウスキーの罪は、攻撃にさらされていた場所から早やばやと逃げ出したことだったという。[*2] 警察は暴徒と対抗する徹底した戦術を利用し、この戦術については二か月以上訓練していた。地元警察の署長、ハロルド・ノールトンは自分の署に所属する正規の警官二八名に加えて二〇〇名の州兵、六〇名の州警官、一〇名のボランティアの自警団員を召集した。「私たちは一〇週間にわたり群集を管理する戦術を学んだんです」署長は言った。「しかし、秘密裡にそれを行なったんです。こっちから襲いかかりたくなかったんですね」

彼は本当にそういう気持ちだった。彼が訓練した小部隊はシンボリックな意味合いでのみ存在した。ヘルズ・エンジェルズも同様に、誰にも挑戦したくなかったが、どうやらかなり頻繁に挑発を受けそうだった。この暴動についてこんな報告があった。地元住民の一人がこう言っていた。「幸いにも近くに州兵の訓練場があったんですよ。州兵がいなくなったら、この町は廃墟になってたでしょうね……ここの女性が何人集団で犯されるのか、バイクに乗った腐った放浪者によって住民が何人殺されるのか知る方法はないんです。戦ってくれる人たちがいて、有難い！」

　神はその夜ラコニアに裁断を下した。いわば神の軍勢がやって来て、なんとラコニアを銃撃したのだ。重傷者の一人はロバート・セントルイスという名のカメラマンで、写真を撮っている最中、顔を撃たれた。七〇名のうち六九名がエンジェルズの〝敵対者側〟[*3]だった。『ライフ』は一七歳の少年の言葉を引用していた。「ぼくは車から引きずり出され、がに股になるまで殴られたんだ……お巡りさんがぼくの頭のところに立ち、別のお巡りさんがぼくに手錠をかけたんだよ」暴徒に車を燃やされた暴動の被害者である床屋のアルマンド・バロンは、自分の負傷は神によって作られたような混成部隊によるものだと言う。逃げている間に警官の警棒で口をぶたれ、州兵のライフルの台尻で尻を叩かれた。

　ラコニア暴動は市民が巻き込まれた暴動の歴史の中で最も予測可能な出来事だった。その週末の主なイベントは第四四回アニュアル・ニューイングランド・ツアー・アンド・ラリー（『ライフ』による名称）か、第二六回ニューイングランド・モーターサイクル・レース（『ナショナル・オブザーバー』による名称）かのどっちかだった。他の後援者たちはそれぞれ異なった名称をつけていた。アメリカン・モーターサイクル連合会（ＡＭＡ）は〝一〇〇マイル・ナショナル・チャンピオンシップ・ロード・レース〟と命名していた。しかし、どの名称にせよ、大きな伝統的なモーターサイクルの集会であることに変わりはなかった。レースに出場しないモーターサイクリストは、この集会をニューイングランド〝ジプシー・ツアー〟と呼んでいる。彼らモーターサイクリストはみな好んではなばなしく登場する。その内容についてはヘルズ・エンジェルズの走行とほぼ同じであるが、もっとスケールは大きい。冬の人口一五〇〇〇名、夏の人口四五〇〇〇名のラコニアは、週末のレースが開催されると一五〇〇〇から三万名のモーターサイクリストを引き寄せる。

このイベントは一九三九年以来年に一度催されていた。その前の年ベルナップ・ガンストック娯楽地区がラコニアの郊外に作られた。そこは冬はスキー場、夏はキャンプ場として使われていた。コンコード近辺出身のウィリアム・シェイティンガーはＡＭＡとラコニア・レースの創始者である。前の年の暴動騒ぎのため一九六四年にはレースは行なわれないことになった。

「去年のイベントのこと知っている人なら、暴動がまた勃発すると予測するでしょうね」郡有地のベルナップ地区の管理人ウォーレン・ワーナーが言った。「連中はここで暴動を起こしましたが、町からそうとう遠いので、それを見た者はいませんでした。ここには地元の警官と州の警官合わせて七〇人いましたが、連中を見ても何もしませんでした。暴走族はと言えば、かんしゃく玉を投げつけ、ナイフやチェーンを振り回し、警官に向かってビールの缶を投げましたよ。火事が始まり、建物が燃え、真夜中には椅子が持ち出されて壊され、ピクニック用のテーブルがノコギリで切られて燃やされました。レースをやってもらいたかった人たちはそばにはいませんでした。そこにいたくなかったんですよ。私は暴動のことについて町の人たちと議論しようとしましたが、いつも反対されましてね。『誰も連中を見なかったというなら、レースをやったとしてもやらなかったとしても何の違いがあるんです』と言われましてね」

一九六四年、ラコニアの司法権がおよばないところに新しいレース場が設けられた。一九六五年にふたたびレースが行なわれた。ラコニア商工会議所はレースの開催には熱心で、振興資金として五〇〇〇ドル寄付した……結局のところかなりいい投資となった。なぜかといえば、この商工会議所の計算によると、モーターサイクリストは週末のレースで二五万ドルから五〇万ドルの金を落とすからである。これは多額の金のように思えるが、彼らの数を考えると各人たったの二五ドルから五〇ドルという計算である。その金はモーテル、土産屋、ビヤホール、ハンバーガースタンドに落ちる。レザード市長の言い分によると、このイベントは観光シーズンのいい幕開けになる、とのことだった。レースが中止された一九六四年は経済的に〝苦しかった〟のである。前市長でラコニアのビール卸売り業者のジェラルド・モーリンは約一五〇〇〇ケースのビールを一九六五年の週末の間モーターサイクリストに売り付けた。「明らかにレースはこちら側にとって経済的に都合がいい」暴動が終わったあと、モーリンが言った。「今はみんなの感情が高ぶっているので、鎮まるまで何も決定すべきではないですよ」ほぼ同時にレサード市長がもっとぶっきらぼうに言った。「レースをやってもらいたい人たちでさえ、現金を銀行に預けるまで、今度もまた彼らが暴れると不安に思っているかもしれない」

フリッツィ・ベアは、レースのスポンサーであるニューイングランド・モーターサイクル・ディーラー連合会の宣伝担当者であるが、自分の威信を市長とビール卸売り業者に委ねて語った。「今年を何とかしのげば、悪いやつらは戻ってこないと思う。この地でどういう扱いを受けたか身にしみたので、ニューハンプシャー州には悪いやつらは絶対に戻ってこないはずだ」

ベア氏は〝悪いやつら〟とはどういう者か定義しなかったが、ニューイングランドでモーターサイクルを買いそうな者を含めていなかっただろう。いずれにせよ、モーターサイクリストの何名かはかなり乱暴に扱われた。ラコニアのレースが催されるほんの一週間前に州議会が〝強引に通過させた〟新しい暴動取り締り法――これについてはＵＰＩ通信が報道した――の条項によってである。暴動を指揮し、暴動によって個人の財産に損害を与えた者に罰金一〇〇〇ドルと三年までの懲役を科すことになっている。以前の法律では噂と違って最大限の罰金は二五ドルだった。

この新しい法律ができると同時にラコニアの高速道路の電信柱に花綱で飾られた掲示板があった。それには**「暴動を見に来い。ウィアーズビーチは土曜の夜、燃えるぞ」**と記されていた。ウィアーズビーチは町はずれにある湖に面した細長い土地で、水辺にはバー、ゲームセンター、ボウリング場がある。土曜日の夜九時までにメインストリートであるレークサイド・アベニューには四〇〇〇名のビールを飲む観光客――約半分はモーターサイクリスト――が群がっていた。アーケード街のそれぞれの建物の屋上によからぬ連中が現われ始めた。警官たちは叫び声を耳にした。「暴動を起こそうぜ！」

この頃バロン氏はそれなりの理由があって車を運転してレークサイド・アベニューを下り、暴徒の真只中へと入って行った。バロン氏はあとで「ドライブしに来ただけです」と説明したが、とにかく彼の妻と息子、息子の嫁、二人の孫――デュアン、二歳、ブレンダ、生後八か月――を車に乗せていた。込み合った街路を這うようにして走る頃になると暴徒の行為は手に負えなくなった。屋上からビールの缶が降って来た。警察の主張によると、何者かが火災警報器のボックスにチェーンを巻きつけていたし、また警察の警備本部につながる電話線を切断していたという。だが、そんなことをする必要はなかった。警察は電話を使わずとも五〇〇〇名が「ジーク、ハイル」と唱えている声が聞こえてきたからだ。誰かが岸辺の旗竿によじ登ってかぎ十字章を吊るした。暴徒は自分らの真只中に入って来たバロン氏の車を含め複数の車を左右に揺さぶり始めた。バロン氏は家族を車の外へ出した。家族に怪我した者はいない。暴徒の一人がこぼれたガソリンに向けてマッチ棒を一本投げると、バロン氏の車が揺れながら燃え上がり始めた。

州兵が銃剣を着けたライフルの台尻を振りかざして暴動の現場へやって来た頃、火災が街路を明るく照らした。州兵といっしょに地元の警官が来て、ショットガンを撃った。暴徒はちりぢりになり、多くの者は催涙ガスに襲われて目が見えなくなった。警官に向かって爆竹と石、ビールの缶がつづけざまに投げつけられたが、警官はみなヘルメットを着用しており、一〇週間におよぶ訓練のおかげで暴動は収束した。ノールトン署長によると、暴徒は一五分のうちに一掃されたとのこと。「だが、脇道に逃げ込んだやつらを追い払うのに一時間ばかりかかった」二番目の暴力行為には容疑者の一斉検挙が含まれていた。警棒で殴られてバイクから転げ落ちたり、銃剣で突っかれて寝袋から出て来た者らの写真がある。

翌日の新聞の見出しを読めば、ラコニア全体は灰の山と化し、焼け焦げた車の残骸の後ろから生き残った連中がたがいに銃を撃ち合っていると、誰もが思ったかもしれない。だが、そうではなかった。土曜日の夜に布告された戒厳令下の状況は、何ごともなく進行した日曜日の最終レースによって終焉を迎えた。暴動の最中に中止されていたビールとアルコール類の販売が再開された。日曜日の朝、裸の男が一人〝**思い邪なる者は災あれかし**〟と書かれた大きな掲示板をかかえてレークサイド・アベニューでピケを張っていたと報じられていた。AP通信によれば、「警察はホテルの宿泊客をも検挙した……」

レザード市長は暴動について調査するのに日曜日の大半を過ごし、暴動はエンジェルズを手足として使い、共産主義を吹き込まれた者とメキシコからやって来た者の仕業だと月曜日までに報告することができた。市長と警察署長、地元の安全管理委員長はエンジェルズが〝暴動を惹き起こした〟ことに同意した。彼らは何か月もの間、この計画を練っていたというのだ。「しかし、彼らは戻ってくるまい」と安全管理委員長は断言した。「もし戻ってくるようなことになれば、今回のように準備を怠ってはならないがね」結局、誰も殺されず、傷つけられず、財産の損害額はせいぜい二、三〇〇〇ドルだけだった。

他の自営業者も三者の意見に同意した。ウィアーズビーチにあるウイネペソキーガーデン・ダンスホールのオーナーが言った。「モーターサイクリストはまた招いてもいいと思う」ラコニアのナショナル・バンクの頭取は、この暴動は〝少数者〟によって惹き起こされたので、この少数者は懲りて二度と悪事に手を染めないだろうと述べた。町の幹部の意見に異を唱えた二、三人のうちの一人はウォーレン・ワーナーで、ベルクナップの旧レース場で一五年以上レースを取り仕切っていた。「ヘルズ・エンジェルズの擁護者は六か月かそこいらおとなしくしているでしょう」ワーナーは予測した。「それから、擁護者は暴動が起こったのは警察の残酷な行為か、カリフォルニアから来たエンジェルズのせいだが、エンジェルズはコントロールできるという考えを市民に植え付けるでしょう。しかし、いいですか、二万名のモーターサイクリストの中にけだもの同然の二〇〇〇名がいるんですよ。どのグループが来ようと来まいと暴動にはなっていたでしょうね」

ビール業界やハンバーグ業界とは無縁の地元のあるジャーナリストは、もっとドラマチックに述べた。「モーターサイクリストは本当にその気になれば、ウィアーズを燃やしてしまいます。次はそうするはずです。ラコニアはロシアン・ルーレットをやっている町のようです。五度引金を引いて何も大したことが起こらなくても、六度目で脳髄がぶっ飛びます」[*4]

このジャーナリストの思いと、遠隔地から邪悪な風が吹いて来たという市長の説とは一致しなかった。その夜ロシアンルーレット的な気配が漂っていたと誰しもが賛同していたようだが、メキシコからの影響とヘルズ・エンジェルの役割について私は好奇心を抱いた。実際のところ、暴動について分析した市長が言ったとして記事に引用された言葉を、私は信じられなかった。あまりにも不合理なのだ。そこで私は市長に電話してチェックすることにした……市長の言葉だけでなく、逮捕者の人数のようなでたらめな事実を。何らかの理由で報道機関は多くのいわゆる暴徒が何名逮捕されたか正しく推測することができなかった。通例犯罪にまつわるほとんどの記事には、情報を生み出す要因なるものがからんでいる。たいていの場合その要因を見つけ出すのは容易である。解釈をうながす必要はなく、光が当たらない部分も微妙な違いもない。暴動後すぐにではなくとも、短くても二四時間以内に、事務を担当する巡査部長から誰でも得られる数字だからである。記者の大部分は巡査部長の挙げる数字は当然正確だと思っている。大きな台帳に記録するのはこの巡査部長だからだ。

それでも、ラコニア暴動に関する八つの異なった記事には様々な数の逮捕者が載っていた。暴動後一週間過ぎてから私は次のようなリストを作成した。

『ニューヨーク・タイムズ』……約五〇名。
『AP通信』……少なくとも七五名。
『サンフランシスコ・エグザミナー』（UPI通信からの情報）……五名のヘルズ・エンジェルズを含めて少なくとも一〇〇名。

『ニューヨーク・ヘラルド・トリビューン』……二九名。
『ライフ』……三四名。
『ナショナル・オブザーバー』……三四名。
『ニューヨーク・デイリーニューズ』……一〇〇名以上。
『ニューヨーク・ポスト』……少なくとも四〇名。

この人数の不均衡さには説明があってしかるべきだが、説明されても公共の印刷物を一時的に読んですませている人にはどうってことはないだろう。八つの記事は暴動について八つの見解を示していても私は驚かなかった。なぜなら、個々の逮捕現場に記者がいたわけではなく、それぞれ違う人びとから情報を得ていたからである。だが、逮捕者のような、普通ははっきりしていたはずの人数がこれほど食い違っていなければ、問題視することなく安心していただろう。他の情報についても安易に受け入れるだろう。

暴動後七週間過ぎた八月一一日、ＡＰ通信はついに正確な逮捕者の人数を送信したが、その頃までに誰もこんなことを気にしなくなっていた。私が知る限り、逮捕者の人数は報道されなかった。ラコニア地方裁判所の記録では三二名逮捕されたということになっている。その中にはヘルズ・エンジェルズも、カリフォルニア人も、アディロンダック山地の西に住む人びとも入っていなかった。裁判所の書記がリストアップした。「マサチューセッツの被告は一一名、コネチカットの被告は一〇名、ニューヨークの被告は四名、カナダの被告は三名、ニュージャージーの被告は三名、ニューハンプシャーの被告は一名」

これらの被告のうち七名が州立の矯正施設に一年、一名が六か月収監されることとなった。一〇名が二五ドルから五〇〇ドルまでの罰金刑。十二名への告訴は取り下げられ、一名が無罪、一一名が有罪となったが、上訴した。

レザード市長は親切にも裁判所に働きかけてくれた。裁判所は暴徒で逮捕された人数を私に教えてくれた。私はいささか驚いた。というのは、市長と電話で話したとき市長がこう言ったからだった。「三三名の暴徒は罰金刑を受け、刑務所へ入りました。前科のある悪党は何千ドルかの罰金と刑期一年の判決を受けましたよ」

市長はまた暴動の真最中に撮られた写真を小包便で私に送って来たが、ヘルズ・エンジェルズの写真はなかった。ほとんどが明るい色のセーターを着、チノパンとローファーをはいている一〇代の少年たちだった。彼らは暴動の鎮圧者によってひどいめにあった。ポラロイドカメラで撮った市長自身と警察署長の写真もあったが、黄ばんで薄ぼんやりとしか写っていなかった。

ある木曜日の朝、約一時間、市長と電話で話をした。私は電話を切ることができないほど夢中になった。明らかに市長は、私には聞こえていないドラムのビートに従って人生を歩んで来た人のようだった。

『ニューヨーク・タイムズ』によって与えられた奇妙な情報が市長によって否定されるのを私は内心で期待した……しかし、市長はおのれの洞察力を自慢し、もっとジャーナリズムがこれに注目して引用してほしいと願っていた。私がヘルズ・エンジェルズについて言及した途端に〝首謀者、共産主義者、麻薬中毒者〟がどうしたこうしたとの長話を始めた。四名のエンジェルズが〝車いっぱいのドラッグ、手で扱う武器、銃身を短く切ったショットガン〟を積んでラコニアへ行く途中コネチカットで逮捕されたという情報を市長は内々感知していた。市長はこの四名が国境の南で訓練していたかどうかについて確信していたわけではない。「彼らがメキシコで訓練していたという情報をもらいましたよ。その出所は言わないほうがいいでしょう。極秘情報なんです。手紙でもらいましたが、すぐにＦＢＩに渡しました。ＦＢＩは共産主義者の線を追ってます。写真の何枚かにはかぎ十字章を身に着けていた者が写っていたとか」[*5]

市長にエンジェルズは何名逮捕されたのかと訊くと、誰も逮捕されなかった、誰もエンジェルズだと認めなかったと答えた。コネチカットの四名の放浪者は自分がエンジェルズだと認めようとしなかったのである。ラコニアでは、ある時点で何者かがカリフォルニアのナンバープレートを付けた車を目撃したが、そのナンバープレートも消えてしまっていた。

話を交わしている途中で私はエンジェルズは姿形を変えたなと強く感じとったが、市長の独自で意外な展開を聞く心構えがほとんどできていなかった。ラコニア暴動にはエンジェルズは大勢いたが、「彼らは逃げたんです。火の壁の後ろへと」市長は説明した。市長がこのことを詳しく述べている間、私は日にちを間違えたかどうか確かめるためカレンダーをチェックしてみた。もし日曜日なら、市長は聖書に魅せられた昂揚した気分で教会から帰ったばかりだったのだろう。エンジェルズがモーターサイクルを海の中へ突っ込ませたなら、モーゼの念力で波がまっ二つに割れ、彼らを通したという話が訊けると期待した。だが、違っていた。市長は逃亡の話をことこまかにしゃべるのを嫌がっていなかった。いたるところにある法の執行機関に対してエンジェルズの行動様式について警告を発したかったのだ。情報は力だと思っていたのである。

レザード市長は生真面目な口調で私のために語った。エンジェルズは暴動に先立って主な出口に連なる道路にガソリンを撒いた。そして、暴力行為が頂点に達したとき、逮捕される寸前に彼らは爆音を轟かせて全速力で町の外へ出たのである。最後に走った者がガソリンが撒かれた個所にマッチ棒を一本落とした。すると、夜闇の中、炎が噴き上がり、追跡を不可能にした。そう、これこそブール戦争（南アフリカの支配をめぐるブール人と英国との間の戦争）の遺産、火の壁のテクニックなのである。ラコニアではこれがひじょうにうまくいった。法の執行官たちはきわめて熱い猛火によって足止めをくらい、そしてたぶん短波送受信機を故障させたのだろう。もしヘルズ・エンジェルズが賢明でなければ、普段の警戒態勢によりニューハンプシャーとカリフォルニアの間のどこかで阻止されていたかもしれない。

　ところが、無事にエンジェルズは戻って来た。時間がたっぷりあったので、二週間後のバスレークの走行にそなえて大陸横断中についた泥を振り落としていた。彼らの不思議な力を否定することはできない。一族郎党が集まったとき、この逃亡劇が主な話題になるべきだった。難局から抜け出たことをみなで祝いたかったが、なぜか誰もこれを口にしなかった。他の者はラコニアについては新聞を読んで知っていただけだったが、ラコニアのことを知っていた唯一人のエンジェルズはタイニーだった。彼の元妻はパフォーマンスの頂点に達した際、ラコニアの公衆電話のボックスからタイニーに電話した。バスレークへの走行でうまくなかったことの一面は、エンジェルズがラコニアに行っても成功しないというタイニーの悔しまぎれの宣告に表われている。

「おれのオールドレディはそこにいたんだ」タイニーはがっかりしたアウトローたちに言った。

「おれたちのような者が誰かそこにいたら、と彼女はそう言ってくれたよ。そこにいたのはケベックから来た連中と、東部から来たバンディートスと呼ばれたグループだ。すごいショーを見せたんだな。そいつらといっしょに走るべきだった」

この知らせを聞いたエンジェルズは悪意のこもった表情を浮かべて焚火を見つめていた。ついに誰かがぶつくさ言った。「何だよ、あいつらアマチュアだぞ。もしだよ、もしおれたちがあそこにいたら、そう簡単に逮捕されやしなかったろうな。一つの町に一五〇〇〇台のバイクがいたんだぞ――心が痛むよ、まったく」

最初のワイルドな話がトーンダウンしたあと、敬意を表するに値するモーターサイクルのグループに属する人でさえ、ヘルズ・エンジェルズがラコニアの暴動とかかわりがあると思っていなかった。〝アメリカで指導的なモーターサイクルファン〟だと自称していた出版社が出した雑誌『サイクル・ワールド』はフランス系カナダ人のアウトローを〝アメリカ東部の――逃げたやつら〟、〝過激な変わり者〟、〝ラコニアあたりの町役場にいるようなやつら〟だと非難していた……。

＊1　タイニーが逮捕されたのはその警官を襲い、足を骨折させたからである。犯行現場にいた他の警官はタイニーがコカコーラのボトルで殴ったと言う。長い法的手続のあと九か月たって、告訴は〝治安紊乱行為〟に格下げされ、彼は罰金一五〇ドルを支払った。重罪をまぬがれた理由は、他の警官の警棒で彼は頭を殴打されたのち、例の警官の足の上に転んだ事実がフィルムに撮影されていたからである。

＊2　バイク専門誌『サイクル・ワールド』による。

＊3　同じ不慮の災難が八月のワッツ暴動で起こった。三四名の死者のうち三一名が黒人だった。

＊4　その週末のラコニアのレースは予定通り一九九六年に行なわれた。警察からの圧力がかなり強く、暴動は起こらなかった。

間近にいたヘルズ・エンジェルズだけがおそらくＬＳＤを飲んでいて、おとなしかったからだろう。

＊５　市長が私に送ってくれた写真にはナチスのかぎ十字章は見えなかった。たぶん問題を総括するのに足る最も納得できる写真だったのだろう。

21

嘘です！　あんたたちは嘘をついてる！
うちの子供たちに向かって嘘をついてるのよ！

——マ・バーカー（米国の女ギャング。警官隊に包囲され、四人の息子とともに射殺された）

一九六五年の夏の終わり頃までに、ヘルズ・エンジェルズはノーザンカリフォルニアの社会生活や知的生活、政治生活と関連づけて考えねばならない一要因になっていた。彼らはほとんど毎日マスコミに取り上げられていた。エンジェルズもパーティーに出席するという確たる噂——この噂はパーティーの主催者が流すのだが——がなければ、少しボヘミアン風のパーティーは成功しない。私はこうした一連の徴候になんとなく悩まされていた。というのも、私の名前がエンジェルズを連想させるようになってきたからである。そして私の気持ちしだいでエンジェルズを引っ張り出すことができるという風説が広まった。これはけっして真実ではないが、まわりの人間にとって望ましいと思われるよう、自由に酒を飲み、行動するようアウトローが振る舞えるよう仕向けた。と同時に彼らの行動や振る舞いに対して責任をとるのは嫌だった。パーティーに呼ぶ客のリストのかなり多くに彼らは他の客より抜きん出て載るようになっているけれど、彼らとの交わりが急速に進行すれば、ある程度の略奪や強奪、攻撃が生ずるのは必然である。私はあるパーティーでエンジェルズが姿を現わさなかったために子供や若い母親に私がいじめられたことを憶えている。客のほとんどはまともなバークリーの知識人で、こうした知識人が持つモーターサイクリストのアウトローに関する見方は現実と一致していなかった。私はエンジェルズにそんなパーティーについて話し、イーストベイにある静かな住宅街のアドレスを教えたが、彼らが来なければいいと思った。トラブルが発生するのは必至だったからだ。山をなすビールの缶、ワイルドなミュージック、刺激を求める二、三〇人の若い女性。一方、そんな女性たちの夫や色んなエスコートが〝疎外〟や〝反抗する世代〟に関して話したがっていた。エンジェルズが五、六人登場するだけでもパーティーの雰囲気はすぐに下品なものになり、一様に耐え難い気配になっただろう。誰がファックされるか、というような。

　またもや、バスレークのようなパーティーが復活したが、違った種族の窃視者がいっしょにいた。今度はベイエリア在住のヒッピーの連中で、さびれたシエラネバダ地帯のビール市場に群がって来た観光客と同様に熱心にエンジェルズを受け入れた。[*1] エンジェルズは怒りの対象で、ビートルズと異なって図体が大きく、清潔とはいえないが性的な刺激に満ちている。ビートルズは小柄で清潔、かえって有名すぎて当世風ではなくなったのである。ふわりと漂い出て行ったビートルズは真空地帯を創り出し、そこへエンジェルズが吸収された。ロスはアウトローを慮って言った。「エンジェルズはアメリカ最後のヒーローだ」ロスはエンジェルズにひどく関心を抱き、その存在を祝すイコンの製作を始めた――〝キリストはハイプ（ドラッグの売人）だ〟など流行の先端をいくスローガンを記したナチスのヘルメットのプラスチック製レプリカと、鉄十字勲章を売り出した。この勲章はアメリカ中の一〇代のマーケットで買われた。

　ヘルズ・エンジェルズの新しいイメージには問題が一つだけあった。それは彼ら自身どんなイメージなのかを理解していなかったことだ。ほとんど共通点がない人びとに象徴的なヒーローとして扱われることに困惑したのである。しかし彼らは女、酒、ドラッグ、新しいパフォーマンスの宝庫に近づきつつあった。何でも熱心に手に入れようとした。シンボルとして扱われることなんてくそくらえと思っていたが、期待されていた役割の意味がわからずアドリブ的に行動すると主張した。このため他者との意思疎通がうまくいかなくなり、苛立った。ヒッピーのパーティーで短期間暴れたあと、多数の者は結局自分たちで酒を買ったり、もっと複雑でない種族のプッシー（若い女のこと）を口説いたほうが、安あがりで簡単だと決め込んだ。

　私がエンジェルズを紹介してコネを作るのにかなり成功した唯一の事例は、ケン・キージーという若い作家[*2]にかかわっていた。キージーはサンフランシスコの南、ラ・ホンダ近くの森に住んでいた。一九六五年と一九六六年の間にキージーはマリファナ所持罪で二度逮捕され、長い刑務所暮らしを避けるためついに逃亡しなければならなくなった。キージーとエンジェルズとの交際は法と良識を守る権力者側との緊張関係を緩和すべく計算されたわけではなかった。それでもキージーは並みはずれた熱意をこめて交際を求めて来た。

　八月のある日の午後、私はサンフランシスコにある教育番組を放映するテレビ局のＫＱＥＤのスタジオでキージーと会った。近くのバーでビールを少々飲んだが、私は早めに立ち去る必要があった。ブラジルのドラムを録音したレコードを、ボックスショップにいるフレンチーに持って行かねばならなかったためだ。キージーはいっしょに行くと言った。そこへ着くとキージーはまだ勤務中の四、五名のエンジェルズと出会った。数時間飲み食いし、ハーブティーを儀式めかして飲みあったりしたのちキージーは来週の週末に催すパーティーにサンフランシスコ支部のエンジェルズを招いた。キージーと彼のプランクスターズの一団は約六エーカーの土地を持ち、邸宅と高速道路の間に深い入江があった。私有地には濃密な狂気の気配が漂っていた。

キージーの異色な盟友たちに対する九件のマリファナ所持罪の告訴が、たまたま金曜に取り下げられた。このことが掲載された土曜の新聞がラ・ホンダに現われる頃、キージーはゲートにこんな掲示板を掲げた。メリー・プランクスターズはヘルズ・エンジェルズを歓迎すると書かれていた。赤と白と青に彩られた掲示板は横一五フィート、縦三フィートあった。これが近隣の者に悪影響を与えた。私が三時頃に着いたとき、五名のサンマテオ郡の保安官補が乗った車がキージーの土地の前方にある高速道路に止まっていた。およそ一〇名のエンジェルズがすでに来ていて、ゲートの内側に無事に収まっていた。他の二〇名がまだ走行中だと言われた。何かが沸騰点に達しようとしていた。

私は妻と幼い息子を連れて来ていて、お祭り騒ぎに加わる前に親子三人で軽く食事するため岸辺へ行きたかった。道路を下って数マイルのところにあるサングレゴリオの雑貨店に立ち寄った。サングレゴリオには人口といえるほど人は住んでいないが、交差点のあたりは周辺の農家のために商品が購入できるセンター街になっている。その雑貨店の道具や家具の売場は静かだったけれども、その先にあったカウンターは騒がしく、とげとげしかった。近くの道路上の出来事について、ここの客はにがにがしく思っていた。「やつらはドラッグ中毒だ」中年の農民が言い放った。「最初はマリファナ騒ぎがあって、今度はヘルズ・エンジェルズだ。キリストが生きていれば、やつらを見るなとばかりに、おれたちの顔を泥んこの中へ突っ込むぞ!」

「あいつら、ビートニックだ!」誰か他の者が叫んだ。「立ちションするやつのほうがまだましだ」
雑貨店の斧の柄をたがいに分配して、「あそこへ行って掃除してやろう」という話が出た。誰かが警官が張っていると言った。「今度はやつらを永久に刑務所に入れてやる、全員をな……」が、斧の柄はそのままラックに入ったままだった。

夜が訪れてくるまでにキージーの領地は人とミュージックと多彩なライトに満ち満ち、警察はすてきな光景を仕立てあげてくれた。つまり、警光灯だけを光らせていた車を高速道路沿いに駐車して赤とオレンジ色をピカピカ光らせ、道路の向こう側にある樹木と土の断崖を照らし出していた。その年の初春キージーの領地は一七名の警官と五、六匹の麻薬犬による手入れをくらった。率いたのはウィリー・ウォンという悪名高い連邦麻薬捜査官だった。キージーと一二名の彼の盟友がマリファナ所持罪で逮捕されたが、捜査令状に不備な点があったということでほとんどの告訴は取り下げられるはめになった。手入れ後、ウォン麻薬捜査官はこの地域から転勤させられた。地元警察はキージーの私有地のゲートを破って入ろうとはしなくなった。入江の向こう側の高速道路に身を潜め、人の往来をチェックしているだけで満足していた。地元の保安官補は大学教授、放浪者、弁護士、学生、心理学者、最新のスタイルで着飾ったヒッピーのたえまない流れを止め、尋問した。警察は罰金未払いの交通違反者を無線でチェックする以外、仕事はあまりなかったが、熱意をこめて任務をこなした。ときどきアルコールで酔っぱらったか、ドラッグで完全にぶっ飛んだ者を乱暴に扱うけれども、寝ずの監視期間中に実際に逮捕した者は、交通違反を犯して逃げた五、六名より数は少なかった。

一方、プランクスターズのパーティーはさらに荒れ狂い騒がしくなった。マリファナはあまりなく、当時は合法だったＬＳＤが大量にあった。警官らは高速道路脇に突っ立って、入江越しに自分らの理解力の根底を揺さぶり悩ませたにちがいないシーンを見つめている。パーティーに集まった者たちは乱れに乱れ、大声でわめいてはアンプから増幅されて出てくるロックンロールサウンドに合わせ、半裸になって踊る。サイケデリックなライトの迷宮の中でよろめき、ふらつく……ああ、まさにワイルド、連中をストップさせる法律はない。

ヘルズ・エンジェルズが到着するや、警官らは事態を掌握した――いわば彼らの存在理由はこのためにある――そして、ただちに人員を三倍にした。キージーはついに一線を越えたのである。ビートニックと大学関係者は対処しにくかった。しかしながら、バイクに乗った腐った無法者の一団は警察が望んでいる具体的な脅威になった。[*3]

サンフランシスコのエンジェルズを招いて催した最初のパーティーは圧倒的な成功を収めた。真夜中ドラッグレーサーのピートが、ビールの桶の中へカップを突っ込んでかきまわしながら言った。「おい、こりゃすてきなシーンだ。ここへ来たとき何を期待していいかわかんなかったけど、よかったぜ。ハハ、こいつはすげえ、すげえぞ」

ほとんどのエンジェルズはすっかり酔っぱらうまで気取って守りの姿勢をとっていた。今にも殴られて追い出されるのではないかという思いを克服できない者は少ししかいなかった。しかし、グループとしてたがいに張り合うような緊張関係が生じたら、それに対応して相手をやっつけてやろうと思っていることをエンジェルズは自覚しているようだった。キージーたちはすっかりラリっていて、エンジェルズのような生々しくリアリティを感じさせるような存在など気にしない。他の有名人（特に詩人のアレン・ギンズバーグとＬＳＤの教導師リチャード・アルパート）がふらっとパーティーに現われた。エンジェルズは彼らを知らなかったけれども、この二人がスポットライトを浴びることでエンジェルズに対する注目度は低くなった。

ギンズバーグのエンジェルズとの出会いはこれが初めてだった。ギンズバーグはたちまちのうちにエンジェルズの熱烈なファンになった。夜もだいぶふけた頃、パーティーの会場を立ち去った者がみな警察に拘束されているとわかり、ギンズバーグと私は車に乗りどういう事態が生じているのか調べに行った。直前に走り去ったフォルクスワーゲンが高速道路の半マイルほど先で止められ、同乗者らが尋問されていた。私たちはテープレコーダーを持って拘束が行なわれている現場に駆けつけようと思ったが、ファーストギアから次のギアに入れ換えないうちに他の保安官補の車によって路肩に寄せられた。私はマイクを手にし、車の外に出て何かトラブルでもあったのですかと訊いた。マイクを見たからなのか保安官補は住所や氏名を尋ねるだけで、ずっと無言のままだった。一人が私の運転免許証を見ている間、無言の保安官補はギンズバーグを無視していた。しかし、ギンズバーグはなぜパーティーの出席者が捕えられているのか、楽しげに繰り返し問いただしていた。その保安官補は両股を広げ、両手を腰の後ろで組みぼけっと突っ立っている。その間もう一人は私の免許証をくわしくチェックしていた。ギンズバーグは質問をつづけている。彼らとの遭遇を録音したテープを聞くと、かなり面白いことになっている。まるでギンズバーグと私がレトリックを駆使して問答を重ねているようで、その合間に警察の無線通信の音声がBGMとして聞こえてくる。二、三分おきに異なった声のそっけない応答が無線通信に入り込んできたが、私たちの質問に返答はなかった。一〇秒ほど話し声は聞こえず、警察司令本部からの声が発作的に響く中、アジア近東部のラーガをハミングしているギンズバーグの声だけが聞こえた。ひどく滑稽な現場だったので、しばらくして保安官補たちはにやにや笑い始めた。ありえないことだが尋問者と応答者が逆になって、私たちは大いに面白がった。

私たちを尋問した保安官補は好奇心をむき出しにしてじっとギンズバーグを見すえていたが、突然訊いた。「そのひげを生やすのにどのくらい時間がかかりましたか?」

ギンズバーグはハミングをやめ、少しばかりこの問いについて考えてから答えた。「二年ぐらいですか――いや、十八か月かな」

この保安官は思案顔でうなずいた……自分もひげを生やしたいと思っている様子だったが、それだけの歳月を注ぎ込む余裕はないかもしれない。警察署長なら、一二か月ならかまわないが一八か月ならNGを出すのではなかろうかと私は勝手に憶測した。

無線担当の保安官が戻って来て、私に逮捕状は出されていないと報告するまで会話はだらだらとつづいた。このとき私は、いわゆる職務上の質問しかしないのなら録音するのをやめると申し出た。二人はうなずき、私たちはしばらく話を交わした。監視の対象はヘルズ・エンジェルズで、キージーではないと二人は述べた。「遅かれ早かれあの放浪者らは何か悪事を犯すはずだ、とにかくあそこで何をやっている?」私が書くに値するものを見つけたか二人は知りたがっていた。「どうやってあなたはやつらにしゃべらせた?」一人が訊いた。「殴られなかった? 何がやつらに起こった? みなから言われているとおり本当に悪いやつらか?」

実際のエンジェルズのほうが噂よりもたぶんもっとたちが悪いが、私には迷惑をかけなかったと告げた。保安官補たちはエンジェルズについては新聞で読んだ以上のことは知らないと言った。

私の車のテールランプが割れているという交通違反で出廷通告を受けることになると言われただ

けで、ギンズバーグと私はいい気分のまま彼らと別れることになった。ギンズバーグは、なぜフォルクスワーゲンの運転手が警察の車で連行されたのかと尋ねた。五、六分後に無線で連絡が入り、この運転手は数か月前交通違反の罰金を支払わなかったという答えが帰ってきた。最初は二〇ドルの罰金だったが、今のカリフォルニアの基準では五七ドルになっている。その金額を現金で支払えば、この運転手は釈放されるとのことだった。ギンズバーグも私も五七ドルを持ち合わせていなかったから、キージーのところへ戻って彼の名前を教えてもらい、彼の友人の一人を警察へ行かせようと思っていた。だが、誰も彼のことは知らなかった。私の知っている限り彼はまだレッドウッド・シティの刑務所にいるはずだった。

パーティーは昼夜二日間つづいた。しかし、また別の危機が生じた。最近いくつかの小説の主人公のモデルとしてインスピレーションを与えたとされる男[*4]が入江の私有地側に丸裸になって突っ立ち、二〇ヤードしか離れていない警官たちに向かって長々と痛烈に非難し、絶叫を放っていた。ポーチから射し込んでくる明るく鮮明な光を浴びて体を揺さぶり大声でぎゃあぎゃあわめいている。片方の手でビール瓶をつかみ、もう片方の手で拳を作り、それを嘲笑の的に向けて振っていた。「てめえら、こずるいマザーファッカー！　てめえら、どうしちまったんだ？　こっちへこい、きて見ろ……とにかく、てめえらの頭にはくそがいっぱい詰ってるぞ！」男はげらげら笑ってビール瓶を振り回した。「おれとファックするな、くそ好きな野郎ども、こっちへこい。ボコボコにしてやるぞ！」

幸いにも、まだ裸で叫んでいる男の体を誰かが引っ張り、パーティー会場へ戻した。男がこのまま泥酔し警官に立ち向かっていったなら、大変な災いをもたらしていたかもしれない。カリフォルニア州や他のほとんどの州では捜査令状を持たずに私有地に侵入することはできない。ただし（一）現実に犯行が行なわれているときちんと確認した場合、（二）不動産所有者および不動産占有者が警察を呼んだ場合はこの限りではない。警官がその気になれば、この男のパフォーマンスは（一）、（二）のいずれかに判断されるだろう。夜のこの段階では警官隊は暴力を行使せずに橋を渡って襲いかかることはできない。エンジェルズはおとなしく一斉検挙される気分ではなかった。またその結果について気を遣うには酔っ払いすぎていた。

ラ・ホンダの話が他のエンジェルズの間で広まるまで長い時間はかからなかった。オークランド支部から来た偵察隊が事情を調べ、ラ・ホンダはノーザンカリフォルニア中のエンジェルズにとってたちまちのうちにメッカになったと、興奮した状態で戻ってきた。五名から一五名におよぶグループが予告なしに訪れ、退屈するかＬＳＤが尽きるまでそこに留まった。とはいっても、ほとんどがキージーの指図に先立ってＬＳＤを試すことはなかったが。

アウトローがラ・ホンダを発見するずっと前から、キージーの自由奔放なパーティーがまっとうなＬＳＤマニア――科学者、精神科医、その他行動科学にかかわる者――にとっては心配の種だった。特にこの分野では〝管理実験〟という状況下でのみこのドラッグは飲むべきで、被験者は経験を積んだ〝ガイド〟によってたえず観察されていなければならない。こうした細心の注意がバッド・トリップに対する保険になると思われている。自制心を失う可能性がある者は流血への欲求をむき出すか、自分の首をねじり切り、その中の様子をもっとよく見ようとする徴候を示したら、すぐ精神安定剤のトランキライザーを飲まされる。[*5]

暴力や強姦、ナチスのかぎ十字章を崇拝しているエンジェルズが、知識人のヒッピーや過激なマルクス主義者、平和運動の温和なデモ行進者の一団といっしょにいたら起こるかもしれないことを楽観視できない。すべての者が平静を保っていられると考えたとしても、まだ不安要素が残る。平静を保つことなどできっこない。みんな陶酔していれば、客観的にノートに記録する者もいなくなるし、自制心を失った者を導くガイドもいない。火を消したり、ブッチャーナイフを隠す理性的な目撃者もいない……まったくコントロールが効かなくなる。

　キージーのパーティーに定期的に参加した者は、このパーティーの噂を聞いただけの者ほど心配していなかった。キージーの領地は、その気になれば橋の上のゲートを歩いて通ることができるという意味で、公的なものだった。ところが、いったん中へ入ると、考え方や態度がみなと同じでない者は自意識過剰ぎみになる。アシッド（ＬＳＤをこう呼ぶ）フリークは敵意をあらわにし、ぺらぺらしゃべらない。じっと見知らぬ者を見つめるか、相手がどんな人間か見きわめようとする。客の多くは恐怖を感じ、二度と戻ってこない。ずっとそこにいつづける者たちは主としてボヘミアン的な要素があり、彼らの相互依存性ゆえに敵意を向ける対象をたがいに分かち合うようになる。なぜなら入江の向こう側には今にも襲いかかってくるかもしれない警官たちがつねにいたからだ。[*6]

　しかしプランクスターズの間にはエンジェルズに対する不安感があって、最初のパーティーではＬＳＤをはっきりわかるほど少な目に供給した。が、暴行の脅威がなくなるとＬＳＤは大量にでまわった。エンジェルズは当初おずおずとＬＳＤを飲み、自ら持ち込んでこなかった。だが、やがて縄張り内で供給源を見つけた。そのためこのドラッグを寄せ集めてからラ・ホンダへ駆けつけ、キージーの仲間に金をもらうかして分配した。

　ＬＳＤを正当なものとしていったん受け入れた途端、エンジェルズは他の快楽を追い求めるときと同様、愚かにも熱心にＬＳＤを摂取するようになった。初夏になると、バイクに乗るのが不可能になるほど強烈なドラッグは飲んではならないことになっていたが、数回キージーのパーティーに参加したあと、たががゆるみ、ＬＳＤが手に入るそばから飲んだ。そうできたのはドラッグの闇市場にいつもコンタクトできたからである。数か月服用がままならなくなったのは慢性的な現金不足のせいだった。ＬＳＤが無制限に供給されていたなら、当時存在していたヘルズ・エンジェルズの半分はおそらく一か月以内に脳が燃え殻になっていただろう。大量の服用は人間の耐性の限界を超えてしまった。彼らはほとんどしゃべらなくなり、多くの者はまったく口をきかなくなった。ＬＳＤは確実に退屈をまぎらわせてくれるクスリであり、〝偉大なアメリカ〟のどんな階層よりもエンジェルズの間では蔓延している病気であった。エルアドベで午後、何ごともなく時が過ぎビールを買うだけの金がなくなると、ジミーやテリー、スキップやらがカプセルに入ったＬＳＤを持って現われ、彼らはどこか別の世界へ穏やかにトリップした。

予想や期待に反して、ほとんどのエンジェルズはＬＳＤを飲むと、奇妙なことに温和になった。二、三の例外はあるにしても、つき合うのがはるかに容易になった。ＬＳＤが彼らの条件反射を溶解してしまうのである。悪賢しさがほとんどなくなり、いつものようなよそ者に対するけんかっ早さもなくなった。攻撃性が消えてしまうのだ。罠が仕掛けられているのを察知する野生動物の持つ疑い深い性質を失っていた。不思議だった。未だにそれが私には理解できない。当時、私はこれは嵐の前の静けさで、本当は充分効き目がでるほど飲んでいないのではないか、遅かれ早かれすべてのシーンがある種の遅延反応のために消失してしまうのではないかという不安を抱いていた。しかし、このクスリが効いていた証拠がたくさんあった。精神科医が考えている安全服用の限界をエンジェルズは無視し、上限の量の二倍、三倍、つまり八〇〇～一〇〇〇ミリグラムを十二時間のスパンで口の中へ放り込んだ。そうすると、ある者は長い間泣き叫び、他の誰にも見えない者に向かってわけのわからない要求をする。また、ある者は無気力、無表情になり何時間も無言状態に陥るが、急に蘇生し、遠方の土地へ旅して信じられない光景を見たと言う。マグーはある夜、森の中をふらつきパニックに襲われて大声で助けを求めると、誰かが彼を明るい場所へ戻してくれた。テリー・ザ・トランプはある晩、人間として死に、雄のにわとりになってこの世に戻って来たが、ミュージックが鳴りやむとすぐさま焚火にあぶられたと思っていた。周囲でみなが踊っていたが、それが終わった後にテリーはテープレコーダーのところへすっ飛んで行き、「だめだ、だめだ！　止めないでくれ！」とわめいたと言う。名前は忘れたが、ある者は警官たちの見ている前でほぼ垂直な高さ二〇〇〇フィートの断崖を〝スキー〟をする格好をして滑り落ちた。断崖の端から飛び降りると、みんなが声援している中、体のバランスを保ちながらブーツで大きな土くれを蹴り上げたと言う。唯一暴力が爆発した事例は、あるエンジェルズが初めての、あるいは最後のLSDのカプセルを飲み込んだあと三〇分もたたぬうちに自分のオールドレディをキージー家の玄関の階段で絞め殺そうとしたことだった。

私自身のLSD体験は全体的に効き目が生じる完全服用という面から考えると限界があるが、摂取仲間とその環境については幅広く多様性に富んでいる。もし私が憶えている五、六回行なわれたLSDパーティーから一つ選ぶとしたら、ヘルズ・エンジェルズが加わったラ・ホンダのパーティーを選ぶ。頭を狂わせるようなまばゆい照明、道路にたむろする警官、森の中からかすんで見えるロン・ボイシの彫刻、ボブ・ディランの『ミスター・タンバリン・マン』で震動している大型のスピーカー。非常に刺激的な雰囲気だった。エンジェルズが恐ろしい脅迫感を与えてくれれば、さらに面白くなるだろう。管理された実験から、あるいはＬＳＤのカプセルに叡智を探る高学歴の真実探求者の穏やかな集まりから現われる何ものよりか、はるかに生き生きとして活発だった。エンジェルズといっしょにＬＳＤを飲むことは冒険である。彼らはあまりにも無知なので何を望んでいるのかわからなかった。ただ飲んでじっとしている……これは専門家が述べているようにたぶん危険性をはらんでいて、へりくだったガイドと一握りの神経質なヒッピー志願者とともに部屋に座っているより、かなり荒れ狂ったトリップを味わえる。が、私の知っている限りでは、ＬＳＤを服用して暴れまくったエンジェルズのケースはない。彼らの精神は不毛すぎて、ＬＳＤを服用すると生まれる密かな狂気のようなものをじっと味わって持続させることはできないのだろう。ＬＳＤ服用禁止を求めている立法者は犯罪歴や窃盗癖のない、知能のすぐれた上中流階級の努力家が犯す犯罪を一様に取り上げていた。ブルックリンでの肉切り包丁による殺人事件がアメリカ上院議会が調査を開始する引金になった。殺人の容疑者である優秀な大学院生は「ＬＳＤを飲んで三日間空を飛んでいた」と言い、自分が何をしたのか思い出せなかった。カリフォルニア州の立法府は、ＬＳＤの服用者は真裸で森の木の枝に座ったり、わめいて街頭を走り抜けたり、四つん這いになって芝生を食べたりするというロサンゼルス警察の幹部による証言を元に、厳しいＬＳＤ禁止法を作り、州議会を通過させた。[*7]自殺、殺人、あらゆる種類の狂気じみた行為がＬＳＤのせいにされた。カリフォルニア大学バークリー校の学生が「ＬＳＤを飲んでトリップすれば、ヨーロッパへ行けるんだ」と口走り三階の窓から飛び降りて即死した。

こうした出来事は通例、犯罪行為につきまとっているアメリカ社会の特徴とは関係ない。価格操作、脱税、横領と同じように、幻覚や陶酔が惹き起こす犯罪は、いわゆる富裕層の悪徳のように思われる。これはLSDの値段とは関係がない。カプセルやキューブ一個で七五セントから五ドルの値幅があるが。五ドルあれば、陶酔の度合は不確かだが、一二時間トリップできるのだから。ヘロインはLSDと較べると、下層階級の悪徳であるのは明らかであるけれども、ほとんどの常用者に一日二〇ドルか、普通それ以上の負担がかかる。

この時点でLSDについての結論はやや漠然としていて、はっきりと下されていない。一九六五年と一九六六年の間に国会を通過したLSD禁止法の執行が頻発したため、長年かけて行なわれたこのドラッグの意義のある研究はたぶん頓挫するだろう。その一方で、キージーの実験は彼と似たような信条を持った研究者によって注目され、考察され、さらに規模を広げて行なわれるべきである。(一)LSDの本質、(二)LSDを服用する放浪者の性格の構造と順応性、あるいは(三)上記(一)、(二)の双方といったように知識を簡略化された形で縮小してさえも。*8

最も良かったラ・ホンダでの夜のパーティーは、モンテレーの強姦事件から一年たった一九六五年、労働者の日の週末に催された。この頃すでにエンジェルズへのマスコミの攻勢は激しく、彼らはたえず報道陣と接触していた。記者やカメラマンがほとんどエルアドベを毎週末徘徊し、翌日の新聞の見出しをセンセーショナルに飾ろうとして質問し、写真を撮り、パフォーマンスするよう要請していた。オークランド警察はエンジェルズを監視するため四名の警官から成る特別班を任命した。この四名はそれぞれときおり酒場などに立ち寄り侮辱されても意に介さずにこにこ笑って、アウトローに自分たちは監視されているなと確信させるくらい、長い間あたりをぶらついていた。エンジェルズは警官の訪問を喜んだ。記者や、ますます増えつつある共感を寄せるよそ者より、警官といっしょにいるほうがずっと楽しかったのである。エンジェルズの悪名が高くなったにもかかわらず、オークランド警察は他のエンジェル支部が受けているような壊滅的な圧力はかけなかった。圧力がピークに達しても、バージャーの支部は警察と特別な関係を結んでいた。バージャーの説明では、イーストオークランド——黒人とエンジェルズはここを自分たちの縄張りだと思っていた——で長期間噂になっていた黒人暴動に対する潜在的な共同戦線を警察と張っているとのことだった。バージャーはまた、警察は黒人に規則を守らせるためエンジェルズに頼っているとも言った。「黒人らはおれたちより黒人のほうを怖がっている。連中はますます数が多くなっている」と警官が言った。

エンジェルズとオークランドの黒人との関係は、警官との関係にも言えるが、アンビバレントなものがある。有色人種に対しては都合のいいようにレッテルが貼られているので、個々の黒人は〝良い黒人〟で大部分の〝クレージーな黒人〟は悪い黒人ということになっている。ノマズ（以前はサクラメント支部だった）のエンジェルズの一人が、堂々とエンジェルズのパーティーにやってくる黒人の画家と、アパートで同居している。アウトローは彼を〝リアル・グッドキャット（本当にいいやつ）〟と呼んでいる。

「あの男は絵描きだ」ジミーがある晩オークランドのパーティーで言った。「おれは絵のことはあまりわからないが、いいやつだとみんな言ってる」チャーリーは別の良い黒人である。チャーリーは小柄で細身の黒人で長い間エンジェルズといっしょに走行していたが、なぜメンバーにならないのか不思議に思う者がいた。「おれはあのちっこいやつが好きだ」あるメンバーが言った。「でも、あいつは中へ入ってこようとしない。そうしようと思ってるようだけど、そうしない。反対するやつが二人いるのかな。あの部屋を見まわせば、どいつかわかるがね」

私は、なぜサンフランシスコのラトラーズのような、全員黒人のクラブであるイーストベイのドラゴンズといっしょに走らないのか、とチャーリーに尋ねたことはなかった。ドラゴンズはエンジェルズと同様に少し狂ったようになって猛疾走する。このクラブの一群が高速道路をひた走る姿はまったく壮観である。多彩色のヘルメットをかぶり、バイクは全部がハーレー七四だが、チョッパーとごみ運搬車をけばけばしくミックスしたように見える。ドラゴンズのメンバーは、エンジェルズもそうだが、主として二〇代で失業者も多少いる。エンジェルズのように暴力的だろうとなかろうとパフォーマンスをかなり好んでいる。*9

私がオークランドのエンジェルズと会ったあとすぐ――それはドラゴンズの構成員がずっと以前から存在しているのを知るずっと前の話だったが――ある退屈な金曜日の夜、私がエルアドべの戸口に立っているとき、突然駐車場が二〇台のクローム合金のめっきされてぴかぴか光った大型バイクで満杯になった。これらに乗っていたのは目にしたことのない凶暴な様相をさらしたニグロの一団だった。彼らはエンジンをがんがん吹かし、肩をそびやかし自信満々の姿でバイクから飛び降りた。それを見て瞬時に思ったのはビールをぐいと煽り、逃げ去るべきだということだった。エンジェルズが〝黒人〟についてどう考えているのかがわかるまで、長い間彼らのそばにいた。すると今度は、黒いコマンド隊がヘルズ・エンジェルズの司令本部にやって来たのだ。私は戸口から足を踏み出し、それから全力で走り街路へ出た。と、このときチェーンがうなるのが聞こえた。

その夜、酒場には三〇名ほどのエンジェルズがいて、その大部分がビールを手にしたまま、どんな客が来たのか見るためにあわてて外へ出た。が、誰も戦うような気配を見せなかった。ドラゴンズがエンジンを止めるまでに、エンジジェルズは「ポリ公を呼ぶぞ」とか「かたぎのやつらを脅したからム所に入れさせちまうからな」と言って友好的な悪ふざけをふるまった。バージャーはドラゴンズのボス、ルイスと握手し何が起こっているのかと訊いた。「あんたたちどこに隠れていたんだ？　ここへもっとくるようになれば、新聞を賑わすことになるかもしれんぞ」ルイスは笑い、ソニー・バージャーとテリー、ガットを新しいドラゴンズのメンバーに紹介した。黒人のほとんどのアウトローはエンジェルズのファーストネームを知っている。何名かは酒場へ行き、何名かは駐車場のあたりをぶらつき、あちこちで握手しバイクを誉めていた。話題は主にバイクで親しげにしゃべっていたけど、少しばかり控え目だった。この頃までにバージャーは私とルイスをその他何名かに紹介した。バージャーは笑みを浮かべて言った。「この人はライターだよ。何を書いているのかさっぱりわからねえが、いいやつだ」ルイスはうなずき私と握手して訊いた。「どうやったらうまく書けるんだ？　もしバージャーがOKと言ったら、あんたもおれたちにとってOKなんだな？」ルイスは顔をくずしてにやっと笑ったので、しまいにはげらげら笑うのかと私は思った。ルイスはいかにも友人らしく私の肩を素早く叩いた。彼は私のことを抜け目のない詐欺師だと見抜いたことを私にわからせようとしているようだった。しかし、バージャーを介入させることでジョークを台なしにするつもりはルイスにはないようだった。

　ドラゴンズは一時間ほどいたが、爆音を轟かせてどこへともなく去って行った。エンジェルズは以後どのパーティーにも彼らを招かなかった。二つのグループは訪問がスムーズにいったので、ほっとしていたように見えた。ドラゴンズが視界から消えた途端エンジェルズは彼らを忘れてしまったようだ。エルアドベはまたいつもの騒々しさを取り戻した。いつものように退屈してビールを煽り、ジュークボックスからは安っぽいミュージックが鳴り響き、バイクが行ったり来たりする音、客たちの耳ざわりなおしゃべり、ビリヤード台の上で玉がぶつかる音が聞こえてきた。客たちはいっしょに多くの時間を過ごしたため我を忘れて退屈をまぎらわすことができた。バージャーは例によって早めに酒場を出て、駐車場で黒いスポーツスターにまたがったとき、私はドラゴンズのことが脳裏にふと浮かび、エンジェルズに友好的に接したように思えるがなぜだと尋ねた。「おれたち本当はそんなに親しくないんだ。おれがボスでいる限りは親しくなんてしないな。でも、あの連中はたいていの黒いのとは違っているんだ。おれたちと同類なんだよ」

エルアドベで二度とドラゴンズの姿を見ることはなかったが、ここへ来た別の黒人は異なった接待を受けた。八月下旬のある週末の夜、四人のグループが来た。みな二〇代でネクタイを締めず、スポーツコートを着ている。一人は背が高いため背をかがめてドアをくぐり抜けなければならなかった。身長は七フィート近くで体重は二五〇ポンドから三〇〇ポンドの間だろうか。酒場は混んでいたけれども、四人の黒人は何とかカウンターに居場所を見つけた。大男が、エンジェルズの名誉会員にさせられたカメラマンのドン・モアと、一見親しげに話を交わし始めた。他のエンジェルズは新しい客を無視していたが、彼らが来てから約三〇分後にモアと黒人の大男はたがいに怒鳴りあい始めた。言い争いの中味は不明だったが、モアがあとで言うには、二人で話し合っているうちに〝巨体の黒人〟にビールを二杯おごったということだ。「あいつはまた一杯注文しやがった。そのビールの代金は払ってやらないとおれは言ったんだ。そこから始まったんだ、言い争いが。あいつはここへもめごとを求めてやって来たんだよ。おれは最初の二杯分の金を払ったあと、自分で注文した分は自分の金で払えと言ったら、嫌みたらしいことを言ったんだ――そこでおれは外へ出ようと言った」

けんかが始まりそうな空気にエンジェルが気づく前に、二人はすでに駐車場でけんかの身構えをしていた。最初の一発が繰り出されるまでに戦いの場は野次馬に取り囲まれていた。モアは予告せずに相手の大男に襲いかかった。前方へすっ跳び、黒人の頭を殴ったのである――これで結着がついたかに見えた。

黒人が無闇やたらに腕を振り回していると、人が大勢群がって来た。黒人は胃と腎臓、頭部のあらゆる部分を同時に強打された。黒人の連れの一人が彼を助けようとしたが、タイニーの前腕の的になり、殴られて気を失った。他の連れの二人は逃げるだけの分別を持っていた。モンスターは一瞬よろめいて後ずさりし、腕をまだ振り回し、前へと足を進めたが、横っ腹をぶたれて這いつくばるはめになった。三人のアウトローが彼を捕まえようとしたが、彼は飛び上がって酒場の中へ逃げ込んだ。怪我はなかったように見えたが、数個所の切り傷から血が流れていた。何度も四方八方から殴られたあと自分が立っている場所がどこなのかわからなかった。また倒れたが、さっと立ち上がりジュークボックスを背にした。その時までに黒人に二、三人のエンジェルズが猛烈な殴打を食らわせた。しかし今、黒人は追いつめられた。五秒ほど何も起こらなかった。黒人は逃げ出せる戸口を一心不乱になって探していた。テリーの破壊的な打撃が左目を襲うや、黒人はジュークボックスに向かって倒れ、そのガラスを割り、フロアに沈んだ。しばらくの間、へとへとのようだったが、エンジェルズが突然、ブーツをはいた足で黒人の肋骨を蹴り上げ、そのうちの一人はあまりにも蹴りすぎたためバランスを崩すほどだった。それでも黒人が背筋を伸ばそうとしているとき、エンジェルズの中で一番弱く無口な男アンディが右目にものすごいパンチを見舞った。並みの男だったら、頭蓋骨が砕けていただろう。またもや倒れると、バージャーが黒人の襟をつかみ、あおむけにさせた。片方のブーツの踵が黒人の口をぐしゃりと踏んだ。顔は血におおわれ、黒人は絶望的な状態ではあったが、足で踏まれつづけた。しまいに黒人は外へ引きずり出され、駐車場に突き落とされた。

欧打が終わると同時に最初にパトカーが一台到着した。次にパトカーが二台別々の方向からやって来た。それから護送車、最後に救急車。この巨体の被害者はナイフを抜いて襲ってきたので押えこまねばならなかった、とエンジェルズは言い張った。警官たちは懐中電灯であたりを調べたが、ナイフは見つからなかった。黒人は意識を取り戻し救急車へ向かって歩いて行くことはできたけれども、反論できるような状態ではなかった。警官たちはこれで満足したようだった。少なくとも当分の間は。彼らはノートをとり、被害者はショックから覚めたら告発したくなるかもしれないとバージャーに警告した。私としてはこれで一件落着という印象を抱いた……当然正義が勝ったということで。

この一件は法廷に持ち出されなかったが、エンジェルズはかなり動揺した。黒人たちが互角の勝負を仕掛けてくるのは確実だと私は思った。次には四人だけではあるまい。多勢で復讐しにくる。たぶん月の出ていない夜に。泥酔し無力になったエンジェルズを捕まえようと、彼らは酒場の閉店時間近くまで待機し、それから行動を起こすだろう。イースト一四丁目通りのネオンまたたく深夜の静寂な世界が、原始的な骨笛の響きによって砕け散る。イースト二三丁目通りにあるドギーダイナーという司令本部から、汗が滲み出た黒い体軀が波のようになって次々と静かに通りを抜け出し、エルアドべからおよそ四〇〇ヤードのところにある攻撃目標の外辺部で襲撃の態勢をとる。骨笛が鳴り響くと、黒い第一波が赤信号を無視し、イースト一四丁目通りを悪魔さながらに突っ走って横切り、手作りの野蛮な武器を振りかざしてエンジェルズを襲撃してくる。

巨体の黒人の事件以後、何週間かたってから私がエンジェルズと話すたびに、エンジェルズはあの癇癪持ちの野郎は今にもそうするにちがいないと私に忠告した。「襲ってくるのは確かだ」バージャーは言う。「たれ込み屋から連絡があった」襲って来たら、私はその場にいたいと明言した。実際そうした。数か月前だったら、この話は若者の歪んだ幻想だと笑いとばしていただろう……しかしイーストオークランドの酔いどれがつどい、売春婦がうろつく酒場でその年のほとんどを過ごしたあと、私は現実と、人間というけだものについての見方を変えていた。

晩夏のある週末の夜、私はエルアドベの駐車場で自分の車から外へ出た。誰かがかん高いささやき声で私の名を呼んでいる。戸口近くに立っている一握りのエンジェルズにうなずいた。するとまた、ささやき声が聞こえたが、私にはその姿が見えなかった。それから誰かが屋上にいると気づいた。見あげると、コンクリートの端から下を覗き込んでいるバージャーの頭が見えた。「裏へまわってくれ。梯子がある」

建物の後ろへ行くと、空缶がごろごろ転がっていて、その中に二〇フィートの梯子が屋上へ向かって立てかけてあった。梯子を登ると、コールタールが塗られた、はがれているコール紙の迷路の中でほとんど見えなくなった片隅でバージャーとゾロが横になっていた。バージャーはアメリカ陸軍の最新型のライフル銃AR‐16を持ち、ゾロはM‐1カービン銃を持っている。二人の間に大量の弾薬が入った箱があり、それと懐中電灯とコーヒー入りの魔法瓶があった。黒人のやつらを待っている、今夜やってくると二人とも言っていた。

その夜、黒人たちはやってこなかった――だが、黒人たちが完全におじけづいたと確信するまで、エンジェルズは一か月近くエルアドベの屋上に武装したガードを置いていたのである。ある日の午後、緊張が頂点に達すると、バージャーと他の五人がバイクに乗ってアラメダにある射撃練習場へ行った。みなライフル銃を背中にくくりつけ、オークランドの真ん中を通るルートをたどった。重武装したヘルズ・エンジェルズのパトロール隊が町の中心地を通って南へ向かっている、という電話が警察署にひっきりなしにかかってきていた。しかし警官にはなすすべがなかった。アウトローは弾丸のこめられていない銃を見せびらかせていても、速度制限は守っていたからだ。彼らは射撃の練習が必要だと思っていた……もし彼らの姿が大衆に悪影響をおよぼしたなら、まあ、それは大衆の問題であって彼らの問題ではない。

ほとんどのエンジェルズは武器をおおっぴらに持ち運ぶ愚は犯さなかったが、いくつかの彼らの住まいはさながら私有の武器庫で、ナイフ、リボルバー、オートマチックのライフル、ルーフにマシンガンの銃座を載せた自家製の武装車さえあった……これらはメインコップが決着をつけようと決断した日に備えた唯一の保険なのだ。

いや、私なら彼らを〝差別主義者〟とは呼ばない。本当だ。彼らは心の底ではたぶんそうかもしれないが。ニグロのエンジェルズはいない。しかし、エンジェルズは何にだって気を許さない。そのため彼らはアンチニグロなんだ。他の何にでもアンチを唱えている。

——サンバーナーディーノ郡の警部

戦略や活動内容の面から見て、エンジェルズは一九六五年の秋、〝ピーク〟に達した。が、キージーのパーティーに向かった労働者の日の走行は、ある意味で彼らのパワーの喪失を示していた。なぜなら、アメリカ中の町は強姦され、略奪されることになる侵入に備えて準備を怠らなかったからである。アリゾナ州のパーカー、インディアナ州のクラレモントのような遠く離れた地点に州兵が召集されていた。カナダ警察がブリティッシュコロンビア州のバンクーバー近くの国境で特別監視態勢を整えていた。アイダホ州のケッチャムでは地元住民がメインストリートに面したドラッグストアの屋上にマシンガンを設置していた。「当方ではパンクス連中を迎え撃つ用意ができている。半分を拘置所に、もう半分を墓場に送ってやる」と保安官が言った。

　エンジェルズのラ・ホンダへの走行は、報道機関にとっては哀しい期待外れの出来事になっていた。彼らは奇妙な高速走行を何度も行なったが、もはや世間にとっての関心事ではなかった。ファイブW（ジャーナリズム用語で、誰が、何を、いつ、どこで、どうしてを、ニュースの前文に盛り込むこと）はなくなったのである。あの週末にまつわる私の思い出の一つは、高速道路にいた警官たちに浴びせたテリー・ザ・トランプの基調演説だった。テリーは強力なスピーカーにつながっているマイクを握り、心の重荷を吐き出すこの機会を利用し、警官たちに向かって直接赤裸々に語った。道徳について、音楽について、狂気について語り、サンマテオ保安局がすぐには忘れられないよう高揚した激しい口調で演説を終えた。

「いいかい、忘れるなよ」テリーはマイクに向かって叫んだ。「あんたらが寒い道路に突っ立ち、まっとうな義務を果たしている間、おれたちセックス中毒者、ドラッグ中毒者が楽しく過ごしているのをながめている間、あんたらのかわいい女房は家でうすら汚いヘルズ・エンジェルズとつるんでいるんだぞ。エンジェルズがあんたら女房の股の間でゴソゴソやってるんだよ！」大爆笑が道路上に轟き渡った。「これをどう思ってる、役立たずなお巡りさん？　腹がへってる？　おれたちが食べ残したら、メキシコ料理を持ってきてやるよ……でも、あわてて家へ帰らないでくれよ。女房を楽しませてやってくれ」

労働者の日の勝ち誇った気分がみなぎった混沌状態の中で、エンジェルズがこれまで警察とつちかってきた最良の関係をぶち壊す寸前にまでなっていた。これにはなかなか気づかなかった。田舎の町を急襲することはいつものことながら、警察は緊張した心構えで臨んでいた。しかし、ヒッピーのドラッグ・シーンが最新の次元を切り開いたという関心事――いわば異なった厄介事――になっていた。ところが、ベトナム戦争がますます国民全体の問題になるにつれ、エンジェルズは苦境に陥っていた。

数か月間というもの、エンジェルズは何となく政治の問題に巻き込まれるようになったが、全体的な構図は漠然としていた。そして彼らが最も困惑したことにウエストコーストの急進主義の砦であるバークリーと地理的に接近しているという問題があった。バークリーはオークランドのすぐ隣で、地図上の線と二、三の道路標識を除いて両市の間には何もないが、マンハッタンとブロンクスのように多くの異なる面を持っていた。バークリーは学生街であり、マンハッタンのように知識と教養を持った短期滞在者を惹きつける磁石だった。一方、オークランドは時間給と家賃の安い住まいを求める人びとを惹きつける磁石だった。こうした人びとはバークリーやサンフランシスコ、中産階級の者が住むベイエリア郊外に暮らすだけの経済的な余裕がなかった。[*10] オークランドは騒がしく醜く、さもしい場所で、シカゴが詩人のカール・サンドバーグ（米国の詩人。一八七八－一九六七）にもたらしたような魅力を持っていた。また放浪者、けんか好き、一〇代の不良、人種差別者にとって好ましい環境でもあった。
　バークリーにおける多方面で喧伝された学生反乱のすぐあとにつづいたヘルズ・エンジェルズはマスコミから多大な注目を浴びたが、これはリベラルで急進的で知性的なサークルの間では同盟を結ぶシグナルとして解釈された。その上、エンジェルズの攻撃的で反社会的な姿勢――いわばこれは疎外感の表われなのだが――は、もっと審美的なバークリー人の気質にとって途方もない魅力だった。嘆願書に署名したり、キャンディーバーを万引したりする気力を振るいたたせることができない学生は、エンジェルズが町を襲い、ほしいものを何でも奪うという話に魅了された。一番重要なのは、エンジェルズが警察に反抗し、権威に逆らうことに成功したことで名声を得ていたことである。挫折した過激派の学生にとって、これは強烈なイメージだった。エンジェルズはオナニーをせず、強姦したのだ。理論を述べず、歌を歌わず、やたら引用などせず、騒音や筋肉、勇気に同調したのである。

　蜜月期間は三か月ほどつづき、一〇月一六日にけたたましく終わった。その日エンジェルズはオークランドとバークリーとの境界で〝ベトナムから手を引け〟のデモ行進を攻撃した。また、キージーのパーティーでリベラル派の人たちと大麻のまわし吸いをしていた実存主義的なヒーローたちは突然、悪意に満ちたけだものに変身し、リベラル派の人たちに向かい拳を振り回し、〝売国奴〟、〝共産主義者〟、〝ビートニック〟と叫んだ。強引に考えてみれば、エンジェルズは警察とペンタゴン、ジョン・バーチ協会（米国の反共極右の団体）とは心情的には盟友のようなものだったのである。この日バークリーには歓喜の気配はなかった。キージーは明らかに怒っていたからである。

　この攻撃はヘルズ・エンジェルズを人間精神の開拓者だとみなしていた人びとにとっては恐ろし

いショックだったが、エンジェルズをよく知る人びとにとってはまったく理にかなっていた。エンジェルズ構成員の共通した見解は、つねにファシスト的だった。エンジェルズは、彼らのかぎ十字章フェティシズムは反社会的なジョークにすぎず、スクエア、すなわち納税者――彼らは執念深く悪意をこめて〝シチズン〟と呼ぶ――を悩ますための保証されたギミックだと言い張り、信じているようだ。彼らが狙っている真の相手はミドルクラス、ブルジョアジー、バーガー（上記いずれも中産階級の市民）であるが、こうした用語を知らず、それを説明しようとするどんな者をも疑いのまなざしで見る。もし彼らがスクエアをからかい、苛立たせる巧みな手段を使いたくなれば、かぎ十字章を捨てバイクをハンマーと鎌（ソ連邦の国旗の柄）で飾るだろう。そうしたら、フリーウェイに地獄絵図が出現する……何百という共産主義者の凶悪犯がトラブルを探し求めて大型のバイクにまたがり、田舎道をうろつき回ることになる。

　最初の衝突が勃発したのは土曜の夜で、バークリーのキャンパスからオークランドのアーミーターミナル（軍事施設）までつながっている抗議デモ隊の中間地点だった。このアーミーターミナルは極東へ輸送される兵士と物資の輸送場所になっている。およそ一五〇〇〇名のデモ隊がバークリーの主たる街路のひとつであるテレグラフ・アベニューを下り、二つの市の境界で、ヘルメットをかぶり、警棒を控え銃の姿勢でかまえたオークランドの四〇〇名におよぶ警官隊の壁と対決した。警官隊はV字隊形になるよう配備され、その中央にオークランド市警の本部長トゥースマンが立ち、ボールキャリアー（フットボールでボールを保持している選手）さながらに無線電話機を使って命令していた。デモ隊は明らかに闘争してオークランドの市境を渡るつもりだった。私はオークランド側から対決の現場に近づいた。しかし、テープレコーダーやカメラ、記者証をたずさえていたのにもかかわらず、警官隊が集結している危険地帯を通り抜けるのに三〇分近くかかった。ほとんどの人たち――取材を認められたジャーナリストでさえ――は追い返された。

明らかにトラブルを起こそうとしている一二、三名のヘルズ・エンジェルズは何とか警官隊の壁をくぐり抜け、トゥースマン本部長と協議しに来たデモ隊の指導者たちに襲いかかった。どうしてそんなことをしたのか未だにわからない。タイニーが先頭に立ち、不運にも彼が向かう方向にいた者を誰かれかまわず殴りつけた。エンジェルズはただちにバークリー警察によって鎮圧されたが、以前とは違って二、三名のデモ行進者を殴打し、プラカードを引き裂き、デモの指導者の街宣車からマイクのワイヤーを引き抜いた。この悪評高い闘争で、警官が一名足を骨折した。

ヒッピーのコマンドは襲撃のことをあれこれ説明しながら、すべては誤解だと述べた。エンジェルズは警察に騙された、隠れ右翼の金でのぼせあがったのだと。不法取引の真相を知ったらすぐ、彼らは忠誠の義務を確かに調整することになるだろう。

しかしながら、この真相はヒッピーが思っていたよりはるかに複雑だった。別のベトナム反戦デモが一一月中旬に予定されていて、反戦運動のブレーントラストとヘルズ・エンジェルズとの間で何度もミーティングが開かれた。バージャーは自分の家のリビングルームに座り、ベトナム反戦委員会が語るすべてのことに辛抱強く耳を傾けていたが、すべてをしりぞけた。バークリーの人たちは自分たちが異なった周波数で語っていることにけっして気づかなかった。どれくらいヒッピーやＬＳＤのカプセルを集めることができるかは問題ではなかった。バージャーはそんなことはくだらないと思っていた。

他のすべてのモーターサイクリストのアウトローと同じように、エンジェルズはかたくななほど反共産主義者である。彼らの政治に対する考え方はジョン・バーチ協会やクー・クラックス・クラン、アメリカナチ党を突き動かす退化する愛国心に彩られている。エンジェルズは自分たちが果たす役割における運命の皮肉に気づかない……いわば、彼らは信念を抱いて放浪する騎士団で、とっくに破門されていたのである。エンジェルズと意見をともにしている政治屋が権力を握れば、まっ先に監禁されるか殺されるのはエンジェルズである。

オークランドのアーミーターミナルで行なわれる二度目のデモ行進に先立つ何週間もの間、アレン・ギンズバーグは時間の多くを費やして、バージャーと彼の仲間たちにデモ隊を襲撃しないよう説得に努めた。このデモ行進前の水曜日、ギンズバーグとキージー、ニール・キャシディー、そしてキージーのプランクスターズとエンジェルズのグループが、オークランドのバージャーの家に集まった。ＬＳＤが多量に消費され、愚かしい政治論が交わされたが、ジョーン・バエズとボブ・ディランのレコードの音声にとって代わられ、しまいには仏教徒の全智全能の説教書である般若心経を全員で唱和した。

エンジェルズはギンズバーグのような人間にこれまで出会ったことはなかった。来世の人間だと思っていた。「ギンズバーグのやつ、おれたちみんなとファックするつもりだぞ」テリーが言った。「まったくろくでもないやつから見ても、あの男はおれが会ったこともない一番正直で率直なやつだ。おい、みんな、やつがバージャーに向かって愛してると言ったとき、その場にいたらよかった……バージャーは何と返事したらいいかわかんなくて、ぽかんとしてたな」

エンジェルズはギンズバーグの真意がどこにあるのか本当にわからなかったが、彼のやたら人をびっくりさせる率直さと、キージーが彼に好意を寄せているという事実が、デモ行進の参加者に襲いかかろうという企てを考え直させた。彼は自分の説得が正しいことだと明らかに思っていたのである。一一月のデモ行進が行なわれる少し前に彼は自分のスピーチを『バークリー・バーブ』に発表した。

エンジェルズへ

アレン・ギンズバーグ

これが不安げなデモ行進者の思い――不安なのだ。
エンジェルズが襲ってくるのは快感を得るため、
あるいはマスコミによって有名になるため、
彼らにかかった圧力をゆるめるため、
または警察と報道機関から厚意を得るため、
右翼の金をもらうため
人目を意識した取引がオークランドの警察と行なわれた。
あるいは無意識の共感、暗黙の了解、
相互の同情、
もしエンジェルズがデモ行進に攻撃をしかけぶちこわすなら、
オークランドはエンジェルズを迫害するのをやめるだろうか？
このどれが真実だろうか、
それとも心が安定していないデモ行進者の妄想か？
エンジェルズがあいまいな態度をとり、

信用され、自分たちは安定しているのだと明確に示さない限りは
不安定な人びとは、生まれつきの暴行者は、自信のない者は、
病的に興奮しているものは口実をもうけ
デモ行進者の中で
暴力によって自己防衛する策を持つ
心の内にひそむ暴力の合理化。
するとデモ行進者は恐怖と威嚇のため
暴力によって自分の身を守る選択をする。
もっと不合理なマイノリティの反抗者らを
解き放つ、あるいはせいぜいコントロールされて冷静に自分の身を守る。
しかし法を守らないことで批判される

あるいは自分の身を守れず、
警察（誠実に秩序を維持し、デモを行なう法的権利を守るという
確認がオークランド警察からは取れていない）からは
たぶん見捨てられるだろう。
罪のない平和主義者や若者、老婦人をあなたたちが攻撃すれば、
あなたたちと大衆と暴力を好む左翼と右翼によって
無責任な臆病者だとして批判されるだろう。
現状ではベトナム反戦委員会は
デモ行進者のためを思って平和主義の方針を採った。

これは正しくない。
デモ行進を
ハッピーな見せ物にしようとしているのだろう。

エンジェルズはベトナム反戦委員会に対し
なんらかの質問があるのか？
今晴らせるかもしれないなんらかの疑惑があるのか？
主な不満は何か？

エンジェルズは一一月二〇日にどんな計画を立てているのか？
本当に誰もが安全になる計画を立てよう。

ベトナム反戦委員会にいる不安に恐れおののいている者たちは
エンジェルズのイメージを〝快感を得るのが好きな連中〟として捕えているので
当然あなたたちは悪名を得る。
もしあなたたちが一時的に社会に承認され、
警察に承認されて殴ることができるグループを見つければ。
あなたたちは変わりたくない、おのれ自身になりたいのだ、
そしてそこにサディズム、不自然な敵意が含まれていれば、
逃げ出すことができる状況になる。
しかし誰もヘルズ・エンジェルズの魂を拒絶したくない。
変わらせたいとも思っていない。

われわれはただぶちのめされたくないのだ。

抗議デモが指摘していることは
ベトナムの中の恐怖はわが国の中にも同じ恐怖を作り出し、
ベトナムにいる黄色いアジア人をぶちのめしてもかまわないという
同じ残酷な心理を公的に広め、
これがこの地の人間関係を汚染させ、
不賛成を唱えている者を公的に迫害するのを許しているということだ。

大量の敵意が生まれ、大量の偽善、大量の闘争、
大量のデモ行進者は
政治的な存在ではない。
彼らは**そんな心の持ち主だ。**
アメリカが盲目的な暴力、無自覚な残酷行為、
エゴイズムに陥る慣習に染まらぬよう願う。
疎通はなくなる――
外部の世界あるいは
孤独なアメリカのマイノリティ
あなたたちのような
そしてわれわれ自身のような
そしてニグロのような
そして大麻の常用者のような

そしてコミュニストのような
そしてビートニックのような
そしてバーチ主義者のような
そしていわゆるスクエアのような
かつてわれわれ平和主義者のデモ行進を憎む人びとは
——われわれ平和主義者を恐れて
あなたたちにわれわれをぶちのめさせているのだとわたしは思う。
心に恐怖と憎しみを未だに持っている者らは
今度はそれをあなたたちにまた向け、
他のマイノリティにも向ける。
ニグロにも？
最後にはあなたたちに向け、たがいに向ける。
（これがナチスドイツの突撃隊員らのパターンだった。こうした隊員らは憎しみに溢れた政治家らに利用され、
強制収容所でぶちのめされたとわたしは思う）

われわれのほとんどは政治的ではないとわたしは言った。
あなたたちは政治には無関心だとも言った。
だが、政治にしがみつき、ベトナムを爆破しようと煽動する地政学的な立場に立っている。

こんな政治では他にどうしたらエンジェルズから圧力を取り除けられるのか？

あなたたちだけでなく、すべての者に圧力がかかっている、

徴兵されて戦争に行け、
戦争という仕事をし、節約して金を稼ぎ、
爆弾によって破壊され、マリファナを吸って逮捕され――

圧力を取り除くために**あなたたちの内部で**
圧力を取り除かなければならない、
平和はあなたたち自身を憎むのをストップさせる、
あなたたちを憎んでいる人びとに憎むのをストップさせる。
圧力を映し出すことをストップさせる。
圧力でない人びとがいる、
平和デモ行進者は圧力ではない。
彼らはあなたたちとわれわれにかけている圧力を
ゆるめさせるよう、あなたに参加してもらいたいと思っている。

圧力――と不安妄想症――をわれわれから、
そして警察から、すべて恐ろしき者から取り除け――
安心せよ、
残酷でなく親切になることで安心した態度でわかりやすく行動せよ――
そうすれば憶えられ反応される。
自己と他者と警察を片隅に追い込み、
圧力を増やせ、
ベトナムを叩きのめしても圧力は取り除けない、

たとえ全国民がエンジェルズに入ったとしても——世界は圧力を利用してそして世界は破滅される——
（ヒトラーによってこれは起こりそうになった）

かぎ十字章から圧力という象徴的な意味を取り除き、
かぎ十字章をインディアンに、平穏な神秘主義者に、
そしてカルカッタのマリファナ喫煙者に返せ。
ハンマーと鎌のために同じようなことをすると思うか？
わたしはユダヤの星を見たことがある、
そしてM13とLSDとニグロの三日月があって、それが人を心ならずに
幸福にする。

わたしはビートニックとベトニックに呼びかけ、
すべての者にとって共通でない道を求めず、
すべての者に認められ受け入れられる道を求めさせる、
圧力もなく拒絶もなくわれわれすべてが共に生きていける道を求めようと。
イメージを**独占**せず、分かち与えたいとわたしは願う。
なぜなら、わたしは地球で**独りぼっち**になりたくないのだ。
わたしは自分のためにも、誰のためにも、あなたたちのためにも、
警察のためにも、ベトナム人のためにも、
全宇宙のためにも不必要な苦しみを求めてはいない。

圧力から脱する方法は何か？

他者を支配しようと脅すのをやめれば、人はきみたちを放っておく。
デモ行進する人びとを脅すのをもうやめただろうか？
もし脅すなら、あなたたちは圧力を**欲しがる**。
われわれは圧力をあなたたちから、われわれから、警察から、
アメリカから、中国から、ベトナムから取り去ろう。

圧力は人間的であり、感情的で自然の摂理ではない。

圧力を除去する戦略はさておき
どのくらい多くのエンジェルズがあなたたちの政治的立場を理解しているのか？
デモ行進者を憎み困惑させたい者はどれくらいいる？
あなたたちとタイニーの失敗ではないのか、本当はあなたたち何を望んでいるのか？

もしあなたたちが**マリファナ**がどういうものかわかっていれば、
なぜ戦争や意識、自然発生、毛髪がわかっていない？

全世代がそれをわかっていないのか？

全世代はあなたたちの生まれつきの兄弟だ。

アメリカという好戦的でネガティブなイメージを定着させた堅苦しいタイプの人間がいる。

偉大なイメージ――万人がこれを買える――はあなたたち自身のイメージだ――

これは**ホイットマン**の自由な魂だ、同志よ、道は開いている！

わたしはあなたたち同志に、友人に、やさしい人に、恋人なるように頼んでいる、
なぜなら平和を望むデモ行進者の大多数は

あなたたちの孤独や闘争に対して現実に敬意を表し、崇拝しているからだ。
われわれはたがいに敵対する恐ろしい怒りに脅えた妄想狂により
むしろあなたたちと親密になりたい。
制服の下に人間の体を持つ警官にもこれは当てはまる。

宇宙は邪悪だと信じているかたくなな人びとがいる、
セックスとマリファナとモーターサイクルと平和に脅えて。
すべてが平和で平穏なのに——
生きることは無害な虚無なのに。
こうした人びとにわれわれは働きかけ、
性的に交わるべきだ、われを忘れて。
彼らを和らげ、彼らとわれわれの意識を拡大させ、たがいに戦うのをやめよう。

個々のアイデンティティは破綻した——
スクエアも、ビートニックも、ユダヤ人も、ニグロも、
ヘルズ・エンジェルズも、コミュニストも、アメリカ人も。
ヘルズ・エンジェルズとタイニーの介入はおそらくよい影響を与えたのだろう——
デモ行進者たちとそのリーダーたちに心の中を覗かせたいのだ、
彼らのデモ行進が怒りをあらわにすることによって、非難し、
戦い、怒鳴る対象者を見出そうとする困惑した欲求によって誘導された、
いかにも盲目的な攻撃であると思わせた。

あるいは

このデモは自らの憎悪を制御した穏やかな人びとの自由な表現になるだろう。
彼らは、アメリカ人にいかに自らの恐怖と憎悪を制御したか、
きっぱりと弾圧を打ち負かしたかを示している。
弾圧が激しくなると地球は破滅する。
地上の**弾圧を終わりにしよう。**

――学生と、ベイエリアのヘルズ・エンジェルズの代表者らを前にして、一九六五年一一月一五日月曜日サンノゼ州立大学で行なわれたスピーチ

ギンズバーグの嘆願にもかかわらず、デモ行進が行なわれる一週間前バージャーは私にこう言った。〝カリフォルニアで誰も目にしたことがない最大のアウトローのライダー集団〟と出会うつもりであると。ギンズバーグと彼の取り巻きの友人らには悪意はないが、何が起こるのかわかっていないとも言った。一一月一九日――デモ行進の前日――エンジェルズは記者会見を行ない、バリケードに人員を配置しないと宣言したとき、世間は驚きの声をあげた。ガリ版刷りによるプレスリリースにはこう書かれていた。「われわれはこの卑劣で反アメリカ的な行動への対抗的な示威運動を敢行すると宣言したが、大衆の安全とオークランドの名声を守るため、われわれがデモに介入することによってベトナム反戦委員会を正当化させるべきではないと信じている……なぜなら、かかる委員会がわれわれの偉大なる国家に対して行なっていることも愛国者として懸念しているがゆえ、われわれは暴力行為に走るかもしれない……しかるに、物理的に衝突すれば、この売国奴の群集に

国民に同情を寄せる結果をもたらすだろう」
この記者会見のハイライトは、すでにアメリカ大統領に送った電報をバージャーが読み上げたことだった。

リンドン・B・ジョンソン大統領殿
一六〇〇、ペンシルベニア・アベニュー
ワシントンD・C

親愛なる大統領閣下へ

拝啓。私自身と私の盟友になり代わって、私はベトナム戦線に忠誠心に篤いアメリカ国民のグループを提供いたす所存です。訓練された荒くれ男の優秀なグループはベトコンの士気をくじき、自由の大義を前進させると思っております。われわれはただちに軍事教練と軍務にはせ参じる覚悟ができております。敬具

ラルフ・バージャーJr.
オークランド、カリフォルニア
ヘルズ・エンジェルズ総裁

理由についてはけっして明かされなかったが、ジョンソン大統領はバージャーの申し出に応える時期を失し、エンジェルズはベトナムへ行かなかった。しかし彼らは一一月二〇日の抗議デモに介入しなかった。気が変わったと言う者らがいた。

この地域社会の警察には問題はない、
人間に問題がある。

——元オークランド警察署長

長くつづいた私とエンジェルズとの親密な関係が揺らいだのは、この時期だった。彼らが自分たちについて書かれた新聞の切り抜きを信じ始めると、彼らの行動からユーモア的な要素が消えていったのである。いっしょに酒を飲んでももう楽しくなかった。彼らの名前でさえ神秘性を失っていた。バッグマスター（ブスや主人のこと）、スカジー（うす汚い）、ハイプの代わりに、まともな名前を持つ者が多くなった。例えば、ルーサー・ヤング、E・O・スチューム、ノーマン・スカーレット三世。神秘的なものはなくなったのだ。露出しすぎたために彼らの脅威的存在が当たり前になったのである。そしてグループの肖像がますます人に理解されるようになるにつれ、世間に訴えかける力を欠き始めた。

一年間近く、私は当初独自性があると思われた世界に生きてきていた。この脅威的な存在は新聞等で公表されたイメージとは似ても似つかなかったのは、初めから明らかだったが、彼らが起こした騒動をともに楽しんで、ある程度の喜びを得はした。のちに彼らがさらに注目を浴びるようになると、神秘性が薄れ、ついに透明になったのである。ある日の午後私がエルアドベに座っていると、あるエンジェルズが一握りのバルビツールの錠剤を、一六歳にしかすぎないにきび顔のパンクスに売っているのを見た際、この行為の根源は由緒ある、いかなるアメリカの神話の中にも存在せず、私の足元で形になりかかったばかりの新種の社会の中にあると気づいた。〝この国を偉大にした〟古い個性主義の後見人としてエンジェルズを見ることは、エンジェルズの実態を知る造作のない方法である。彼らはロマンチックな遺物ではなく、わが国の歴史上対処する準備ができていない未来の第一波なのである。いわば始原型なのだ。彼らには教育が欠如しているため、高度なテクノロジーが支配する経済界ではまったくの無用者であるばかりではなく、彼らに強烈な怨念を育む時間的余裕を与えていた……そしてそれがエンジェルズを破壊的なカルト集団にも変えていた。マスメディアはこの集団を孤立した偏屈者として描き、警察に注目されたからには短い間に消滅する一時的な現象だと見なしている。

この見解は人を安心させるが、警察が同じ見解を持てばもっと安心の度を高めてくれる。が、不運にも警察は違っていた。新聞記事などからエンジェルズのことを知った警官はときどき彼らを怖がったが、彼らになじむにつれ軽蔑するようになった。経験上エンジェルズを知った警官は「自分らは彼らを買いかぶりすぎている」といつも言っていた。一方、私はカリフォルニア中で話しかけた五〇数名の警官のうち九〇パーセントは彼らについて「無法者が上げ潮に乗ってやって来た」あるいは「法と秩序に対し敬意を払わないという危険な傾向を持っている」と言及した。警官にとってヘルズ・エンジェルズはこれからやってくるもっと脅威的なものの単なる徴候でしかない……それは上げ潮に乗って現われて来るだろう。

「主として一〇代のやつらなんです」サンタクルスのある若いパトロール警官が言った。「五年前だったら、話すだけでよかったんですが、何から逃られるか逃られないかを親しげに告げるだけで。荒れ狂っていただけだと思いますよ。きちんと話せば聞いてくれましたね」彼は肩をすくめ、腰に巻いていた三八口径スペシャルの弾薬帯に手を触れた。「ところが今はちきしょう、違うんです。いきなり殴りかかってきたり、銃を抜いたりしてね。たぶん逃げることもあります。やつらには警官のバッチなんか無意味なんです。やつらはバッチを尊敬する心を失っています。恐怖心も。高校のビールパーティーでけんかの仲裁をするより、週のうち一二、三名のエンジェルズを捕えますよ。モーターサイクルの集団なら何をすべきか少なくともわかってますが、あいつらガキは何でもやります。不気味なんです。昔はあいつらのこと理解してましたけど、今は無理です」

法の執行機関の傾向と問題は、エンジェルズにとっては不愉快なものだった。しかしながら、オークランド警察との一時的な緊張状態が緩和されたあとでさえも、彼らは依然として警官を短絡的に敵だと見なしていた。彼らはまた、他の反抗的なグループとの情緒的かイデオロギー的な結びつきにはあまり関心はなかった。彼らにとって比較されることは生意気か、侮辱的なことなのである。「この世にはたった二種類の人間しかいねえよ」ある晩マグーが言った。「エンジェルズとエンジェルズであればいいと思ってる者だ」

だが、マグーでさえ本当はこんなことは信じていない。ビールがたくさん供されて女がいっぱいいてパーティーが盛り上がったときは、エンジェルズであることはクールなことだった。しかし、なんとなくもの寂しい午後――交通違反の罰金を払うためわずかしかない金をかき集めたり、歯の痛みと闘ったり、滞納した家賃をアパートの家主に払うまでドアの錠を替えられたりすると、エンジェルズであることは楽しくなかった。歯ぐきが腐っていつも痛くなり、治療費を前払いしなければ歯科医が診てくれないときは笑うのが難しくなる。体が駄目になって痛みが始まると、正当なエンジェルズである代わりに、代価を味わうはめになることを悟る。

このあやふやな逆説はアウトローの姿勢の支柱である。自ら選択肢をなくした者は、生き方を変えるという喜びを味わう余裕が持てない。あとに残されたものに頼らざるをえなくなる。自分でもわかっているつもりでも、日々の生活が他に行き場がない袋小路に自分を追いつめていくことを認める余裕もなくなる。ほとんどのエンジェルズは自分がどこにいるのかわかっているが、なぜそこにいるのかわかっていない。この世のろくでなしは、自分が変装した魅力的な王子ではないと知っているほど、永遠の真理を教え込まれている。ほとんどは単なるろくでなしで、いくら多くの魔法使いの乙女に接吻しようが強姦しようが、今のままでありつづける……ろくでなしは法律を作らず、どんな基本的な構造も変えようとしないが、一人か二人は核心を突く洞察力を持ち、人生をくぐり抜けていけるよう、人生に力強い変化を生じさせることができる。誰がそうしているのか知る前にひどい仕打ちを受けたと思い込むろくでなしは、エンジェルズの人間観を彩る野卑で悪意に満ちた無知に対し同情するのが普通である。追いつめられ、いじめられているという思いと、完全に復讐してやるという倫理と、少なくとも良識を踏みにじる手当たりしだいの復讐との間にはあまり精神的な距離感はない。

ほとんどのエンジェルズは一個人としては当然社会的な生き物だけれども、アウトローとしての姿勢は明らかに反社会的である。この矛盾は根深く、アメリカ社会のあらゆる階層に存在する反社会的人間に対しても同様のことが言える。社会学者はこれを〝疎外化〟または〝アノミー〟と呼んでいる。ちなみにアノミーとは社会的基準や価値が見失われて混乱している状態のことである。この状態の下では、その一員になっているはずの社会から切り離されているか無視されている意識を人は持つ。強く動機づけされた社会においてアノミーの犠牲者は通常極端なケースで、異なった見解や奇癖を持っており、きちんと説明するにはあまりにも個人的な問題でありすぎるのでたがいに孤立しているのである。

しかし、中心的な動機づけが行なわれておらず、目標を失って困惑している社会……アイゼンハワー大統領は国家目標策定委員会を作らねばと考えていたが……そんな社会の中にあって、疎外感はかなり広く行き渡っていた。特に若者たちの間にである。若者たちはまず理解できない、設定されるべき目標や目的から逸脱することで感じるはずの罪悪感を無視する。年寄りなんか失敗して恥辱にまみれるがいい。年寄りが伝統を維持するために作った法律は適切ではなくなり、機能を失った。いわゆるアメリカンウェイは安価なセメントで作った堤のようなもので、法律という指でふせぐことが不可能なほど多くの漏れ口ができてしまっているのだ。アメリカは第二次世界大戦が終わってから以後すさまじいアノミー状態を惹き起こした。この状態は政治的なことは含まれておらず、最高権力者でさえわらにもすがろうとしているように見える社会において新しい現実感、切迫感、怒りときには絶望感が生じる状況になった。

アメリカは〝偉大な社会〟であるという見地からすると、ヘルズ・エンジェルズとその同類は敗者であり、ドロップアウトした人間、つまり脱落者であり、失敗者であり、不満家である。自分らを邪魔者としてしか扱わない社会に仕返しする道を探っている、拒絶された人びとである。エンジェルズは先見者ではなく、頑固な反抗者である。もしエンジェルズが何らかの先駆者か先導者であるにしても、大学のキャンパスで流行している〝道徳革命家〟ではないが、急速に数を増している、とめどもないエネルギーを持った若い潜在的な失業者の集団は、エンジェルズのような〝アウトロー〟が何年も前から見つけ出していたのと同種の破滅的な吐け口を必ず見つけ出すだろう。過激派の学生とエンジェルズとの違いは学生は過去へ向かって反抗している一方、エンジェルズは未来と戦っていることである。両者の共通した立場は現在や現状への嫌悪感である。

言うまでもなくバークリーや何十校もの他の大学にいる過激派の学生は、エンジェルズと同様に荒れ狂い攻撃的だ。とはいえ、エンジェルズのすべてが残酷な無法者や潜在的なナチスではない。エンジェルズが新聞やテレビで有名になる前の時点では間違いなく事実である。早くも一九六五年には五、六人以下のエンジェルズは、バークリーのキャンパスで起こっている事態を嘲け笑っていた。もし彼らが赤狩りに大いに関心を持っていたなら、フリースピーチ運動のいくつかの集会に出席していただろう。しかし、そこへは姿を現わさなかった。群集の中を肩をそびやかして闊歩したり、新聞に載った群集の写真を手に入れようとさえしなかった。同じ頃、オークランドのダウンタウンの中心地にあるジャック・ロンドン広場に設けられたCORE（人種平等会議）のピケットラインにも侵入しなかった。エンジェルズは自分らの悪名がどれだけ広がっているか気づき始めた一九六五年の春と初夏の頃に、公民権とベトナム反戦運動と取り組むまたとない機会を無視した。単に気にしなかったのである。少なくともそうでない者もいた。全員がそうだったとも限らない。今でさえも。

しかし、悪評をあまりに重荷に感じたため、ヘルズ・エンジェルズは自分らのイメージを強く意識するようになり、政治家のように新聞を読み始め、自分らの言動が言及されている記事を探した。報道機関にますます多く対処するにつれ、彼らは必ず当日の記事についてコメントするよう頼まれた。（「バージャー、ヘルズ・エンジェルズのベトナム戦争における立場について教えてくれませんか」……「公民権運動についてどう思ってます、タイニー？」）応答はきれいに複製された。エンジェルズは記者会見を開くことができるとわかるまで時間はかからなかった。[*11] 様々な長談義と宣言を送信する日的でテレビカメラが据えつけられた。報道メディアはこうなるのを好んでいた。エンジェルズについての記事や発言の多くはかなりユーモアに彩られていたが、彼らはこれに気づいていなかった。自分らがテレビに映っている姿を見て興奮し、面白がっていた。こうした事態にいたるまでに、グループ内にイデオロギー的な偏向が生まれたのは明白だった。バージャーと幹部は組織全体のためを思って語った。これに同意しない者はカラーズをはずすことができた。バージャーやおそらく他の二、三名は何らかの政治的な意識を持ったエンジェルズだが、他の誰もそうした意識は持っていなかった。だが、バージャーは左翼がかったデモ参加者らと口論したが、その他の人間は誰も口論しなかった。それがことの成り行きだったのである。政治的な危機が生じる数週間前のある日の午後、一九六五年の末頃ラ・ホンダの雰囲気が徐々に影響をおよぼしてきている証拠がかすかに現われた。大規模なデモ行進を行なう数週間前、テリーはエルアドベに腰を落ち着けてビールを飲みながら、パーティーを楽しんでいた過激派タイプのヒッピーとエンジェルズとの違いについて考え深げに語った。「おれたちアウトローはうまくいってないんじゃないかと、ときどき思うんだ。ここにいる他のやつらには少なくとも何かやるべきことがある。同じバカだが、彼らは建設的だよ。おれたちはあまりにもネガティブな存在だ。おれたちのやっていることは破壊だ。ぶち壊す以外のパフォーマンスを見つけなけりゃ、おれたちが行くどんな道もありゃしない」

六か月前エンジェルズにとって唯一の真の関心事は拘置所や刑務所に監禁されないことだったが、今や政治問題に関与している人びとといっしょに集会に出席しなければならなくなった。エンジェルズの中でごく少数者しかこの新しい営みに生きがいを感じなかったし、たいていの者にとってうんざりすることだった。敵意にさらされた一〇年かそれ以上の歳月に思いをはせることができる者にとっては、一時代の終わりのように思えた。

犯罪者を処分して発展してきた社会ほど、自己破滅的な装置を発見することはできなかろう。犯罪者と地域社会は判決を確定された法律とみなし、派手で劇的な形で犯罪者の行く末を宣告する。犯罪者は自分を犯罪者だとして意識するようになる。地域社会は犯罪者に世評に従って生きるよう期待し、従わなければ、彼を評価しない。

——フランク・タンネンバウム

『犯罪と地域社会』

ヘルズ・エンジェルズは単なる変人、奇人の類ではなく、その存在に衝撃を受けたと主張する文明社会の、生まれるべくして生まれた産物なのである。『タイム』誌の編集者によって提示された世代は、コマーシャルなどで練り歯みがきやヘアオイルを押し売りするセルロイド・アウトロー（西部劇、ギャング映画に出てくる悪人）に溢れ返った世界に長い間住んでいたので、現実に存在するアウトローと面と向かうことはもはやできない。二〇年間この世代の人たちは自分の子供といっしょに座り、きのうのアウトローがきのうの世界で騒動を起こすのを見てきていた……今、この世代の人間はジェシー・ジェームズがテレビのキャラクターだと信じ込んでいる子供たちを育てている。彼らは母親や神、アップルパイ（アメリカを象徴するもの）、アメリカン・ウェイ・オブ・ライフ（多くのアメリカ人が持つ信念、価値観）のために戦場へ行った。帰国してアイゼンハワーを大統領にし、テレビの与える浮わついた心地よさに浸り、ハリウッドが見せてくれるアメリカの歴史の不思議な狡猾さをすすんで味わっている。

彼らにとってヘルズ・エンジェルズは、ジャーナリズムが演出している、すばらしい離れ業を行なう役者たちだと思えたにちがいない。脅えた軟弱な心の持ち主がたむろする国家では、残念ながらアウトローが不足していて、成功して名を売った少数の者がつねに歓迎されている。フランク・シナトラ、アレクサンダー・キング、エリザベス・テイラー、ラウル・デューク……彼らは余分な〝何か〟を持っていたのである。

チャールズ・スタークウェザーも余分な何かの持ち主だが、自分を売り込んでくれるエージェントが得られず、おのれのバイタリティをハリウッドに持っていけずに、ワイオミング州で気が狂い、自分でも解き明かすことができない理由で一二名を殺害した。この州はすかさず彼を処刑した。一九五〇年代にも成功の機会を逸したアウトローがいた。レニー・ブルースがそうだった。けっしてテレビ向けのコメディアンではなかった。一九六一年頃まではきわめて前途有望で、人びとは大いに彼の芸を楽しんだが、突然彼が危険になったと気づいた。スタークウェザーが危険になったように、ヘルズ・エンジェルズが危険になったように。

『ポスト』のエンジェルズに関する記事が掲載されたあとすぐに、発信地デトロイトの日付でAP通信は次のような記事を送信した。「七名から成る一〇代の――一三歳、一四歳、一五歳を含む――テロリストの一団を解散させたと昨日警察は発表した。警察によると、少年らは放火、武装強盗、窃盗、動物虐待を行なった模様だった。犯行時にはいつも枕カバーで作ったフードをかぶっていた。『バイローズ』と名乗り、憎しみの対象はユダヤ人、黒人、フラッツ（身なりのきちんとした学生）だった」

数か月前UPI通信はダラスからこんな記事を発信した。タイトルは〝暴徒が人命救助を妨害〟。

木曜日の夜サウスダグラスの炎上している住宅内に消防隊員が入ろうとすると、六〇名の若者に阻止された。彼らはわめきちらし不当に干渉し、街頭から立ち去るのを拒否した。

消防隊員が警察を呼んだ。パトカーが数台到着し、警察が警察犬を使ってやっと若い妨害者らを追い払った。警察当局は彼らを〝ワイルド・パンクス〟と命名。

若者らは警察官らを脅して戦った。

消防隊員は燃え盛っている住宅へ入ることができ、パトリック・チャンバーズ二歳のぐったりした体を見つけ出したが、遅すぎた。幼児は病院到着時にはすでに死亡していたと診断されていた模様。

幼児の母親ジュネーブ・チャンバーズ二一歳と隣人ミセス・ジェシー・ジョーンズ二七歳がショックで入院中。

「警察がもめごとを探してるなら、ちょうどいいところへ来た、おれたちが片を付けてやるぞ」と若者の一人が言ったと消防署のスポークスマンが報告。

消防隊員の言葉によると、幼児を芝生の上で蘇生措置をほどこしている最中、何名かの若者が駆け寄って来て、「死んだ子を踏みつけようとした」。

四〇〇人に膨らんだ野次馬の中から女一人と男二人が逮捕された。

女は警察官の一人を引っかき殴った。男二人は、女がこの警察官を攻撃するのを止めようとしていた警察官らに飛びかかって来た、と警察当局が発表した。

お前がいたように、おれもいた
おれがいまいるように、お前もいるだろう
——ハインリッヒ・ヒムラー

（これはヘルズ・エンジェルズがパーティーを開いていると
き壁に記された落書き）

エンジェルズにどういうレッテルを貼っていいか考えてみたが、ミュータント（突然変異体）と呼ぶことには語弊があろう。本当のところ、彼らは田舎の倫理と、自己保存をもっぱらとする新たに即興的に作り上げた生活様式を持つ、都会のアウトローなのである。彼ら自身のイメージは主としてセルロイド、つまり西部劇や、粗野で男っぽい内容を売り物にするテレビのショーから採られている。彼らは映画なりテレビのショーから、自分たちがどんな社会に住んでいるのかについて、その大半を学んだ。書物を読む者はほとんどいない。たいていの場合、彼らの正規の教育は一五、六歳で終わっていた。歴史については、マンガをはじめとしたマスメディアからわずかに知識を仕入れている程度である。もし彼らが過去の面から自分らをながめているとすれば、それは現在の面、ましてや未来の面を把握できないからである。彼らは貧困者、放浪者、失敗者の息子、あるいはその息子の息子である。彼らのバックグラウンドは圧倒的なほどありきたりである。人間としての彼らは何百万人の人間と何も変わったところはない。だが、集団としてのアイデンティティには独特な魅力が明らかにあるので、報道機関でさえこの魅力を認めていた。皮肉がこめられていないわけではないが。報道機関は現実を儀式めいたやり方で弄んでいる感があるとはいえエンジェルズを畏怖とユーモア感覚と恐怖が入り混じった気持ちでながめていた。ジャーナリストは大衆の欲求には奴隷のように献身的に尽す。これはいつものように当然だと思われている。この欲求についてはほとんどのジャーナリストは非常に戸惑い、卑下すべきものとして見ているので、大衆の欲求とやらを、一握りの世論調査員と〝専門家〟に伝える仕事をとっくの前に放棄していた。

広範囲に広がっているエンジェルズの魅力について考えてみる価値がある。エンジェルズはその他多くの反抗者と異なり、世界は自分たちのために変わりつつあるという希望は捨ててしまっている。社会機構を動かしている人びとは、アウトローのモーターサイクリストはほとんど用なしだと思い、敗者であることに折り合いをつけていると、明らかな根拠に基づいて憶測している。しかし一人ずつ穏やかに敗北する代わりに、非情な忠誠心を抱いて徒党を組み、よかれあしかれ社会の枠組みからはずれた。彼らは答は持っていないかもしれないが、少なくとも精神的には自立している。ある夜、私は彼らの週に一度の集会へ向かう中間点で、ジョー・ヒル（米国の労働運動指導者。状況証拠のみで殺人犯とされ死刑）のことを思った。ヒルはユタ州の警察銃殺隊に向かい、彼の最期の言葉「私のことは悲しまないで下さい。みんな団結を」を告げに行こうとしていたのだ。ヘルズ・エンジェルズは誰もジョー・ヒルのことは聞いたことがなかっただろうし、ウォブリー（世界産業労働者組合員。ＩＷＷ）とブッシュマスター（熱帯アメリカ産の巨大な青ヘビ）との見分けがつかなかっただろう。だが、態度はかなり似通っている。ウォブリーは社会のために重要な青写真を描いていた一方、ヘルズ・エンジェルズは社会機構に反抗する意図を持っている。エンジェルズの間で〝よりよい世界を作ろう〟という話は出てこないが、彼らが住んでいる社会に対する反応は、ウォブリーと同じように、無政府主義的で弁護士補助員のような無責任な確信に根ざしている。こうした確信が体制側に武装を促し、ウォブリーを打倒しようとする激怒をかきたてた。ウォブリーとエンジェルズには、同種の自殺をも辞さない忠誠心があり、同種のグループ内の儀式とニックネームがある。なかんずく、不当な世界へのたえまない闘争も。ウォブリーは敗者だった。エンジェルズもである……そして、もし敗者がみなモーターサイクルに乗っていたなら、高速道路の全システムを修正しなければならなくなるだろう。

〝敗者〟と〝アウトロー〟という言葉には重大な相違がある。前者は受動的であり、後者は積極的である。エンジェルズがすぐれた新聞種になった主な理由は、なんら挑発的な徽章を着けず、アウトローになる方法を知らない何百万人の敗者の白日夢を実行しているからである。あらゆる都市の街路にこのような者たちが群がっていたらどうだろう。有金をすべて使い果たし、たとえ一日間でも毛むくじゃらで冷酷なやくざ者に変身し、警官をいいようにあしらい、脅えきったバーテンダーから飲み物を強奪し、銀行家の娘を強姦して、ばかでかいモーターサイクルにまたがって爆音を響かせ町を去ったりするだろう。エンジェルズを全員眠らせるべきだと思っている人でさえ、彼らと一体化するのは簡単だと気づくだろう。彼らは意図しないところで人の精神にマスターベーション作用を起こさせかねない魅力を発揮する。

エンジェルズは敗者と呼ばれると嫌がるが、敗者であっても生きるすべを学んできていた。「ああ、おれは敗者だろうな。でも、あの世に行く時、ひと騒ぎやらかす敗者をあんたは目にするだろうよ」あるエンジェルズは言った。

＊1　『リアリスト』誌のマンガでに登場する万国博覧会の貧困パビリオンを私に思い起こさせた。
＊2　長編小説『カッコーの巣の上で』や『わが緑の大地』がある。

＊3　数か月後ケン・キージーは最初のマリファナ所持罪で出廷した。比較的に軽い刑期六か月の判決に付与された条件の一つは、所有地を売却し、サンマティオ郡に永久に入らないことだった。実際にその条件に従ったが、キージーは法の執行機関が思っていたより遠方へ引っ越した。一九六六年一月三一日キージーは保釈中失踪した。ノーザンカルフォルニアの海岸に遺棄されたバスの中で彼の自殺ノートが発見されたが、警察でさえ彼の死亡を信じていなかった。私自身が調査した結果は確たるものではなかった。何か月かかけて調査したところ、郵送物の転送先を突き止めた。そこはパラグアイ、アスンシオン、アメリカ大使館農務官気付だった。

＊4　出版社の主張により名前は削除。

＊5　LSD常用者の間にこんな少数意見がある。管理されたLSD実験のために厳密な環境準備してもバッド・トリップを防ぐことはできない。多くの〝被験者〟はこれまで読んだり聞いたりしたことですっかり教化されていたので、カプセルを飲み込むまでに被験者の反応は頭の中で明確に定着していた。実験があらかじめ想定していたプロセスから逸れたり、このプロセスを無視すると、被験者はパニックに陥る。LSDを飲んでも飲まなくともつねにバッド・トリップを味わうことになる。

＊6　あの頃を振り返ってみると、警官らの動きが束縛されていたのは、違法逮捕すれば後で法廷で自分らが困惑する事態になる、という理由ではないかもしれない、と私は思っていた。ほどほどの期間待機していれば、キージーの敷地にたむろする精神異常者は相争って身を滅ぼし、そうなることで訴訟人名簿を作成するのにかかる費用を納税者から省いてくれる、と警官らは思ったはずだ。

＊7　一九六六年六月。

＊8　LSDの過量摂取を三か月か四か月つづけたあと、エンジェルズの大部分はLSDの量を少しずつ減らし始めた。数名が恐ろしい幻覚に苦しみ、このドラッグを飲むのをやめると誓った。これをやると気が狂い、バイクを壊すはめになると言う者もいた。一九六六年までにほんのわずかな者がまだ飲んでいた。それを執拗に飲みつづける者のうちの一人が、LSD体験はこれまで自分に起こった中で最高のものだと述べていた。「飲み始めてから一度も心配したことないんだ」

一九六六年九月、キージーはこっそりとカリフォルニアへ戻り、アングラのパーティーや記者会見場に短時間姿を現わした。キージーが言うには、国境を越えた南で六か月を過ごしたのち、永遠の逃亡者となり、FBI長官J・エドガー・フーヴァーの傷に塩をすり込む存在となり、フーヴァーの犬を避けるつもりだったという。彼の赤いパネルトラックの速度は遅すぎるか、彼の運転手は無能すぎてフーヴァーの犬から逃げられなかった。本書執筆時、彼は三万ドル以上の保釈金を積んで釈放され、刑期が一年から五年におよぶ告訴が審理される裁判にかけられた。私自身としては、彼はアスンシオンにとどまって職を得るべきだったと思う。

＊9　ラトラーズは概して年輩の者が多い。このグループはブーズ・ファイターズの時代から存在している。「ラトラーズはかつては色々パフォーマンスをしてたが、今はバーで腰を落ち着け、ドミノをやってる」とオークランド・エンジェルズの一人が嘆いていた。

＊10　オークランドの公的な人口はほぼ四〇万人だが、イーストベイと呼ばれている広大な都市スプロール現象地帯の中心部を占めている。イーストベイの人口は約二〇〇万人で、サンフランシスコより二倍面積が広い。

＊11　エンジェルズの女性保証人が保有するダウンタウンのオフィスで開かれたオークランドにおける記者会見で、私は四二名におよぶ記者を数え、インタビューに応じて話しているバージャーの前に一三個のマイクがかたまって置かれていた。それから五台のテレビカメラも。

22

おのれをけだものにする者は、人間であることの苦しみからまぬがれる。

——ジョンソン博士

興奮した不気味な群集が突如、近隣に爆発的に集まって来た。理性を失った女たちが押し寄せ、ほとんどエクスタシーに達したときのような声をあげ、死体のところへ行こうとしてＦＢＩのエージェントや警察官を引っ掻き揉み合った。よれよれの赤い毛髪をした巨乳の女が警戒線を突破し、ハンカチを血に浸し、それを掴んで汗にまみれた自分のドレスにべったりくっ付け、通りからよたよた歩み去った。

——ジョン・デリンジャーの死亡についての記事から

クリスマス頃になるとヘルズ・エンジェルズはあまりパフォーマンスをしなくなり、新聞の見出しから消えた。タイニーは職を失い、ソニー・バージャーは殺人未遂の罪[*1]で長期にわたる陪審裁判に巻き込まれ、そしてエルアドベは、建物解体用の鉄球で取り壊された。エンジェルズは酒場から酒場へと彷徨したが、溜り場を維持するより、それを見つけ出すほうが難しくなった。サンフランシスコでは零落の度合は遅かった。フレンチーはガソリンの缶が爆発した際、火傷して三か月ジェネラル病院に入院し、パフはあるエンジェルズの誕生日に急襲して来た二名の警官と揉み合いになり拘置所に入れられた。アウトローにとって冬の歩みは遅かった。多くの者は翌年の夏、失業保険金を支給してもらえるよう仕事をしなければならなかった。盛大な屋外のパーティーを催すには寒すぎた。雨が降りつづいているため、走行すれば不快な事故を起こすことになる。

ひと仕事するにはいい時期だと私は思い、バイクを乗り回すのをやめた。テリーが最近の情報を伝えにときどき私を訪ねた。ある日テリーが骨折した腕をかかえて来て、事故でバイクを壊してしまったこと、彼のオールドレディがいなくなり、黒人連中が彼の家を燃やしてしまったことを告げた。私はすでにバージャーの妻エルジーから彼の家のことは聞いていた。エルジーはオークランドの自宅を情報連絡基地にしていた。エンジェルズとオークランドの黒人との散発的な衝突が何度かあり、テリーのイーストオークランドの借家の窓から、何者かが手製の爆弾を投げ込んだという事件があった。そのせいで借家とマリリンの絵が全部燃えてしまった。マリリンはブロンドの毛髪をした一九歳ぐらいのきれいな娘で、峡谷の町にちゃんとした実家があった。テリーと六か月近く同棲し、壁は自分の絵で飾っていた。しかし彼女は、爆弾が気に入らなかった。二人が別の住まいに移ったあとすぐ同棲が解消されることになった。テリーが言った。「ある晩、帰宅すると彼女がいなかったんだ。書き置きだけが残っていたよ。『テリーさん、あんたなんかくそったれよ』とだけ書かれてた」それっきりだった。

一月まで何ごとも起こらなかった。マザー・マイルズが死ぬことになるまでは。バイクにまたがりバークリーを走っていたとき、脇道からトラックが突っ走って来て、彼のバイクにまっしぐらに衝突し、両股を骨折させ、頭蓋骨を砕いた。六日間昏睡状態がつづき、三〇歳の誕生日を迎える約二四時間前に死亡した。日曜日の朝だった。遺されたのは妻と二人の子供、そして妻公認のガールフレンド、アンだった。

マイルズはサクラメント支部のボスで、彼の影響力はかなり大きく、一九六五年グループ全体を引き連れてオークランドへ乗り込み、嫌がらせが絶えないので生きづらくなった、と警察を非難した。誰もマイルズの見識を疑わず彼に従った。彼の本名はジェームズだが、エンジェルズは彼をマザーと呼んでいた。

「マイルズは母親のような人だったからだよ」とガッツ。「マイルズは偉い、偉い人だった。誰の面倒だって見たよ。心配症なんだ。いつだって信頼できた」

私はマイルズとはつかず離れずといった程度の知り合いだった。彼は作家を信用していなかったけれども、卑しいところはまったくなかった。私に密告する気配がないと決め込むと友好的になった。太鼓腹の港湾労働者のような体格の持ち主で、顔は丸く、顎ひげは幅広く生えていて、ゆらゆら揺れていた。私は彼をならず者だとは思っていない。ヘルズ・エンジェルズに関する警察の記録簿によると、他のエンジェルズと同じように、泥酔、乱暴、けんか、放浪罪、小窃盗を犯したと記され、また法廷に持ち出されていない犯罪の〝容疑あり〟とも書かれている。しかし他のエンジェルズの何人かをつき動かす悪魔的な衝動には冒されていなかった。世間に対して不満を抱いていたが、そのことについてくよく考えることはなかった。そしてエンジェルズや彼個人に行なわれた悪事への報復心は他には及ばなかった。拳で殴られるのではないか、酒場のカウンターで金を巻き上げられるのではないかと悩むことなく彼と酒を飲むことができた。そんな嫌がらせは彼の流儀ではなかったのである。酒を飲むといっそうやさしくなった。エンジェルズのほとんどのリーダー同様に彼は頭の回転が速く、人が頼りにできる自制心を持っていた。

マイルズが亡くなったということを耳にしたおり、私はバージャーに電話し、葬式はどうなると尋ねた。しかし、最終的にバージャーをつかまえるまでに、こまかいことがすでにラジオで放送され、新聞に掲載されていた。マイルズの母親がサクラメントで葬式の準備をしていた。アウトローのキャラバン隊が木曜日の午前一一時、バージャーの家に集まることになっていた。エンジェルズは仲間たちの葬式に何度も参列していた。だが、マイルズの葬式が行なわれるまで、主要な高速道路を九〇マイルも隊列を組んで走るなどということはなかった。また、サクラメントの警察が彼らを町から追う払うチャンスでもあった。

月曜と火曜、電話でこの話が伝わった。あのジェイ・ギャツビーの葬式のようなものにするつもりはなかった。エンジェルズはきらびやかで、ど派手なラリーをしたかった。マイルズのステイタスはさておき、どんなエンジェルズが死んだときも、他のエンジエルズによってその勢力を誇示する必要がある。それは死者のためではなく生者のための自己確認の儀式なのである。そこに姿を現わさなくとも定まったいかなる微罰を受けることはない。なぜなら、そんな必要はないからだ。あらゆるアウトローの生活で最も目立つ事実――つまり安っぽい寂寥状態――の中で一人いなくなって部族が小さくなったことを寂しく思い出させるものなのである。たくさんある輪が一つ欠けて小さくなると、敵は勝ち目があると思うようになる。信念を守ろうとする者たちは心を温める何かを必要とする。葬式は忠誠を誓った者たちを数え、何人残ったかを調べる時なのだ。仕事をさぼり、何時間も眠らずに冷たい風に吹かれながら目的地に時間どおりに走って行くのは当然なのである。

木曜日の早朝バイクがオークランドに到着し始めた。エンジェルズのほとんどがすでにベイエリアに来ていたか、少なくともそこから五〇マイルから六〇マイルあたりを走っていた。が、一握りのサタンズ・スレーブズが水曜日の夜じゅう走りづめで、ロサンゼルスから三〇〇マイルのところにいて、主なキャラバン隊に加わろうとしていた。他のグループがフレズノ、サンノゼ、サンタローザからやって来た。ハングメン、ミスフィッツ、プレジゼンツ、ナイトライダーズ、クロスメン、そしてまったくカラーズを身に着けていないグループがいた。誰にも話しかけない、厳しい顔つきの小男が背中に〝ロンナー〟と記された濃いオリーブ色のボンバルディア（戦闘機の爆撃手）のジャケットを着ていた。ロンナーという文字は署名のように見え、青いインクで小さく書かれていた。

ベイブリッジを渡っているとき一二、三名のジプシー・ジョーカーズが私の車の両側に回って速度制限を無視し、エンジン音を響かせて通り過ぎた。数秒後、前方の霧の中へと消えた。寒い朝でベイブリッジを走っている車はみなゆったりと走っている。バイクだけが例外だった。下のサンフランシスコ湾では貨物船が並び、桟橋が開くのを待っていた。

一一五台のバイクと約二〇台の車の行進が一一時きっかりに始まった。オークランドの北二、三マイル行ったところにあるカルキネズブリッジで、アウトローをコントロール下に置くよう任命されたハイウェイパトロール隊の車にエスコートされた。この車がはるばるサクラメントまでキャラバン隊を導いて行くことになったのである。先頭をあずかるエンジェルズは右側のレーンを二列になって走り、時速六五マイルをキープしていた。先頭でバージャーといっしょにいたのは薄汚いプラエトリアン・ガード（古代ローマ皇帝の近衛兵団）のような連中――マグー、トミー、ジミー、スキップ、タイニー、ゾロ、テリー、そしてチャージャー・チャーリー・ザ・チャイルド・モレスターだった。まさに盛観だったので交通が一時不通になった。驚嘆すべき見物だった。〝地球の屑〟、〝動物の中で最も下等の種族〟粗野な強姦野郎どもが、黄色い警光灯をきらめかせているハイウェイパトロール隊の車によって州都までエスコートされていたのだ。この行進の安定したペースは不自然なほど厳粛に見えた。マーフィー上院議員でさえ危険な走行だと見間違いはしないだろう。ひげだらけの同じような顔、同じようなイヤリング、エンブレム、ナチスのかぎ十字章、風にはためくにやついているどくろ。しかし今は集会用の衣装をまとわず、スクエアのために大げさな演技などしていなかった。依然としてエンジェルズとしての役割を演じてはいたが、ユーモア的な面が消えていた。途中でトラブルが起こった。何者かが一五リットル分のオイルを盗んだとガソリンスタンドのオーナーが文句を言っていたのである。バージャーはすぐさま募金をつのって支払い、オイルを盗んだやつは誰だろうがあとでチェーンでぶっ叩くとつぶやいた。犯人はキャラバン隊の後ろを走っていた車の中にいた。パンクス野郎にちがいないとエンジェルズはたがいに断言した。「ステイタスなんかねえど悪党め」

サクラメントでは嫌がらせの徴候はなかった。何百人もの好奇心旺盛な野次馬が葬儀場と墓地の間の道に並んでいた。礼拝堂の中ではマイルズの数少ない子供時代の友だち、親類、雇われた牧師と脅えている三名の付添人が遺体に侍っている。彼らはいかなる事態になるのかわかっていた。マザー・マイルズの〝盟友〟何百名もの無法者や乱暴者、そして脚にぴったり張りついたリーバイスのジーパンをはき、スカーフを首に巻きつけ、腰まで伸びた白金色のウィッグをつけた風変わりな女どもがいた。がっしりした体格の黒い喪服を着た中年のマイルズの母親が最前列の会衆席にいて、蓋の開いた棺に向かい静かに泣き崩れていた。

一時三〇分にアウトローのキャラバン隊が到着した。ゆっくり鳴り響くバイクのエンジン音が礼拝堂の窓ガラスをかたかた鳴らしている。警察が交通整理している中、テレビのカメラマンがバージャーのあとを追い、おそらく一〇〇名ぐらいの者が礼拝堂の扉に向かっている。アウトローの多くは葬儀の最中外で待っていた。あまり口をきかずにバイクに寄りかかっているグループがあり、ものうげに話し合って時間を潰しているグループもあった。マイルズについての話はほとんど出なかった。あるグループは一パイント瓶のウイスキーを回し飲みしている。アウトローによっては傍観者に向かい何があったのか説明していた。エンジェルズの一人は、野球帽をかぶっている初老の男に言っていた。「うーん、マイルズはおれたちのリーダーの一人でね、いいやつでしたよ。どこかのパンクスが停止信号なのに突っ走ってあの人を殺しちまって。おれたちがここへ来たのはカラーズといっしょにあの人を埋めるためなんです」

壁に松の板が張り巡らされている礼拝堂の中で、牧師が気味の悪い会衆に向かって「罪の報いは死です」などと説教している。牧師はまるでノーマン・ロックウェルが描いた薬屋の主人のような風貌で、明らかに礼拝堂のシーンに不快感を覚えているようだった。会衆席は全部埋まっていなかったが、後ろの立席は扉まで混み合っていた。牧師は〝罪〟と〝義認〟について語っていたが、会衆からの反論を待ち望んでいるかのようにときおり口を閉ざした。「誰かに審判を下すなんて私の務めではありません」牧師はつづけた。「誰かを賛美することも私の務めではありません。しかし、あなたがたにも死が訪れると声を大にして警告するのが私の務めなんです。あなたたちのうちでどれほどの方が死についての哲学を持っているのか知りませんが、神は邪悪な者の死に喜びを感じていないことを聖書は私たちに告げています……イエスは動物のために死んだのではありません。イエスは人間のために死んだのです……私がジム・マイルズについて何を語っても何も変えられませんが、福音を伝導することはできます。そして、あなたたちはみな神に応えねばならないと警告する責任を私は負っているのです！」

会衆は体をもぞもぞ動かし、汗をかいていた。礼拝堂に猛烈な暑さが襲って来ていたおり、悪魔が控室に待機し、説教が終わったらすぐさま邪悪な者の命を奪おうと身構えているようだった。

「あなた方のうちで何名の方が『次は誰なのか』と自らに問うたでしょうか」

この時点で数名のエンジェルズが会衆席から立ち上がり、とっくの昔に捨て去った生き方を心の中で呪いながら歩み去った。牧師はこうした振る舞いを無視し、フィリピン人の看守について長々と話した。「くそったれが！」タイニーがつぶやいた。約三〇分間、後ろの会衆席でおとなしくしていたタイニーは汗をだらだら流し、真昼間に牧師を追い駆け歯を全部抜いてやるぞといった形相で牧師をにらみつけていた。タイニーが席を立ったあと五、六名が彼について行った。牧師はこの話では聴衆がいなくなってしまうのではないかと思い、フィリピン人の話を素早く終えた。

会衆が列をなして礼拝堂を出て行くおり、音楽は鳴っていなかった。私が棺のすくそばを通ったとき、仰天した。マザー・マイルズはひげをきれいに剃られ、青いシャツを着せられ、えび茶色のネクタイを締められ穏やかな気配を漂わせ上向きに横たわっていた。エキゾチックな徽章がついたヘルズ・エンジェルズのジャケットが棺の下方に置かれた台の上に載せられていた。ジャケットの後ろに他のアウトロー・グループの名前が記された花輪が一三ほどあった。

かろうじて遺体がマイルズだとわかった。二九歳より若く見えたけれども、いつもの顔だった。しかし、温和な顔をしていて、自分が棺の中にいると知っても全然驚かなかっただろう。彼だったら今着ている衣服を嫌がっただろうが、エンジェルズは葬式費用を支払っていないから、せいぜいできることは棺が封印される前にその中へカラーズを入れることだけだった。バージャーが棺を担う人たちといっしょに最後まで残った。無事にことが済むまで見届けるためにである。

葬式後、二〇〇台以上のモーターサイクルが棺のあとを追い、墓地まで行った。エンジェルズの後ろを、五、六名のイーストベイ・ドラゴンズを含めた他のすべてのグループが走っていた――そしてラジオのコメンテーターは、「何十名ものティーンエージャーのバイカーたちはロビン・フッドが死んだと思ったんでしょう、あまりにも真面目で厳粛な態度でした」と述べた。

エンジェルズはよくわきまえていた。必ずしも彼ら全員がロビン・フッドについての本など読んだことはないが、この対比がお世辞であるとはわかっていた。もっと若いアウトローなら、これをおそらく信じただろうが、一つか二つの都合のいい幻想を抱く余裕はあろう。三〇歳近くかそれ以上の歳の者は、自分らの薄汚いイメージを思い浮かべて長い間生きてきたがゆえ、自分らがヒーローだとは思っていなかった。ヒーローはつねに〝いい人〟だと理解し、いい人が最後には勝つことを知るくらい多くのカウボーイ映画を見てきていた。カウボーイ神話には〝一番いい人〟の一人であったマイルズは含まれていないようだった。彼が最後に〝得た〟のは両脚の骨折と、潰された頭と、牧師からの叱責だけだった。彼にはヘルズ・エンジェルズというアイデンティティがあったがゆえ、並みのサラリーマンのように無名のまま墓に入らなかった。彼の葬式はアメリカ中に報道された。『ライフ』は墓地へ向かうバイクの行列の写真を載せ、テレビのニュース放送は粛々とその葬式を優先的に放映し、『クロニクル』はこんな見出しを掲げた。「ヘルズ・エンジェルズは、自分たちを――黒のジャケットと奇異な威厳を葬った」マザー・マイルズはさぞや満足しただろう。

埋葬が済んですぐ、キャラバン隊は、サイレンを鳴らす警察や多数のパトカーにエスコートされて町の外へ出た。短期間の休戦は終わった。町の境界でエスコートを振り切り、サンフランシスコ湾を臨むリッチモンドへと疾走し、そこで夜を徹しての通夜を行ない、夜明けになっても長い間、警察を苛立たせた。日曜日の夜オークランドでマイルズを弔う集会を催し、マイルズの後継者としてビッグ・アルが正式に認められた。これは葬式にともなう不気味さがない平穏な行事だった。木曜日にかん高く泣いたバンシーの声は消えようとしていた。集会のあと、シナーズクラブでビールパーティーが行なわれ、閉店になるまでに次の走行の日付が決まった。三月一日、エンジェルズはベーカーズフィールドに集結することになった。

一生涯わたしの心は名づけることができないものを探しつづけていた。

――長い間忘れられていた詩の一節

何か月か過ぎて私は、エンジェルズとはめったに会わなくなったが、未だにビッグなマシーンの遺物を持っていた。深紅色のクローム合金のめっきがほどこされた、重さが四〇〇ポンドあるバイクだった。それにまたがってコーストハイウェイへ行き、警官どもが一〇一号線で待ち伏せしている朝の三時に走行を始めた。最初の衝突事故でこのバイクは完全に破損され、復元するのに数か月かかった。以後私は走り方を変えようとした。カーブで運だめしするのをやめ、いつもヘルメットをかぶり、制限速度内で走ろうと決めたのである。保険はすでに取り消され、運転免許証もかろうじて失効をまぬがれていた。

このバイクで沿岸をまともに走ったのは、狼男めいているが、つねに夜だった。頭をすっきりさせるために、二、三個所の長いカーブだけスピードを上げて突っ走ろうと考えて、コールデンゲート公園からスタートした……何分もたたぬうちに海岸に出た。耳にエンジン音が響き、大波が堤防に押し寄せては砕けている。人けのないすばらしい道路がずっと先のサンタクルスまで伸びている……七〇マイルの区間、ガソリンスタンド一つさえなく、唯一点っている明かりはロッカウエイビーチあたりの終夜営業の食堂のものだった。

こんな夜の時刻にヘルメットをかぶる必要はなく、速度制限を守る必要もなく、カーブで減速する必要もなかった。公園でのつかの間の自由は不運な飲酒に似ていて、禁酒しようとしていたアルコール中毒者を元に戻してしまう、そんな感じがした。サッカー場近くの公園から出て、停止信号でしばしバイクを止め、真夜中の丘状に盛り上がっている細長い地面に誰かが駐車しているのではないかと思った。

他の車のことなど忘れ、ファーストギアを入れて、けだもののバイクを今にも風にさらして……時速三五マイル、四五マイルで走らせ……それから、セカンドギアでリンカーンウェイの明るい場所を通り抜けたとき、青信号、赤信号を気にせず、ただあまりにもゆっくり走行を始めるかもしれない他の狼男だけを気にしたが、そんな者は多くはいない。それから、幅広い片側三車線道路のカーブにくるとバイクが一台、何が起こっても対処できる余裕を持って突っ走って来た……私がサードギアからブーマーギアに替えて時速七五マイルで突っ込むと、耳に風の唸り声が轟き、高い跳躍台から水中に飛び込んだときのように眼球に圧力がかかった。

尻をシート後方にずらし、背を前に傾け、ハンドルを堅く握り締めるや、バイクはジャンプし始め、風で揺れた。はるか前方のテールランプがますます速く接近して来て、突然ビューと通り過ぎ、動物園近くのカーブを下った。このカーブの先は海だった。

ここの砂丘はよそより平らで、風が吹き荒れる日が訪れると、砂が高速道路を横切りどんな油膜より恐ろしい吹き溜りになる。そこを走るやいなや、すぐコントロールできなくなり、滑って側転し事故を起こす。翌日、新聞の二インチの囲み記事にこんなものが載るかもしれない。「身元不明のモーターサイクリストが昨夜死亡。高速道路一号線でカーブを曲がりきれなかった模様」

しかし今回は砂がないのでギアのレバーをフォースに入れると、風の音しか聞こえてこなくなる。ハンドルから片手を伸ばしヘッドライトを上に向けると、速度計の針が一〇〇マイルのところを差すようになった。風に吹きつけられた眼球で勢いっぱいセンターラインを確認し、そして神経の反射作用に余裕をもたせようとした。

しかしスロットルを全開にすると、反射作用がほとんど働かなくなり、過ちを犯すだけの余地さえなくなる。だから、正しく運転しなければならない……不思議な音楽が聞こえ始め、さらに調子に乗って疾走すると恐怖が快感になり、それが震動して腕に伝わる。時速一〇〇マイルで走ると、ほとんどの物が見えなくなる。涙が出てもたちまち後ろへ吹っ飛び、耳に達する前に蒸発してしまう。聞こえてくるのは風の音だけ。マフラーからの鈍い轟音は後方から響いてくる。白線を見つめ、体を前へかしげ、右に曲がり左に曲がって長い丘を下ると、そこはパシフィカだった。突っ走りながら警官を警戒する。が、次の暗い広がりに行き着き、瀬戸際……極限……に達する。この瀬戸際を私はまともに説明できない。なぜなら、それがどこにあるのか知っている人たちはそれを飛び越えて行ってしまった人たちだから。生きている人たちはその瀬戸際にまで行かないように自分を抑制した。そこから引き返すか、速度をゆるめるか、今か、後かを選ぶ段階になったとき、やらねばならないことをすべてやった。

しかし極限はまだ心の外にあるのか、あるいは心の中にあるのだろうか。モーターサイクルとLSDの関連性は、たまたまジャーナリズに取り上げられて有名になったわけではない。モーターサイクルもLSDも目的、極限の場所に達する手段なのである。

＊1　この殺人未遂は陪審では評決できず、〝致命的な武器で襲った〟ということで罪は減じられた――バージャーは有罪であることを認め、六か月間服役した。

後記

一九六六年の労働者の日、私は少しばかり図に乗りすぎたのか四、五人のエンジェルズにぶちのめされた。彼らは私に利用されていると思ったようだ。ちょっとした意見のくい違いが突然、深刻な事態を招いたのである。

私に襲いかかってきた者たちは私が友だちだと思っていたグループの中には入っていなかった――しかし、何はともあれ彼らはエンジェルズだ。それは、仲間の一人が私を殴りつけたあと、多くの他の連中がリンチに参加するのに十分な理由だった。第一撃は警告の一言もなく繰り出された。エンジェルズというグループに入ったら我慢しなければならない飲酒上の出来事だなと一瞬思ったが、数秒もたたないうちに、少し前に私が話しかけていたエンジェルズによって後ろから棍棒で殴られた。すると一斉に取り囲まれた。倒された瞬間、この暴行現場の片隅に立っているタイニーがちらっと見えた。この場で見慣れた顔はタイニーだけだった。エンジェルズでない者が襲われる時で見たくない者が一人いるとすれば、それはタイニーだ。助けてくれと私は叫んだが、そうしたのは希望ではなく絶望からだった。

私の頭蓋骨が砕かれ、股間部が破裂させられる前にタイニーは、暴力を振るっている連中から私を引っ張り出してくれた。他の連中のごついブーツが私の肋骨を踏みつけ、私の頭を上下に激しくぐらつかせている最中、上のどこかでタイニーが「おい、おい、もういいだろう」と言うのが聞こえた。私の思いどおり以上に私を助けてくれた。もし彼が他に何をしてくれなくとも、連中の一人がばかでかい石を私の頭の上からぶつけるのを防いでくれたことを大いに感謝している。その極悪なブタ野郎が石をゴジラよろしく両手に持って振りかざし落とそうとしているのが見えたのだ。タイニーはそいつを寛大に扱ってから遠ざけた。ブーツによる暴行が鎮まっている間にタイニーは私の体を引っ張り上げて立ち上がらせ、急いで高速道路のほうへ連れて行ってくれた。

誰もあとを追ってこない。襲撃は始まったときと同じわけのわからない早さで幕を閉じた。その時もその後も汚いののしり声は繰り返されなかった。そんなことは期待しなかったし、サメのようなやつらの群れがとち狂った暴行沙汰について説明することも期待しなかった。

私は自分の車に乗って立ち去った。ダッシュボードに向かって口から血をぱっと吐き、真夜中の高速道路で車線をあちこちで替えながら走った。すると、片方の目の焦点がついに合うようになった。あまり遠くへ行かないうちにマグーが後ろの座席で眠っているのに気づいた。車を路肩に止め、マグーを起こした。彼は私の顔を見て、ぎょっとした。「なんてざまだ！」と彼はつぶやいた。「誰がおれたちを追いかけてるんだ？　起こしてくれればよかったのに！」

「気にしないでくれ」私は言った。「あんた、外へ出たほうがいいですよ。私は帰ります」彼はぼんやりとうなずき、敵に会おうとしてよろめき出た。私は道路わきの砂利道に突っ立っている彼を残して去った。

私が次に車を止めた場所は、エンジェルズのキャンプ地から南に五〇マイルほどのところにあるサンタローザの病院だった。緊急病棟の待合室は負傷したジプシー・ジョーカーズで溢れ返っていた。一番重篤な患者は顎が割られていた。その日、夜の早い時刻にパイプを振るったあるエンジェルズと衝突した結果だったのである。

ジョーカーズの面々は、エンジェルズを全滅させるため北へ行く途中だと私に告げた。「すげえ虐殺騒ぎになるぞ」とそのうちの一人がすごんだ。

私はうなずき、幸運を祈ると述べた。そんなことにかかわりたくなかった。たとえこっちにショットガンがあったにしても。私は打ちのめされて疲労困憊し、体が腫れ上がっていた。顔はスピードを上げているハーレーのスポークの中へ突っ込まれたようだった。私が目を覚ましつづけていたのは折れた肋骨に断続的な痛みが走ったからだ。

バッド・トリップだった……こうしたトリップで、あるときは早々と気が狂いそうになり、またあるときは徐々に心が汚れそうになるが、結局のところ醜悪な体験だった。サンフランシスコへ戻る途中、この体験にふさわしい墓碑銘を作ろうと試みた。私独自の墓碑銘が欲しかったが、ジョゼフコンラッドの小説『闇の奥』から響いてくるミスター・クルツの最期の言葉の余韻から逃げ去ることはできなかった。「恐怖、恐怖だ！……野蛮人どもを皆殺しにしろ！」

訳者あとがき

　本書『ヘルズ・エンジェルズ——地獄の天使たち、異様で恐ろしいサガ』は、ランダム・ハウス社（The Random House, INC.）から刊行されたノンフィクション *Hell's Angels ; A Strange and Terrible Saga* の日本語訳です。一九六六年、若干二九歳のハンター・S・トンプソン（Hunters. Thompson）が本書をひっさげて、アメリカのジャーナリズムの世界へ初めて登場し世間の耳目を聳動させたのです。そして今日に至るまで読み継がれているようです。ということは、すでに古典の範疇に入っている証左になっているのではないかと私は思いました。

　このことが私に分かったのは、東京の某書店の洋書売場でふとこの本を目に留め手に取って本文以外の文字などをじっくり玩味したからです。四〇何年か前盛んに取沙汰され喧伝されたビートやヒッピー、サイケデリック、トリップ、クラッシュ、マリファナという語群、そしてギンズバーグ、バロウズ、ケルアックという詩人や作家名に混じって私の脳の片隅にかすかに小さく残存していたのが、ヘルズ・エンジェルズという名称でした。そうか、そう言えば一九五、六〇年代のアメリカ、特にカリフォルニアで大型バイクに乗っていたなと思い出しました。書物をとかく衝動買いする習癖に染まっていた私は、唐突に生じた好奇心にうながされて急遽財布の紐を緩めて〝地獄の天使たち〟を手中に収めました。早速、彼らについてどんなことがどんなふうに書かれているか知るために、原作者のことなど全く意識しないまま一〇ページほど読んでみました。明快でまともな文章の間隙を縫って折々現われる強引な言語表現、従来の語義から逸脱した言葉の転用、当時濫用されていた卑語、隠語、続出する人名、地名などの固有名詞にたちまちのうちに辟易し、読了に挫折してしまいました。

ところが、たまたま縁があって、この難儀そうな本を日本語に転換せざるをえないという突拍子もない破目になりました。遅疑逡巡ののちに、この無謀な企てに口はばったい言い方ですが、〝挑戦〟することにしました。これに先立って原作者や作品に拘る情報やら知識の収集を、私本来の怠惰ゆえ放置し、本文の前のページや裏表紙に記載されている惹句めいた評言と、内容紹介をかねた書評を意識にのぼせ、それだけを手掛かりにして訳出作業を行ないました。前言はさておき、原書にはこんな書評が掲げられていて、参考に供するしだいです。

(A)「……ハンター・S・トンプソンは読者を、カリフォルニアの最も悪名高いモーターサイクリストのギャング、大型バイクに乗るけだものたちの群れ集う内部に連れて行ってくれる……叫喚、毛髪、突然こみあげてくる強姦本能……トンプソンは言葉を多量に繰り広げ、荒々しく詳細に彼らのマシーン、走行、掟、隠語、素姓、最新の出来事、日々の生活を書き上げている……これは魅惑に満ちた本である」

――ライブラリー・ジャーナル